高等职业院校通识教育系列教材

中华传统文化

慕课版｜第2版

肖珑　江团结◎主编

王丽萍　魏振雷　郭丽　李姗◎副主编

人民邮电出版社

北京

图书在版编目（CIP）数据

中华传统文化：慕课版：第2版 / 肖珑，江团结主编. -- 2版. -- 北京：人民邮电出版社，2021.11
ISBN 978-7-115-54306-6

Ⅰ. ①中… Ⅱ. ①肖… ②江… Ⅲ. ①中华文化—高等学校—教材 Ⅳ. ①K203

中国版本图书馆CIP数据核字（2021）第266333号

内 容 提 要

本书从中华优秀传统文化的起源讲起，对中华优秀传统文化进行梳理。全书以树立学生的文化自信、涵养社会主义核心价值观、涵育民族精神为目标，融合习近平总书记关于弘扬和传承中华优秀传统文化的新思想、新观点、新论断，力图讲清楚中华优秀传统文化的历史渊源，讲清楚中华优秀传统文化的独特创造、价值理念、鲜明特色等。全书内容分为文化与思想、文学与艺术、社会与生活三个篇章，从中华传统文化的形成和发展入手，主要介绍了传统哲学、传统文学、传统艺术、传统民俗、传统饮食和传统武术等知识。希望通过对中华传统文化的组成部分、价值谱系和精神内核等的详细介绍，帮助读者构筑起清晰的中华传统文化脉络，加深读者对中华传统文化的理解和认识，进而增强读者的文化自信。为便于读者学习，本书还提供慕课视频资源，读者可以访问人邮学院（https://www.rymooc.com）查看并学习在线内容。

- ◆ 主　编　肖　珑　江团结
　　副主编　王丽萍　魏振雷　郭　丽　李　姗
　　责任编辑　祝智敏
　　责任印制　王　郁　陈　犇
- ◆ 人民邮电出版社出版发行　北京市丰台区成寿寺路 11 号
　　邮编　100164　电子邮件　315@ptpress.com.cn
　　网址　https://www.ptpress.com.cn
　　涿州市般润文化传播有限公司印刷
- ◆ 开本：787×1092　1/16
　　印张：12.75　　　　　　　2021 年 11 月第 2 版
　　字数：294 千字　　　　　2025 年 9 月河北第 14 次印刷

定价：45.00 元

读者服务热线：**(010)81055256**　印装质量热线：**(010)81055316**
反盗版热线：**(010)81055315**

前　言

在世界文化发展史上，曾经出现过古巴比伦文化、古印度文化、古埃及文化等无比辉煌的古代文明，然而，它们都随着时间的流逝，纷纷消失在历史的洪流中，唯有同为四大文明古国之一的中国，所滋养的中华文化几经波折仍绵延不绝，以其独特的风姿傲然屹立于世界文化之林。

中华传统文化是中华民族智慧的结晶，中华民族在几千年的漫长传承中，诞生出了无数的古圣先贤、风流人物、仁人志士，他们对自然、人生、社会等方面进行了孜孜不倦的探求、思考与总结，创造了博大精深、内容宏富、璀璨夺目的中华文明，对我国乃至世界文明都做出了巨大的贡献。

文化是一个国家和民族的软实力，在世界文化大融合的趋势下，中华传统文化也面临着其他文化的冲击。党的十八大以来，国家多次强调中华优秀传统文化的思想内涵、时代价值和传承理念，阐明了在新时代我们对中华优秀传统文化的基本立场。党的二十大再次强调要传承中华优秀传统文化，不断提升国家文化软实力和中华文化影响力，报告中还多次表达了中华传统文化中的思想精髓——"亲仁善邻""自强不息""天下为公""天人合一"等，充分展现了中华传统文化所承载的智慧和力量。当代学生作为文化的学习者和传承者，应该唤醒自己的优秀文化基因，在社会主义现代化的时代背景下，不断地推动中华传统文化的发展和繁荣，铸就中华优秀传统文化的新辉煌。

为了帮助读者更清晰地认识和剖析中华传统文化，我们特编写了本书，并设计了一些颇具特色的版块，以更好地对中华传统文化的相关知识进行阐释和说明。

1. 情景导入，内容引申

本书每章均设计了"情景引入"版块，通过具有典型意义的案例、材料等引出章节内容，阐述中华传统文化在古时的诞生意义、在今日的传承发扬，便于读者结合古今来实际学习和剖析中华传统文化，从而培养崇高的责任感和使命感，认可优秀传统文化对当今社会的价值和意义。

2. 课堂讨论，活学活用

本书每章均设计了"活动设计"版块，通过明确活动主题、活动形式、活动内容，并辅以调查、实践、分析等方式，对常见的文化传承现象进行讨论和分享，在巩固、应用知识的基础上，进一步加深读者对中华传统文化的思考，激发读者认识和探讨中华传统文化的积极性。

3. 延伸阅读，开阔视野

本书每章均设计了"延伸阅读"版块，对章节知识进行扩展补充，以扩大读者的阅读范围和视野，帮助读者开拓思路，从而建立起更加立体化、综合化的中华传统文化知识谱系。

4. 课后练习，巩固提升

本书本章均设计了单选题、讨论与分享、案例分析等样式丰富的课后练习题，既可以帮助读者练习和巩固每一章的基础知识，也可以有效地拓展读者的思维，让读者在练习中进一步领会中华优秀传统文化的精神内核。

本书由河南职业技术学院肖珑、江团结担任主编，王丽萍、魏振雷、郭丽、李姗担任副主编，具体分工如下：肖珑负责本书大纲的拟定，第1章的撰写及统稿工作；江团结负责各章节统筹，并参与了后期的统稿工作；王丽萍参与图片等素材搜集与整理，并撰写4.1节、4.3~4.6节内容；魏振雷负责撰写第5章、第6章和7.3节内容；郭丽参与图片搜集与整理，并撰写第3章和4.2节内容；李姗负责撰写第2章和7.1节、7.2节内容。在本书的编写过程中，尽管编者力求完善，但由于水平有限，书中难免有不足之处，恳请广大读者批评指正。

编　者

2021年11月

目　录

第一篇

文化与思想

第一篇

文化与发展

第 1 章 遥远的追忆：中华传统文化概述

中国被誉为四大文明古国之一，中华传统文化是世界上最古老的文化之一。在中华上下五千年的历史中，中华民族用勤劳和智慧创造了无比辉煌灿烂的文化。作为青年学生，我们有义务和责任继承和发扬这些优秀的传统文化，为实现中华民族的伟大复兴贡献自己的力量。

★ 知识目标

1. 了解中华传统文化及其形成。
2. 了解中华传统文化对国家、对世界的影响及意义。

⊙ 能力目标

1. 正确认识中国传统节日文化形成的原因及影响。
2. 正确认识中华传统文化的深远意义。

▤ 素养目标

体会中华传统文化的精髓和内核，尊重文化的多样性，汲取优秀文化的营养，激发热爱中华传统文化的情感。

"雪如意"的设计

在北京2022年冬奥会和冬残奥会张家口赛区的崇礼核心区，国家跳台滑雪中心"雪如意"雄踞山巅。"雪如意"是2022年北京冬奥会张家口赛区修建工程量最大、技术难度最高的"明星"场馆，其形象景观设计融汇了中华传统文化元素。因其主体建筑的设计灵感来自我国传统饰物"如意"，因此被形象地称作"雪如意"。

"如意"在中华传统文化中有着吉祥的寓意，古人常以"如意"祈求事事吉祥顺意，"如意"还有驱邪避灾、健康长寿的寓意。清华大学设计团队的相关负责人表示：之所以选择"雪如意"的造型设计，是因为"如意"的形象正好和跳台接近。

跳台滑雪赛道是光滑、流畅的S形曲线型，在中华传统文化元素中，S形曲线的表达十分符合"如意"的形象。在"雪如意"赛道中，运动员在腾空0.3秒的瞬间还可看到远处的长城，"雪飞天"也暗合了敦煌飞天的中华传统文化元素。

除此之外，灵动"冰丝带""同心"奖牌、"山水画"制服，这些北京2022年冬奥会和冬残奥会形象的景观设计，处处都融汇彰显着我国独具魅力的传统文化。

讨论

"雪如意"的设计是中华传统文化和建筑功能的完美结合，除此之外，你还知道哪些类似的建筑吗？你认为这些建筑的设计有何意义？

引申

各国在举办世界级的运动会时，都会在运动活动设计的各个方面融汇本国的文化元素。中华传统文化底蕴深厚，意蕴悠远，将传统文化与奥运形象景观设计相结合，对传播中华文化，展示中华文化风范具有重要的意义。

1.1 中华传统文化

导读

中华传统文化博大精深、源远流长，是我国各族人民共同创造的精神财富。随着时代的发展，中华传统文化的发展和传承也需与时俱进。当今大学生作为中华传统文化的继承者，应当担负起这一重大使命。

1.1.1 文化的概念

"文化"一词的概念极为宽泛，要了解文化的具体含义，就需要从文化的来源出发，厘清文化的来龙去脉。

一、"文化"一词的来源

"文化"是一个既古老又年轻的词，从古至今，无数学者都试图对"文化"一词做出界定。在我国，"文化"两字一开始并非联用，而是分为"文"和"化"两个部分。其中，"文"的本义是指各种各样交错的纹理，《易传·系辞下》中的"物相杂，故曰文"和《说文解字》中的"文，错画也，象交文"均为此义；"化"的本义则是改易、生成和造化，如《易传·系辞下》中的"男女构精，万物化生"和《黄帝内经·素问》中的"化不可代，时不可违"等。

▲ "文"字的象形文字

▲ "化"字的象形文字

相关链接

《易传·系辞下》：《周易》中《系辞传》的下篇。《周易》是中国最早的卜筮专著，由《易经》和《易传》两部分组成。其中，经部是对易卦典型象义的揭示和相应吉凶的判断；传部则是对《周易》经文的注解和对占卜原理、功用等方面的论述。

《说文解字》：由东汉文字学家许慎所著，是世界上最早的字典之一，也是我国第一部按部首编排的字典，后世的字典中，部首排列大多采用这个方式。《说文解字》在造字法上提出"六书"学说，即象形、指事、会意、形声、转注、假借，并对其做了全面的、权威性的解释，从此，"六书"成为专门之学。

西汉以后，"文"与"化"开始合为一个整词，如《说苑·指武》中有"圣人之治天下也，先文德而后武力。凡武之兴，为不服也。文化不改，然后加诛"。即圣人治理天下，会先用文德教化天下，再用武力征服。但凡使用武力征服天下的，国民会不信服你，而先用文德加以教化却仍不改变的，就可以对其进行诛罚。这里的"文化"是指与自然相对的"以文教化"的意思。

在西方各民族语文系统中，存在许多与"文化"相对应的词汇。如拉丁文中的Cultura，含有耕种、练习和居住等多种意义。1871年，英国人类学家泰勒在其《原始文化》一书中指出，文化乃是包括知识、信仰、艺术、道德、法律、习俗和任何人作为一名社会成员而获得的能力和习惯在内的复杂整体。此处，泰勒强调了文化作为一个精神文化的综合整体的基本含义。

二、广义的文化和狭义的文化

现在，人们对"文化"的概念基本形成了一个共识，即文化包括广义的文化和狭义的文化，广义的文化包括人类创造的物质财富和精神财富，而狭义的文化则只涉及人类创造的精神财富。

1. 广义的文化

广义的文化又称"大文化"，是指人类有意识地作用于自然界和社会，乃至人类自身的一切活动及其结果，是人类精神生活和物质生活的总和。正如梁启超在《什么是文化》中所说："文化者，人类心能所能开积出来之有价值的共业也。"而这里的"共业"涉及认识领域的语言、哲学、科学、教育；艺术领域的文学、美术、音乐、舞蹈、戏剧；器用领域的生产工具、日用器皿以及相关的制造技术；社会领域的制度、组织、风俗习惯等，范围甚广。

为此，人们又对文化的结构进行了划分。常见的划分方法有物质文化和精神文化的两分说，还有物质文化、制度文化、精神文化的三层次说，以及物质文化、制度文化、行为文化、心态（精神）文化的四层次说等。下面主要对四层次说进行简要介绍。

（1）物质文化

物质文化是指人类由加工自然创造的各种器物，是人的物质生产活动及其产品的总和，属于实体文化。物质文化以满足人类的衣食住行等基本生存需要为目标，反映了人类认识、利用和改造自然的程度，同时也反映了社会生产力的发展水平。

（2）制度文化

制度文化是指人类在社会实践中建立的各种社会规范和社会组织，是人们为了处理和解决各种社会矛盾、调整人与人之间的社会关系而制定的各种法律、规范、准则、条例等，是以社会制度形式呈现的文化现象。

（3）行为文化

行为文化是指由人们在人际交往中约定俗成的习惯性定式构成的文化，是以民风民俗形式出现的，存在于人们日常起居中的具有鲜明民族特色的行为模式。如《汉书·王吉传》中所说："是以百里不同风，千里不同俗"，就明确指出了人类行为文化的存在，并说明其具有民族性和地域性的特点。

（4）心态（精神）文化

心态（精神）文化是指由人类社会实践和意识活动发展演化而来的价值观念、审美情趣、思维方式等。心态（精神）文化属于文化的核心，可以划分为社会心理和社会意识形态两个层次。社会心理是指人们的要求、愿望、情绪等日常的精神状态和思想面貌，是尚未经过理论加工和艺术升华的大众心态。而社会意识形态则是指经过系统加工的社会意识，这些社会意识大多是由文化专家对社会心理进行理论归纳、逻辑整理、艺术完善，并以著作、艺术作品等形式固定下来，流传后世的。

▲ 不同民风民俗形成的不同服饰文化（左藏族服饰，右苗族服饰）

2. 狭义的文化

狭义的文化又称"小文化"，是排除了人类社会历史生活中关于物质创造活动及其结果的部分，是意识、观念、心态和习俗的总和，即人类的全部精神创造活动。狭义的文化涉及的领域包括语言文字、文学艺术、科学技术、伦理道德、政法制度、文物典章、宗教信仰、哲学和风俗习惯等。

1.1.2 中国文化与中华传统文化

中国文化是中华民族在中国这块土地上所创造的文化。因此，中国文化既包括汉族所创造的文化，也包括其他少数民族所创造的文化；既包括传统文化，也包括现代文化。

1. 中国文化是在中国的土地上创造的

在古代，"中国"一词最初并不具有统一的国家实体的含义，而是一个地域概念，后来其内涵逐渐得以扩展，才最终形成了今天的概念。最早的"中国"是指龙山时代晚期，黄河中游一带的夏人所居住的城市，夏人则是最早的中国人。许慎的《说文解字》中也提到："夏，中国之人也。"

后来，随着朝代的更迭，历代版图虽有损益，但总体发展趋势仍然是不断拓展的。至清朝，中国的疆域已扩展为"东极三姓所属库页岛，西极新疆疏勒，至于葱岭，北极外兴安岭，南极广东琼州之崖山"（《清史稿·地理志》）。新中国成立后，约960万平方千米的疆域最终得以确定。

2. 中国文化是由中华民族创造的

中华民族是对包括汉族在内的56个民族的总称，因此，中国文化不仅仅是指汉文化，也包括其他少数民族的文化。近代民主革命的伟大先驱孙中山先生曾郑重宣告："国家之本，在于人民。合汉、满、蒙、回、藏诸地为一国，即合汉、满、蒙、回、藏诸族为一人——是曰民族之统一。"孙中山的民族平等思想，对于消除"内夏外夷""贵夏贱夷"等陈腐观念起到了积极作用，也促进了民族的团结，激发了各族人民的革命热情，开创了中国民主革命的历史新篇章。

3. 中国文化包括传统文化和现代文化

中国文化既包括产生于农业时代的传统文化，也包括1840年以来的近现代文化。本书所讲的中华传统文化，主要是指1840年以前的中国文化。

英国历史学家汤恩比认为，在人类历史上出现过的26个文明形态中，只有中国文化长期延续且从未中断。虽然在漫长的历史中，中华民族经历了无数次的战争和朝代更替，但中国文化并未因此而中断，反而是一次又一次地走向辉煌，尤其是在"文景之治""贞观之治""开元盛世""康乾盛世"等治世时期，中国文化更是大放异彩。

近代，西方文化涌入中国，与中华传统文化发生了激烈的碰撞，无数知识分子带领并掀起了新文化运动，这对统治中国两千多年的传统礼教文化造成了打击。但是，新文化运动使人们的民主意识得以觉醒，推动了中国现代科学的发展，为马克思主义在中国的传播和"五四运动"的爆发奠定了思想基础，也为中国文化的近现代进程开辟了道路。

1840年以来，以教育制度、学术观念、宗教思想的变革和近代自然科学的确立为标志，中国的文化面貌发生了翻天覆地的变化。但这一切都是在中华传统文化的基础上实现的，正如顾伟列先生在《中国文化通论》中所说："传统与现代之间本无一条明显的分界线可寻，文化转型也绝不意味着文化断裂。"

相关链接

"文景之治"是指西汉汉文帝、汉景帝汲取秦朝灭亡的教训，采取轻徭役、薄赋税和与民休息的措施，使得社会安定、经济逐步发展，从而出现的治世。"贞观之治"是指唐太宗在位期间采取任人唯贤、知人善用、文教复兴、休养生息、完善科举制度等措施，从而出现的治世。"开元盛世"是指唐玄宗在位期间以道家清静无为思想治理国家，在政治、经济、军事和民族政策上采取一系列积极的改革措施，使得经济迅速发展，国力空前强盛，社会经济空前繁荣。"康乾盛世"是中国古代封建社会的最后一个盛世，康熙、雍正、乾隆三位皇帝各自采取不同的措施，促使当时社会的各个方面都达到了空前繁荣的景象。

历代所出现的治世，都是社会经济空前繁荣的时期，这也为中华传统文化的发展奠定了基础。如"文景之治"时期，上至汉景帝，下至郡县官都逐渐开始重视文教事业的发展，汉景帝后期任命文翁为蜀郡太守，而文翁在成都创办了最早的地方官学。"贞观之治"和"开元盛世"时期则造就了唐诗的卓越成就。"康乾盛世"时期绘画得到了极大的发展，扬州还掀起了一股新的艺术潮流，形成了以"扬州八怪"为代表的扬州画派。

1.1.3 中华传统文化的基本精神

中华传统文化在长期的发展过程中，能够得以传承而不中断，除了得益于人民群众广泛的社会实践和思想家们的概括提炼外，还得益于中华传统文化的基本精神这一内在动力，中华传统文化的基本精神推动了中华传统文化不断前进。

1. 以人为本的人文精神

中华传统文化中以人为本的人文精神，萌芽于炎黄时代，经过夏商周时期的发展，直至春秋末期，才以系统完整的理论形式出现。这主要归功于儒家学派的创始人孔子，正是在他的思想的影响下，人文精神才成为中华传统文化的基本精神。

从《论语·先进》中的"季路问事鬼神，子曰：'未能事人，焉能事鬼?'曰：'敢问死?'曰：'未知生，焉知死?'"可以看出，在孔子看来，现实的人事、人的生命是第一位的，而侍奉鬼神、人死后的事情则并不重要。正是基于以人为本的思想，孔子才更加注重现实的人生，并将现实问题的解决寄托于人而非神。

佛教传入中国后，其所宣传的灵魂不灭、三世轮回的观念，对世人的影响颇大，因此也遭到了许多进步思想家的批驳。如南北朝时期何承天所写的《达性论》中就说："生必有死，形毙神散，犹春荣秋落，四时代换，奚有于更受形哉?"即是说有生必有死，形消则神散，犹如春荣秋落、四季更迭，岂可再生。这里何承天

▲ 孔子画像

所传承的正是传统儒家的人本精神。后来，南朝范缜所写的《神灭论》更是彻底批驳了神不灭的观点，捍卫了人本主义思想。

中华传统文化中以人为本的人本精神，还表现在重礼仪、重道德的思想上，培育了中华民族坚忍不拔、敬老养老、助残济孤、勤俭持家等传统美德。

2. 天人合一的和谐精神

天人合一的基本含义是人与自然的和谐统一，充分肯定自然和精神的统一，其主要关注的是人类的行为与自然的协调一致。这恰好与西方文化强调人要征服自然、驾驭自然的思想形成了鲜明的对比。我国古代思想家之所以会产生天人合一这一观点，主要是因为他们生活在一个延续了数千年的农耕社会中。为了使作物丰收，人们习惯了按照时令、节气从事农业生产，同时，人们也观察到大自然的变化对生产、生活的重要作用。于是，人们对天地自然产生了一种亲近的情感，人们渴望与天地自然和睦相处，使天与人、天道与人道达到统一，使得人与世间万物能够生生不息。正如儒家所言："与天地合其德，与日月合其明，与四时合其序"，也如庄子所说："天地与我并生，而万物与我为一"，这种渴望天与人和谐统一的心理在古人的血脉中奔涌流淌，最终造就了中国文化中天人合一的和谐精神。

另外，中国人所推崇的"以和为贵""仁者爱人""推己及人"的道德观念，"兼济天下""独善其身"的生活态度，"道法自然""无为无不为"的审美追求都体现了中国人所倡导的和谐思想。

天人合一就是追求一种"和谐"的理念，即在人与自然的关系中，将天、地、人看作一个统一、和谐的整体。古语云，"礼之用，和为贵""君子和而不同""天时不如地利，地利不如人和""万物负阴而抱阳，冲气以为和"，这些都反映了中华传统文化中"以和为贵"的思想。正如道家所提倡的"道法自然"，人们在处理人际关系和人与自然的关系时，都应该遵循客观规律，以和谐为目标，真正做到天人合一。

3. 有容乃大的包容精神

中华传统文化历经数千年仍经久不衰，其关键就在于它是中华各民族共同创造的，并吸收了国外优秀的文化。中华传统文化不是抱残守缺、故步自封的，其展现的是兼收并蓄、有容乃大的包容精神。也正是基于这一点，中华传统文化可以很好地学习其他各种文化的长处，并从中汲取积极的营养，推陈出新，不断丰富自己。正如《易经》所言："地势坤，君子以厚德载物。"即中国人是以大地般宽广的胸襟承载万事万物的，而中华传统文化同样具有这样的包容精神。

中华传统文化是以汉民族文化为主的，但在漫长的发展历史中，其与其他各少数民族文化产生了大量的融合。如十六国时期的五胡乱华、宋元时期契丹、女真的南下，以及蒙古族、满族入主中原，都使得汉民族文化与少数民族的文化产生了极大的同化和融合。中华传统文化也借此增加了新的生命活力，发展为博采众家之长的优秀文化。

中华传统文化也吸收了诸如来自印度的佛教文化，来自阿拉伯、波斯的伊斯兰文化，来自朝鲜半岛的音乐，以及西方文化中的自然科学知识等。尤其在明末清初，大量的西方学术思想传入中国，时称"西学东渐"。面对不断涌入的西方文化，大量优秀的学者并没有选择逃避，而是选择了接受和学习，并掀起了以"中学为体、西学为用"为指导思想的洋务运动，最终促成了中国近代文化的开端。中华传统文化也正是由于这种强大的包容精神才得以延续至今的。

4. 关注现实的务实精神

刘向《说苑·政理》中记载："夫耳闻之，不如目见之；目见之，不如足践之。"后来成为成语"耳听为虚，眼见为实"，可见中国人历来重视现实。在传统儒家思想的影响下，中国古代知识分子也大体都是"入世"型的。《论语·子张》中也提到："仕而优则学，学而优则仕。"即读书是为了为官从政，将所学的知识用于实践；做学问也是为了"笃行之"，写文章强调的是"文以载道"，写史书则是为了察古知今、鉴得失、知兴替。这些都体现了中国古代知识分子所践行的务实精神。传统儒家还主张"经世致用"，即学问必须有益于国事。该观点是由明清之际思想家王夫之、黄宗羲、顾炎武等提出的，它以修身、齐家、治国、平天下为落脚点，强调关注现实的务实精神，力求在现实社会中实现人生的价值。

除此之外，顾炎武所推崇的在实际工作和生活中追求人生理想、实现人生价值的务实精神，也使中华传统文化成为一种非宗教的、世俗的文化。在这种以人生的实际问题为出发点和归宿的"经世致用"的务实精神影响下，中国古代的科学也成为实用科学。诸如天文、地理、医药、数学、农学等与国计民生密切相关的实用科学，在解决实际问题上，都取得了辉煌的成就。

1.2 中华传统文化的形成

导读 中华传统文化传承至今已有5 000多年的历史，期间经历了无数次的战争和朝代更替，但从未停止过前进的步伐。这与其形成过程中所受到的来自自然、经济和政治等方面因素的影响密不可分。

1.2.1 中华传统文化形成的自然环境

中华传统文化形成的自然环境，是指中国进入文明社会以来的整个历史时期的地理环境，包括人文地理环境和自然地理环境。

一、人文地理环境

人文地理环境主要包括疆域、民族、人口、城市、农业、牧业等，其中影响较大的主要是疆域、民族和人口。

1. 疆域

历史上国力强盛的王朝，统治者都会极力扩张自己的版图，而一旦国势衰微，又不得不缩小，但就其基本的趋势而言，中国疆域是在逐渐扩大、逐渐巩固的。总体而言，中国疆域的形成经历了以下几个重要的阶段。

● 原始社会时期。在原始社会时期，中华先民已踏足松花江、黄河、长江、珠江流域以及蒙古高原、黄土高原和云贵高原等广大地区。到了夏、商、西周时期，中华先民活动的地域则主要集中在黄河流域和长江流域一带。春秋战国时期，各诸侯国混战不休，周边的岭南、漠北等地也遭到波及，成为各国吞并的对象。

● 秦代。秦代作为中国历史上第一个大一统的封建王朝，全盛时期所控制的疆域东起辽东、西抵云贵高原、南据广东岭南、北达阴山山脉，疆域面积达340万平方千米左右。

● 汉代。汉代是中国历史上的第一个黄金时期，其疆域东至朝鲜半岛的东北部及日本海的广大地区，西至伊犁河流域、葱岭等地区。

● 唐代。唐代疆域在汉代基础上有所拓展，其全盛期的疆域东至朝鲜半岛，西至咸海，南至北部湾、海南岛，北至蒙古高原、贝加尔湖直至安加拉河、叶尼塞河流域。在行政区划上，唐代实现了道和府的建制，贞观十四年，全国共设360州（府），下辖1 557县。

● 两宋时期。由于各民族政权并立，导致辽、西夏、回纥等北方少数民族的版图呈扩大之势，而宋王朝的控制区域则不断缩小。但总体而言，这一时期中华各民族的活动区域，基本与唐代时期保持一致。宋朝汲取了唐朝藩镇割据的教训，将一级行政区划改为"路"。

● 元代。元代疆域辽阔，被誉为"东尽辽左西极流沙，北逾阴山南越海表，汉唐极盛之时不及也"。其疆域东北至库页岛、鞑靼海峡，西至葱岭，西南至喜马拉雅山脉，北至勒拿河、叶尼塞河流域，这一时期也成了中国历史上中央政权直接控制地区最大的时期。元代的行政区划包括由中书省所直辖的京畿地区，由宣政院所管辖的吐蕃地区，以及10个行中书省。

● 明代。明代是中国封建社会时期最后一个由汉族建立的大一统中原王朝，此时，由于瓦剌、勒靶人控制了蒙古高原及其以北地区，中央政权统治区域有所减少。在行政区划上，改行省为承宣布政使司，但习惯上仍称"省"。明代最后设有140府，193州，1 138县。

● 清朝。清朝作为最后一个封建王朝，为今天中国疆域的形成奠定了基础。清朝的疆域东起库页岛，西至巴尔喀什湖、帕米尔高原，北起萨彦岭、额尔古纳河、外兴安岭，南至南海诸岛，面积1 000多万平方千米。

● 新中国时期。新中国成立以来，我国政府与大部分周边国家相继签订边界条约，中华疆域已相对稳定。

2. 人口和民族

中国历来是世界上的人口大国之一，《汉书·地理志》就曾记载，公元2年，在汉朝设置行政区的范围内有近6 000万人口，而当时世界人口总数约1.7亿。北宋末年，其境内的人口已经超过1亿，而当时世界人口约3.2亿。1850年，世界人口约12亿，而中国人口则突破了4.3亿。

中国人口的另一大特点在于分布很不均衡。公元初年，60%的人口分布在太行山、中条山以东，豫西山地、淮河以北，燕山山脉以南的区域内。而长江以南大多数地区人口稀少。其后随着经济的发展、政治中心的转移、人口的迁移和自然条件的变迁，人口的分布发生了很大的变化。历史上发生了多次大规模的人口迁移。

14世纪中叶以前，人口迁移的主流方向是由北向南，即从黄河流域迁至长江流域。其中以西晋末年永嘉之乱后、唐朝安史之乱后、北宋末年靖康之乱后的三次南迁影响最大。20世纪前期，迁移的主流则是从平原进入山区，从内地迁往边疆。随着沿海城市和工矿城市的兴起，又有大量人口从农村迁入这些城市。

据考证，中华民族中占全国人口90%以上的汉族是由先秦时代的华夏族发展而来的，分布于全国各地。少数民族总人口不到全国人口的10%，主要分布于西北、西南、东北地区。历史上除汉族外，匈奴、鲜卑、契丹、女真、蒙古族、满族等都曾建立过统治中原地区的政权，而蒙古族和满族还曾建立过一统中国的元朝和清朝。但无论哪个民族建立的政权，都是由多个民族所组成的。

二、自然地理环境

中国地处亚欧大陆东端，东面临海，内陆地势自西向东逐层下降，形成了显著的"三级阶梯"地形。

"三级阶梯"中最高一级是青藏高原，那里雪峰林立，气候高寒，阻断了我国与南亚往来的交通。在古代，前往西藏的道路充满艰险，直至唐代，随着"唐蕃古道"的开通，汉族优秀的文化、科学才得以进入西藏，藏汉民族的交往也更加频繁。

第二级阶梯为内蒙古高原、黄土高原和云贵高原。从关中玉门关开始，纵横数千公里的荒漠戈壁和连绵起伏的山地、雪峰，阻断了古代中国通往西方的道路。从西汉开始，人们历经千难万险终于打通了从中原腹地前往西域的道路——丝绸之路。从此，开启了东西方文化的交流。在这一过程中，张骞功不可没。

▲ 张骞出使西域壁画

相关链接

张骞（公元前164—公元前114），字子文，汉中郡城固人。建元二年，张骞奉汉武帝之命，以甘父为向导，率领100多人出使西域，并打通了汉朝通往西域的道路，该条道路也就是对后世影响巨大的丝绸之路。张骞因此被誉为"第一个睁开眼睛看世界的中国人""丝绸之路的开拓者""东方的哥伦布"。张骞出使西域以及丝绸之路的开辟，促进了东西方文化、经济的交流和发展，为中国文化走向世界奠定了基础。

第三阶梯是由东北平原、华北平原、长江中下游平原三大平原，以及江南大面积的丘陵低地、河流三角洲地带构成的地势最低的一级阶梯。这一地区平均海拔500米以下，区域内受东南季风的影响显著，气候湿润多雨。该区域与国外的交往受到浩瀚海洋的阻隔，虽然沿海的交通早在先秦就已兴起，并在唐以后日益发达，但大多交流局限于近海。

三、自然环境对中华传统文化的影响

中华传统文化形成的人文地理环境和自然地理环境，对中华传统文化的产生和发展具有深

远的影响。自然环境对传统文化的影响，主要体现在以下几个方面。

1. 造就了中华传统文化的多样性

中国的地形复杂多样，从西至东，有耸入云霄的喜马拉雅山脉和峡谷丛生、密布喀斯特地貌的云贵高原，也有群山环绕的"紫色盆地"四川盆地和"鱼米之乡"江淮平原。这些复杂的地形地貌，形成了不同的经济圈，也形成了不同的民风民俗，从而形成了多样的中华传统文化。

在北方的广大草原地区，形成的是以游牧民族为主的草原文化；在南方的鱼米之乡，形成的则是传统的农耕文化；在喜马拉雅高山，形成的是以佛教文化为主的藏族文化；在东南沿海地区，形成的则是含农耕文化、海商文化的闽南文化。还有休闲安逸的盆地文化、古老而神秘的东巴文化、尚处于母系社会的摩梭文化等。

中国的自然环境，为中华传统文化的产生、发展、交流与融合提供了人力和智力基础，也使中华传统文化如此丰富多彩。

2. 造就了中华传统文化的延续性

中国广阔的疆域和众多的民族，为中华传统文化的延续奠定了坚实的基础。与同期的世界文明古国相比，中国疆域之辽阔是极为罕见的。古代中国被称为"九州"，包括冀州、兖州、青州、徐州、扬州、荆州、豫州、梁州和雍州，其面积达300万平方千米，是华夏民族活动的重要区域。其中，我国古代文化的发祥地之一黄河流域，其面积达80万平方千米。而长江流域、辽河流域以及西南地区，也有长达四五千年的文明史，同样是中国文化的摇篮，都为中国文化的传播与延续提供了充足的空间。

在中国历史上，著名的古都有长安（今西安）、京洛（今洛阳）、安阳、汴京（今开封）、金陵（今南京）、杭州、燕京（今北京）7座。这些古都一般都是当时整个国家人口最多、经济最繁华的城市。卢照邻《长安古意》中曾描述长安城为"长安大道连狭邪，青牛白马七香车"；司马光《洛阳看花》中曾描述洛阳城为"洛阳春日最繁华，红绿荫中十万家"；《水浒传》中曾描述开封为"十万里鱼龙变化之乡，四百座军州辐辏之地"。

▲ 古都长安

伴随这些名城古都的迁移，人口和文化也随之发生迁移，中华传统文化因而得以在广阔的疆域内传播延续。由于这些迁移，中华传统文化也曾呈现出一种东部衰落西部盛、北部低谷南部旺的状态。但也因疆域辽阔，民族、人口众多，回旋余地大，中华传统文化才得以在漫长的历史中延续不断。

3. 造就了中华传统文化的封闭性和独特性

我国东临广袤无际的太平洋，西倚世界屋脊青藏高原，南面是险峻的横断山脉和布满山地、丘陵的岭南地区，北面则是茫茫戈壁和广阔无垠的大草原。这样独特的地理环境，使中国早期的经济和文化长期处于自给自足、无求于人的自我中心状态，最终导致了中华传统文化封闭性特点的形成。

在开通海陆丝绸之路后，统治者也较少主动与域外国家交流，形成了以自我为中心的"化内之区"和认为周边荒僻野蛮的"化外之地"的观念，这就使早期中国的文化很少与本国文化以外的其他文化发生交汇，从而使得中华传统文化始终保持着独立、一以贯之的发展系统，最终形成了一种有别于西方文化的独特的东方文化。

直至16世纪，当西欧各国已率先迈入近代文明社会时，中国的文化模式仍然没有改变，逐渐落后于西方。当西方列强以强大的工业文明打开中国的大门时，古老的中国自然无法抵挡。

汲取了前人的教训，新中国成立后，中国也走上了改革开放的道路，随着西部公路、铁路和航空线的开辟，以及经我国陇海铁路、兰新铁路与哈萨克斯坦铁路接轨的新亚欧大陆桥的开通，以及太平洋上开通的多条连接世界各国的海上航线，中国腹地的封闭状态逐渐得到改善。随着社会的发展和科技的进步，今天的中国重新为世人所瞩目，古老的华夏文明再一次焕发出夺目的光彩。

📝 活动设计

活动主题：古今丝绸之路。

活动形式：调查分析。

活动内容：古代丝绸之路是起始于古代中国，连接亚、非、欧等地的商业贸易路线，2013年，我国领导人提出建设"丝绸之路经济带"和"21世纪海上丝绸之路"的合作倡议。请你搜集资料，了解古代和当代丝绸之路的作用和意义。

1.2.2 中华传统文化形成的经济环境

中华传统文化的形成、发展与中国的经济环境密不可分。与西方不同，在中国古代形成的是以农耕经济为主的社会经济。随着古代农耕经济的发展与战争的影响，中国古代经济重心逐渐由北方向南方转移。

一、农耕经济的产生、发展及其重心转移

农耕经济是一种安定自守的经济，中国农耕经济的产生有着悠久的历史。

1. 农耕经济在北方的产生与发展

中国的农业起源于第四纪冰川后期，约一万三四千年以前，中华先民已开始了农业耕作实践。其中，位于黄河中游的新石器文化——仰韶文化和龙山文化，是中华农耕文明开始形成的标志，这些文化向我们展现了华夏祖先从渔猎向农耕生产过渡的历史风貌。与此同时，位于长江中下游的屈家岭文化和位于钱塘江流域的河姆渡文化同样保存了华夏祖先从事农耕的遗迹。

战国时期，农耕中的铁制工具逐渐得到了推广，《管子·轻重乙》中曾提到："一农之事，必有一耜，一铫，一镰，一耨，一椎，一铚，然后成为农。"各诸侯国对农业都非常重视，并将其视为富国强兵的基础。魏国李悝所提倡的"尽地力之教"，即竭尽全力地提高农业生产力，在当时就被广泛采纳。

秦汉天下一统时期，统治阶级更加重视农业的发展。在秦丞相李斯所撰写的《琅琊台刻石》中就提到"上农除末，黔首是富"，即只有实行重农抑商，老百姓才能富裕。汉代牛耕更为普遍，铁农具也得到了进一步推广，还发明了新的工具"犁壁"。农耕区的范围也

▲ 李悝画像

随着生产工具和耕作技术的改善而不断扩大，但是其后由于战乱等原因，古代经济重心开始向南转移。

2. 农耕经济重心向南方转移

魏晋南北朝时期，北方地区边患丛生，战乱频繁，为了躲避战火，中原地区的人们纷纷南下，其足迹遍布长江中下游区域及东南沿海各地。他们的迁徙，给南方带去了先进的耕作技术和文化观念，再加上南方优良的自然气候条件，很快就显示出发展农耕经济的巨大潜力，这就为以后经济重心的南移打下了基础。

隋唐时期，南北方经济均获得了极大发展。江南地区的土地得到进一步开发，成为重要的粮食产地。但是"安史之乱"以后，北方出现了藩镇割据的局面，赋税不入中央，导致北方经济再次受到严重破坏。唐朝后期，已经出现了"赋之所出，江淮居多"的现象，最终导致当时经济重心开始往南转移。

五代十国时期，北方战乱频繁，而南方则相对安定，由于经济重心南移，南方日益成为全国经济发达地区，人口数量也超过了北方。

两宋时期，北方同样战乱频繁。北宋灭亡以后，南宋政权偏安于东南，使得南方经济得以进一步发展。当时，太湖流域流传的谚语"苏湖熟，天下足""湖广熟，天下足"，都表明两宋时期是当时经济重心南移的最后阶段。

明清时期，南方经济重心的地位得到进一步巩固和发展。

二、农耕经济与"重农抑商"政策

在中国两千多年的封建历史中，农耕经济始终占据主导地位，而这与统治者所倡导的"重农抑商"政策息息相关。

春秋时期，周王室衰微，诸侯混战，许多政治家开始认识到发达的农业经济对取得战争胜利具有决定性作用。于是，农为"本"，商为"末"的观念迅速形成。

战国时期，李悝提出"尽地力之教"，成为重农主义的"开山鼻祖"，这种观念在商鞅变法时期达到了极致，商鞅进行了两次变法，其主要内容就涉及刺激农业生产和抑制商业发展的"重农抑商"政策，对后世产生了极大的影响。

秦始皇一统中国后，为巩固中央集权，通过法律形式确定了发展农业生产的政策，如《仓律》规定："隶臣田者，以二月月禀二石半石，到九月尽而止其半石"，即官府奴仆从事农业生产的，从二月起可多发半石粮食，直至九月。另外，还通过法律限制商业的发展，如《田律》规定："百姓居田舍者，毋敢酤酒"，即居住在农村的百姓不准卖酒。

到了汉代，新中国成立之初国力匮乏，大多数财富都集中在统治者视为不劳而获的商贾手中。为此汉代统治者继承秦朝的"七科谪"，严格限制商业的发展。《汉律》规定，商人另立户籍，其地位低于农民。《史记·平准书》就记载："天下已平，高祖乃令贾人不得衣丝乘车，重租税以辱之。"

唐代作为我国封建社会发展的顶峰，经济得到长足的发展，城市商品经济处于成长的胚芽时期，长安、洛阳、苏州、成都等都是一定区域内的商业中心。当时，大唐出现了世界上最早的纸币雏形"飞钱"，但即使如此，依然存在"重农抑商"的政策。如唐代《选举令》规定："身与同居大功以上亲自执工商，家专其业者不得仕。"唐朝还有禁止工商之人乘马之法令。

而由于唐代取消了"市坊"制度，商业活动不再受地域或时间限制，这也对宋代的商业繁盛起到一定的促进作用。但是由于宋代财政匮乏，国家实行"禁榷"制度。"禁榷"是中国古代政府对某些商品实行专卖，以限制民间商业贸易，扩大财政收入的一种方法。宋代的"禁榷"范围除传统的盐、酒、茶外，还包括矾、铁、煤、香料等，这使"禁榷"收入成为宋代财政收入的主要来源。另外，宋代法律还规定，"犯私盐一两，笞四十""私有茶一两笞四十，四十两徒二年"。除以上商品外，宋代酿酒和酒曲均由官府垄断，禁止民间私造，违者重至处死。

▲ 交子

宋代商品经济进一步发展，通行的货币有铜钱、白银。宋太宗时期，每年铸币80万贯，到了神宗熙宁六年，已达600余万贯。北宋仁宗时期，在四川成都还出现了由官方发行的纸币——"交子"，这是世界上最早的纸币。

元代虽为蒙古游牧民族统治，但在经济上仍以农业为主。在商业上其同样承袭宋代的经济政策，对盐、酒、茶、金、铜、铁等实行"禁榷"制度，以保证国家财政收入。

明清时期，统治者在积极推行"重农抑商"政策的同时，还大力推行"海禁"政策。如明嘉靖十二年，统治者下令："一切违禁大船，尽数毁之，自后沿海军民私与赋市，其邻舍不举者连坐。"

清初，清政府为镇压抗清力量，颁布了《禁海令》和《迁海令》，规定商民不得下海交易，沿海居民内迁50里[1]，违者或越界者，无论官民一律处斩。康熙二十二年，由于收复台湾，遂开始解除海禁，允许出海贸易。但在康熙五十六年，清政府又再颁禁海令，停止与南洋贸易，并禁止卖船和粮食给外国人，否则"造船人与卖船人皆立斩"。乾隆二十二年，又发布"一口通商"政策，即外国商船只能至广州港停泊交易，并将有限的海外贸易收归"广州十三行"掌握。

从历朝历代推行的"重农抑商"政策可以看出，在封建社会初期，该政策对当时的农业发展、维护社会稳定、巩固新兴地主阶级政权起到了积极作用，也促使中华传统文化中重农习俗的形成。而在封建社会晚期，"重农抑商"也最终束缚了资本主义生产关系的发展，阻碍了社会进步，在某些方面也阻碍了近代文明在中国的传播。

三、农耕经济对中华传统文化的影响

由于在中国古代社会经济中，农耕经济一直占据主导地位。因而，中华传统文化的基本模式、特点等，也受到这种经济环境的影响。农耕经济对传统文化的影响主要体现在以下四个方面。

1. 形成了中华传统文化的重农习俗

中国古代的"四民"（即士、农、工、商）中，"农"排在第二位，仅次于第一位的读书人。战国时期的商鞅则说："国之所以兴者，农战也。"（《商君书·农战》），《管子·治国》中也讲道："民事农则田垦，田垦则粟多，粟多则国富，国富者兵强，兵强者战胜，战胜者地广。"可见，在中国古代社会中，无论是百姓还是政治家，都认同重农习俗。而这一习俗也使得中国古代的实用科技，包括农学、天文学和医学等都十分发达。

2. 形成了中华传统文化的民本主义

在农耕经济的基础上，我国发展出了民本主义的思想，即"悠悠万事，民生为大"，人民才是国家的基石。民本主义是我国数千年治国理政的核心价值观，也是中华传统文化的重要精神内核。在古代，许多政治家、思想家都提出了自己的民本主义观点。尤其在春秋战国时期，民本主义的思想得到了广泛的发展。如《论语·学而》中说："道千乘之国，敬事而信，

1　里，中国市制长度单位，一里等于五百米。

节用而爱人，使民以时"，意思是说，治理兵车千辆的大国，应该谨慎处理国事，讲诚信，勤俭节约并爱惜子民，安排子民劳动应顺应时节。孔子的民本主义的思想得到了孟子发扬，《孟子·尽心下》中提出："民为贵，社稷次之，君为轻。"孟子还要求实行仁政，提出了"养生丧死无憾，王道之始也""黎民不饥不寒而不王者，未之有也""保民而王，莫之能御也"（《梁惠天下》）的观点。为实现这一目标，孟子还提出"以德治国""以德行仁者王""以力服人者，非心服也""以德服人者，中心悦而诚服也"（《公孙丑上》）。孟子认为，君王施行"仁政"，从而使天下之民"心悦诚服"，就会使天下之民自然归顺。

3. 形成了中华传统文化的恒久意识

在农耕经济下，人们很容易实现自给自足，因而缺乏扩大再生产的动力，社会发展缓慢。而在这样的社会环境中，人们极易产生恒久意识，认为世间万事万物都是悠久、永恒的。反映在日常生活中，则是出现蹈常袭故、好常恶变的习性。反映在中华传统文化中，则是"求久求常"的观念盛行，追求器物的经久耐用，统治秩序的稳定，家族的延绵不绝。

4. 形成了中华传统文化的和谐观念

农耕民族固守家园、起居有定、耕作有时、和平相处的观念，派生了防守自卫的民族心理，使得"四夷宾服""协和万邦"成为国家和民族追求的目标。这一民族心理对维护封建社会的长期稳定起到了关键性的作用，也使得中国文化形成了追求和谐、和谐至上的观念。

由农耕经济形成的和谐观念，始于孔子的"礼之用，和为贵"。其后，得到佛、道等各家学说的认同，"和谐"成为中国人追求的目标。古人还将和谐观念由个人推及家庭、社会乃至整个国家，因而，在这样的环境中创造的文化，也是一种和谐的文化。

1.2.3 中华传统文化形成的政治环境

在中国古代，产生了两种重要的政治制度，即宗法制度和封建专制主义中央集权制度，这两种制度对中国的政治、文化产生了巨大的影响。

一、宗法制度

宗法制度是中国古代维护贵族世袭的一种制度，这种制度确立于夏朝，发展于商朝，完备于周朝，对后世各封建王朝都有影响。

所谓宗法，就是中国古代社会规定嫡、庶系统的法则。西周时期，统治者在商代宗族制度的基础上，建立了一整套完整、严格的宗法制度，其核心内容是嫡长子继承制，即"立嫡以长不以贤，立子以贵不以长"。在宗法制度下，家族与宗族是以血缘关系为纽带、以统治和服从为内核的政治、经济和道德的共同体。因此，宗法制度对维护国家与社会的稳定，以及对国民性格的塑造都起到了极大的作用。

随着嫡长子继承制、分封制、宗庙祭祀制的确立，中国传统社会的基本模式得以形成。中国的这种社会制度也可称为"家邦"，在这种社会制度下，人们通过家族来理解国家，如孟子所言"天下之本在国，国之本在家，家之本在身"。这既是所谓的"家国同构"，也是宗法社会最鲜明的结构特征。

这种家国同构的观念渗透到了社会各个方面，它掩盖了阶级、等级关系，直接导致了家庭或家庭成员和国家子民品质的统一，即"忠孝同义"。《孝经》中说："君子之事亲孝，故忠可移于君。"这种社会制度下，忠和孝成为中华的道德本位和伦理本位，使得中华传统文化具有鲜明的伦理倾向以及偏重道德的价值取向。

二、封建专制主义中央集权制度

封建专制主义中央集权制度是我国封建社会的基本政治制度，是指由君主掌握国家最高权力，并通过军政官僚机关管理、控制国家的政体。在内容上主要包括皇帝制、官僚政治和中央集权等。皇权更加至尊，臣民更加卑微，成为封建专制主义中央集权制度发展的总趋势。中国古代封建专制主义中央集权制度经历了以下几个发展阶段。

1. 战国时期初步形成

战国时期，封建经济的发展、新兴地主阶级力量的壮大、国家局部统一局面的出现，都为中央集权制度的形成提供了有利的社会条件。在理论上，韩非子提出了建立封建专制主义中央集权的君主专制国家。在实践上，商鞅变法"废分封，行县制"，中央集权制度得以实行。这些都促进了我国古代封建君主专制中央集权体制的形成。

2. 秦朝正式建立

秦朝统一中国后，秦始皇继承商鞅变法的成果并实践了韩非子的理论，创立了封建专制主义中央集权制度。其内容包括：①中央百官的控制；②对地方及各级官吏、百姓的控制，如确立皇帝制、三公九卿制、郡县制，颁布秦律；③统一度量衡、货币和文字；④加强思想控制等。如此便把封建专制主义的决策方式和中央集权的政治制度有机地结合在一起，正式确立了封建专制主义中央集权的政治制度。

3. 西汉得到巩固

西汉建立之初，由于实行郡国并行制，导致了王国问题的出现，致使封建专制主义中央集权制度面临严峻的挑战。为解决这一问题，汉武帝颁布了"推恩令"和"附益之法"，并采纳董仲舒的建议"罢黜百家，独尊儒术"，将儒家思想改造为适应封建专制主义中央集权制度的指导思想，也重新加强了中央对地方的直接统治。在西汉时期，封建政治制度的政体基本定型，封建专制主义中央集权的制度也得以巩固。

4. 隋唐得以完善

隋朝实行三省六部制，把原属于丞相的权力分散于三省六部，使封建官僚机构形成完整严密的体系，削弱了相权，加强了皇权。唐朝同样沿袭了这项措施，并有所发展，从而使中央集权制度得以完善。隋唐以来的科举制，扩大了官吏的来源，使得官员选拔规范化、制度化。再加上三省六部制的实行，提高了行政效率，扩大了统治基础，使封建专制主义中央集权制度进一步得到完善。

5. 北宋得到加强

北宋时期，宋太祖吸取唐末藩镇割据的教训，接受赵普的建议，采取"杯酒释兵权"等举措加强中央集权。如通过设参知政事、枢密使、三司使分割宰相的政、军、财权；派文官做知州，与通判互相牵制，以集中行政权，并在各路设转运使，管理地方财政，以集中财权；中央派文官担任地方司法官员，以集中司法权。通过以上措施，解除了朝中大将和地方节度使的兵权，铲除了封建藩镇割据的基础，皇帝掌握了从中央到地方的军事、行政、财政和司法等大权，加强了中央集权制度。

6. 元朝有了新发展

元朝实现了全国性的大统一，为了加强封建统治和对辽阔疆域的管辖，统治者采取了许多新的措施。如为健全中央官制，设中书省、枢密院和御史台，分管行政、军事和监察事务，又设宣政院，统领宗教事务和管辖西藏地区。在地方，则实行行省制度。这些措施巩固了国家的政权，同时，也是加强中央集权的新举措，是对中央集权制度的新发展。

7. 明清达到顶峰

明朝时期，统治者在中央实行"废丞相，权分六部"的政策，结束了秦朝以来的宰相制度；在地方废行省，设三司，改大都督府为五军都督府，分离统兵权和调兵权，进一步削弱地方势力。清朝时期，统治者则沿用明制，并增设军机处，大兴文字狱，使我国封建专制主义中央集权制度发展到顶峰。

8. 结束于辛亥革命

辛亥革命推翻了清朝统治，结束了统治中国两千多年的封建君主专制制度。

封建专制主义中央集权制度促进了统一多民族国家的形成和发展，为国家统一、民族融合、古代社会经济的发展创造了有利条件。一方面，其促使中国产生了高于同一时期世界上其他国家的优秀文化；另一方面，其对人民的严格控制，也影响了政治、经济、文化等方面的自由。

三、古代社会政治制度对中华传统文化的影响

由于宗法制度和封建专制主义中央集权制度的影响，中华传统文化带有明显的伦理特征和政治倾向。

1. 形成了中华传统文化的伦理特征

中华传统文化的伦理特征，首先表现在浓烈的"孝亲"情感上。"天地君亲师"这五个字成为人们长久以来祭拜的对象，其所表达的正是民众对天地的感恩、对君师的尊重和对长辈的孝道之情。国学大师钱穆先生曾说过："天地君亲师五字，始见荀子书中。此下两千年，五字深入人心，常挂口头。其在中国文化、中国人生中之意义价值之重大，自可想象。"可见在中华传统文化的伦理特征中，民众对祖先、长辈的孝道与宗法制度不无关系。

在宗法制度下，作为宗族首领，宗子拥有高于普通族人的地位。普通族人"虽富贵，不敢以富贵入宗子之家"。在丧葬制度中，大宗死亡，族人即使没有"五服"之亲，也须为之

服"齐衰三月"。由于周代人把宗子看作祖先的化身,故认为尊敬宗子也就是尊敬祖先。《礼记·大传》就说:"尊祖故敬宗,敬宗尊祖之义也。"

到了封建专制主义时期,皇权至上原则得以确立,在思想上则"罢黜百家,独尊儒术",而儒家思想中"忠孝"则是五常之一。《论语·为政》记载:"子曰:'生,事之以礼;死,葬之以礼,祭之以礼。'"即无论父母生前或死后,都应按照礼的规定来行孝。《论语·阳货》记载:"子曰:'予之不仁也!子生三年,然后免于父母之怀。夫三年之丧,天下之通丧也,予也有三年之爱于其父母乎!'"这里,孔子把"三年之丧"的传统礼制,视为亲子之爱的生活情理,把"礼"从外在的规范约束解释为人的内心要求。如此就将原来僵硬的规定,升华为生活的自觉理念,使伦理道德规范与人的内心需要融为一体。而外在的伦理道德规范不再是完全强制性的,而是理性与情感的统一,具有很强的实践性。

《孟子·离娄上》说:"仁之实,事亲是也;义之实,从兄是也",即在孟子看来,"孝悌"乃是五伦的中心。所谓"人人亲其亲,长其长,而天下平"(《孟子·离娄上》),"入则孝,出则悌,守先王之道"(《孟子·滕文公下》),这些都表明在孟子眼中,"孝悌"是德行的最高表现。孟子最推崇的圣人是尧和舜,他认为"尧舜之道,孝悌而已矣"(《孟子·告子下》)。

无论是在宗法制度下,还是在封建专制主义制度下,古人都将孝道视为做人的根本道德表现,这对他们的日常生活,以及中华传统文化的塑造都产生了重要的影响。

相关链接

传说董永自小丧母,与父亲相依为命。父子二人靠两亩薄地艰难维持生活,不料一年大旱,庄稼颗粒无收,又遇地主催租,董永的父亲因此一病不起,虽然董永四处求药,但也无法治好父亲。父亲去世后,董永身无分文,于是决定"卖身葬父"。董永立下卖身契约,用换来的钱安葬好父亲后,在家守孝3年,孝期结束后,就去债主那里做奴仆还债。在去债主家的路上,董永遇到一位女子,并与之结为夫妻。后来债主得知董永的妻子擅长织布,于是要求其妻子为他织100匹缣。本来要求是100天,结果董永的妻子只用了短短10天便织好了。后来董永才知道,原来那位女子是天上的仙女,为其孝道所感动,遂下凡帮助他。董永的故事在我国广泛流传,历来都被视为孝亲的典范。

2. 形成了中华传统文化的政治化倾向

在古代封建专制主义制度下,统治者之所以会选择儒家思想作为政治统治工具,其中一个重要原因就在于儒家思想关注的是社会的、人伦的,是全面而积极的入世思想。

孔子作为儒家思想的创始人,所生活的鲁国正是受西周宗法礼制影响较深的国家,他的最高理想便是建立一个"天下为公"的大同社会。这样的社会"选贤与能,讲信修睦""人不独亲其亲,不独子其子,使老有所终,壮有所用,幼有所长,鳏寡孤独废疾者皆有所养"。他认为,要建立这样的社会就应该"为政以德,譬如北辰,居其所而众星拱之"。即"德治"或"礼治"是治理国家的最佳方法。这种方法严格了等级制,将统治者与被统治者截然划分为两个不同的群体,从而使被统治者自觉地服从君主专制政治。

在这种思想的影响下,衍生了国人严重的服从心态,而中华传统文化也表现出极大的政治化倾向。如"学而优则仕"的观念就深入人心，"诗言志"的观点也长期存在于历代文人墨客心中。例如《毛诗序》，以及刘勰、孔颖达、白居易和清代的王夫之的作品，所强调的都是诗歌应反映现实，为政治教化服务的观点。

1.3 中华传统文化的影响

> **导读**
> 中华传统文化是在数千年的历史发展过程中，经过不断沉淀、积累而形成的。在其发展过程中，对中国以及世界都产生了深刻的影响。

1.3.1 中华传统文化对国人的影响

中华传统文化对我国的影响是多方面的，而其中最主要的方面体现在对国人的影响上，因为"人既是文化的创造者，又是文化的创造物"。中华传统文化对国人的影响主要在于塑造了中国人的"自足心理""道德心理""宗法心理"。

一、自足心理

自足心理是指努力寻求自我满足的一种心理状态和趋势。中国传统的小农经济，导致古代社会长期存在"自给自足"的情况。《三国志·吴志·步骘传》记载："种瓜自给。"《列子·黄帝》记载："不施不惠，而物自足。"这些记载都说明了经济上的自给自足，导致中华传统文化具有内倾的特征，从而也导致国人心理的自我满足。

《孟子》中提到："尽其心者，知其性也。知其性，则知天矣。"《论语·颜渊》中提到："克己复礼为仁。"陆贾在《新语·慎微》中提到："夫建大功于天下者，必先修于闺门之内；垂大名于万世者，必先行之于纤微之事。是以伊尹负鼎屈于有莘之野，修达德于草庐之下。"这些都反映了中华传统文化是属于内倾的文化，在对人们认识世界和改造世界、评价和选择事物等的行为导向方面，是教导人们向内而不是向外的。这种十分注重"反求诸己""尽其在我"的内在文化倾向，养育了国人的自足心理。而这些自足心理主要表现在以下两个方面。

1. 守成求安

受中华传统文化的影响，中国人往往具有守成求安的思想，这一思想反映在中国人的日常生活中。其中，最具代表性的就是中国人安土重迁的思想。《汉书·元帝纪》记载："安土重迁，黎民之性；骨肉相附，人情所愿也。"其所表达的就是古人不愿轻易改变，留恋故乡的守成求安的思想。

2. 固守传统

中国人固守传统的观念，与中华传统文化不无关系。儒家思想之所以能在中国传承上千年，就是得益于古人尊师重道的观念，而尊师重道正是固守传统的表现。文学上"文必秦汉、诗必盛唐"的观念，反映的也是文人墨客尊重传统、固守传统的观念。

二、道德心理

受中华传统文化的影响，中国人往往表现出极强的道德心理，其主要表现在以下两个方面。

1. 注重礼仪秩序

礼仪文化是中华传统文化的重要内容，其核心是教人"严以律己、宽以待人"，履行社会责任，建立和谐的人际关系等。在中国传统社会中，礼是治理国家、管理社会的重要手段，对维护社会稳定、有序发挥了积极作用。

与礼仪相关联的则是秩序，古人云："国有国法，家有家规"，在国有君臣之别，在家有长幼之分，这些都是每个人应该遵守的，而对这一秩序的遵守不是靠强制手段，而是靠道德的自觉。《礼记》中说："圣人作，为礼以教人，使人以有礼，知自别于禽兽。"可见，对于秩序的遵守，古人强调其应通过道德教化来实现。

2. 注重义务观念

父慈子孝、夫唱妇随等传统观念，所体现的就是一种义务。正是因为古人将此视为一种义务，在家庭成员之间才不存在劳动与报酬的公平对等问题。家庭作为一个独立的生产单位，家人分工合作，劳动成果的分配也是按个人的需要进行的。

除了家庭的义务，还有对国家、社会的义务。所谓"君使臣以礼，臣事君以忠"和"仁义礼智信"，前者是对君主、国家的义务，后者则是做人的基本道德准则，是对社会的义务。

三、宗法心理

宗法制度是宗法心理的直接根源，而由于宗法制度"一损俱损，一荣俱荣"的观念，也导致了个体人格独立的丧失。宗法心理也就是对这一群体压抑个体，个体屈从于群体的社会心理的反映。而伦理型的中华传统文化对宗法心理则起到了加固作用。具体而言，宗法心理主要表现在以下两个方面。

1. 重视血缘关系

重视血缘关系是中华民族的历史文化传统，夏朝所确立的宗法制度就是王族按血缘关系分配国家权力以便建立世袭统治的一种制度，西周确立的"立嫡以长不以贤，立子以贵不以长"的嫡长子继承制，所反映的都是对血缘关系的重视。"血浓于水""人丁兴旺、儿孙满堂"的传统观念都反映了中国人注重血缘关系的心理。

2. 依靠宗法关系"升官发财"

宗法制度本身就是一种统治者维护自身利益的政治制度，导致了"民"和"官"的身份、地位的不同。"官"具有对"民"的绝对统治权，在社会上的地位、威望、利益等方面都与"民"有着极大的区别。所以为民的要想获得官职，就必须依靠宗法关系。因为在当时的社会中，

"升官"就意味着"发财"。当官的可以为所欲为，对下属呼来唤去，而为民的下属只能唯命是从。"官"和"民"的这种支配与被支配的关系正是对宗法心理的两极反映。

1.3.2 中华传统文化对世界的影响

我国悠久而灿烂的中华传统文化在长年的发展过程中，对周边国家和地区甚至整个世界都产生了深远的影响，尤其是对日本、越南等周边的国家和地区，产生的影响比较大，乃至形成了世界公认的以中国文化为核心的东亚文化圈。

1. 对朝鲜半岛的影响

朝鲜作为中国唇齿相依的友好邻邦，自古以来就深受中华传统文化的影响。公元675年，新罗统一朝鲜半岛后，就加强了同唐朝的交流。到了宋朝时期，中朝两国的交往更为密切，雕版印刷技术传入朝鲜。

总体而言，中华传统文化对朝鲜的影响主要体现在四个方面：①采用汉姓；②汉字传入朝鲜，并被长期借用；③仿效中国的教育，于公元7世纪，在其首都庆州设立国学，传授儒家经典，以培养贵族子弟；④公元4世纪后期，佛教由中国传入朝鲜，并得到广泛传播。

▲ 李滉画像

中华传统文化对朝鲜影响较大的是儒家思想和明清以后的实学思想。如哲学家李滉、曹南冥、洪大容、李栗谷等人，都曾受到中国哲学思想的影响。

相关链接

李滉，初名瑞鸿，字景浩，号退溪，谥号文纯，唯心主义哲学家，朝鲜王朝庆尚南道安东府礼安县温溪人。历任礼曹判书、丹阳郡守、大司成、大提学等官职。由于目睹历次"士祸"给士林带来的灾难，他曾多次以体弱年老为借口，向国王上书请求退职。晚年定居故乡，在退溪建立书院，从事教育和著书事业，发展了朱熹哲学，并创立退溪学派。李滉在韩国家喻户晓，韩国政府为了纪念这位思想家，将其头像印在了1 000圆的韩元上。他的著作有《退溪集》《启蒙传疑》《心经释录》《朱子书节要》《天贫图说》等。从这些著作的名字可见，他深受中国传统文化的影响。

2. 对日本的影响

中华传统文化对日本也产生了较大的影响，其中，影响较大的就是文字与书法。古代日本没有自己的文字，3世纪至5世纪时，中国汉字陆续传入日本，日本人才开始利用汉字作为音符来书写日本语言，并称之为"万叶假名"。8世纪时，留学生吉备真备利用汉字的偏旁创造了"片假名"，其后，留学僧人空海又模仿汉字草体创造了"平假名"，最终形成了日本自己的文字。时至今日，日本教科书和官方文件中使用的汉字仍有1 850个。

儒家思想对日本统治者也产生了较大的影响，日本各级学校以儒家经典为教科书，祭奠孔子的释奠之礼也非常隆重。7世纪初，大和王朝的圣德太子就以儒家思想为指导，对日本实行政治改革。另外，其还多次派遣使节和留学生到中国访问学习，包括高向玄理、僧旻、南渊请安等。通过这些人到中国访问留学，日本以唐朝政治制度为蓝本，对本国的政治制度进行了深入的改革。

日本的佛教文化也深受中国的影响，唐朝有哪些佛教宗派，在日本也就有与之相对应的宗派。唐朝时期东渡日本的鉴真和尚，被称为"日本文化的恩人"，中国的佛教文化以及雕塑等正是由他传入日本的。

相关链接

鉴真，唐朝僧人，广陵江阳人，是日本佛教南山律宗的开山祖师，曾担任扬州大明寺主持，应日本留学僧请求先后6次东渡日本，弘传佛法，日本人民称其为"天平之甍"，对日本的佛教文化产生了巨大影响。

▲ 鉴真像

3. 对世界其他国家的影响

正如梁漱溟《中国文化要义》所指出的那样："中国文化放射于四周之影响，既远且大。北至西伯利亚，南迄南洋群岛，东及朝鲜日本，西达葱岭以西，皆在其文化影响圈内。"中华传统文化的影响并不仅限于东亚地区，早在西汉时期，中华传统文化就通过丝绸之路和西方许多国家进行了广泛的交流。明代以后，新航路的开辟、外国传教士来华，这些都加强了中国与世界各国的文化交流，使中国文化对世界文化产生了广泛而深远的影响。

中国古代四大发明（火药、指南针、印刷术、造纸术）传至西方后，对西方资本主义社会的形成和发展产生了积极作用。马克思曾说过："火药、指南针、印刷术是预示资产阶级社会到来的三项伟大发明。火药把骑士阶层炸得粉碎，指南针打开了世界市场并建立了殖民地，而印刷术却变成了新教的工具。"

▲ 中国古代四大发明

除了四大发明这些中国科技外，中国的哲学也给欧洲的启蒙主义思想家以极大的启示。法国启蒙主义思想家笛卡儿、卢梭、伏尔泰、孟德斯鸠、狄德罗等人都十分推崇中国古代文化，伏尔泰就在礼拜堂里供奉着孔子的画像。另外，这些人还以中华传统文化为思想武器对基督教神学展开抨击，以弘扬理性主义和人文主义。莱布尼茨、费希特、黑格尔等德国哲学家也都研究过中国哲学，并深受其影响。

在当代高度发达的西方社会，中华传统文化对人们的吸引力还在不断增强。当下西方社会物质文明正在高速发展，但由于过度竞争引发的危机也在不断加剧，人际关系冷漠、家庭结构松弛、拜金主义狂潮泛滥等种种弊端与日俱增。为此，不少西方学者期望通过引入中华传统文化，在高度现代化的后工业社会建立起一种和谐的人际关系。

1.4 学习中华传统文化的意义

导读 中华传统文化是中华民族祖先留下来的宝贵遗产，其所宣扬的忠孝仁爱、温良恭俭、严于律己、宽以待人等道德规范，铸就了中华儿女的民族精神，形成了中华民族追求和谐、礼貌待人、诚实守信、勤俭自强、坚韧不拔和精忠爱国的传统美德。

1.4.1 把握中华民族精神，增强爱国情怀

当今社会正处在科技高速发展的信息时代，人类各民族之间的文化交流在广度和深度上都在不断拓展。虽然各民族的文化形态纷繁多彩，但各民族文化的主色调、主旋律是可以辨识的，像英国人的绅士之风、德国人的精准高效、美国人的自由开放等。我们之所以能够大致辨识各民族的特征，在于每一个民族内部，虽然在阶级、阶层、集团、党派上会存在差别，但其都存在着共同的心理素质，这便是所谓民族精神。而学习、研究中华传统文化，正是我们认识自己、把握中华民族精神的重要途径。

当代中国人正面临着建设中国特色社会主义，实现中华民族伟大复兴这一历史使命。我们每一个青少年学生都应以祖国的繁荣、强盛为最大的光荣，并自觉地增强对祖国的热爱，努力培养爱国情怀，形成为实现中华民族伟大复兴的中国梦而不懈努力的共同理想追求。因此，学习中华传统文化对于发扬优秀的民族精神，增强爱国情怀具有重要意义。

1.4.2 提高人文素养

中华传统文化不仅底蕴深厚，格调高雅，其所包含的道德价值观念更是对个体人文素养的提高具有重要意义。

传统儒家就是以"仁"为思想核心，以"义"为价值准绳的，力求建立"仁爱共济、立己达人"的人际关系。而要实现这一目标，对个人人文修养有着极高的要求，既要做到如孔子所言的"己所不欲，勿施于人""己欲立而立人，己欲达而达人"，还需要"正心笃志，崇德弘毅"等。只有事事从我做起，从自己做起，并且专心致志、持之以恒，才能成功。孔子

言："质胜文则野，文胜质则史，文质彬彬，然后君子。"当人人都成为君子，社会也自然就会变得文明。

因此，当代青少年应当学习中华传统文化，提高自身人格修养，学会明辨是非、遵纪守法、奋发向上，自觉弘扬中华民族优秀的道德思想，做一个高素养、讲文明、知荣辱、守诚信、敢创新的中国人。

1.4.3 传承和发扬中华传统文化

传统文化是一个民族在长期的历史活动中积累、沉淀下来的物质和精神财富的总和。而传统文化中既有精华、也有糟粕，中华传统文化也不例外，因此，我们应该坚持以"取其精华，去其糟粕"的原则去看待。然而，中华传统文化烟波浩渺，内容繁多，要真正做到"取其精华，去其糟粕"，就必须真正学习和了解中华传统文化。

在面临西方文化极大冲击的情况下，我们的青少年学生更应该树立起危机意识，努力学习并传承和发扬中华传统文化。因为，优秀的中华传统文化以天、地、人三才之道，观天地人文的变化，以顺应天意，并教化天下，使天下文明。中华传统文化的熏陶，能够深入每一个人的心灵深处，培养人们优雅的性情和敦厚的品格。中华传统文化更是唤醒人性的著作，是开启人类智慧之门的钥匙！

📝 活动设计

活动主题：了解并学习中华传统文化。

活动形式：调查实践。

活动内容：中华传统文化蕴藏丰厚，涉及政治、思想、精神、生活、教育、信仰等各个方面，书法、剪纸、戏曲、皮影、武术、玉雕、甲骨文、刺绣、古筝、琵琶、陶瓷、国画等都是从中华传统文化中衍生出来的国粹，选择一种你喜欢的中华传统文化成果，了解其发展史，也可试着学习该传统技艺。

📖 延伸阅读

我国传统民间技艺

作为一个文化悠久而丰厚的古老国家，自我国古代民间传承了无数各类各式的工艺，这些传统工艺在传统民俗文化中留下了浓墨重彩的一笔，时至今日，仍然是中华儿女彼此认同、彼此联系的重要标志和黏合剂。

（1）剪纸。剪纸又叫刻纸、窗花或剪画，通常使用剪刀、刻刀等工具制作。剪纸是我国最普及的民间传统装饰艺术之一，有着吉祥的象征，在各地形成了不同地方风格流派，具有十分悠久的历史。

（2）年画。年画是我国特有的一种绘画体裁，始于古代的"门神画"，是老百姓十分喜闻乐见的艺术形式，年画大多在新年时用于张贴，具有祝福新年、吉祥喜庆的寓意。

（3）刺绣。刺绣是我国民间传统手工艺之一，是用针和线把设计展现在织物上的一种艺术。据《尚书》载，远在4 000多年前的章服制度，就规定"衣画而裳绣"。

（4）皮影戏。皮影戏又称"影子戏"或"灯影戏"，是一种用灯光照射兽皮或纸板，形成人物剪影，从而演绎故事的民间戏剧。皮影戏是我国民间古老的传统艺术，始于西汉，十分受人们的欢迎。

（5）捏面人。面人也称面塑，是一种制作简单但艺术性很高的民间工艺品。我国的面塑艺术早在汉代就已有文字记载，捏面艺人往往只需随手捏搓，便可快速创作出栩栩如生的艺术形象。

（6）核雕。核雕是我国民间传统微型雕刻工艺，以桃核、杏核、橄榄核等果核及核桃雕刻成工艺品，穿孔系挂在身上作为"辟邪"之用。

☼ 启发

中华传统文化是中华民族得以生生不息、繁荣昌盛的精神支柱，是民族精神、性格、文化创造的直观体现。民间传统工艺是我国民俗文化的重要组成部分，青少年学生关注并发扬传统民间工艺，对学习中华传统文化，增强爱国情怀和民族自豪感，具有重要的意义。

实践练习

练习一：单选题

1. 在（　　）的思想的影响下，人文精神成了中华传统文化的基本精神。
　　A.韩非子　　　　　B.老子　　　　　　C.孔子　　　　　　D.墨子

2. 封建专制主义中央集权制度初步形成于（　　）。
　　A. 夏商周　　　　　B.战国时期　　　　C.秦朝　　　　　　D.西汉

3. 我国历史上中央政权直接控制地区最大的时期是（　　）。
　　A.元　　　　　　　B.唐　　　　　　　C.汉　　　　　　　D.清

4. 宗法制度是中国古代维护贵族世袭的一种制度，这种制度确立于（　　）。
　　A.商朝　　　　　　B.周朝　　　　　　C.战国　　　　　　D.夏朝

5. 下列（　　）不属于中国古代四大发明。
　　A. 指南针　　　　　B.火药　　　　　　C.造纸术　　　　　D.地动仪

练习二：讨论与分享

请针对以下现象，谈谈你的看法。

1. 弘扬优秀中华传统文化，提高民族道德素养，正为当前社会各界所倡导。请问你对弘扬优秀中华传统文化有何建议？你是否采取过行动？

2. 现如今，在艺术设计、音乐、文化娱乐等行业都经常会出现一个词语——"中国风"，你认为这个词语是否意味着中华传统文化的弘扬和传播？分享一下你对此的看法。

练习三：案例分析

中华传统文化与科技发明创造

英国近代生物化学家和科学技术史专家李约瑟博士曾经提出过一个问题：为什么从公元前1世纪到公元15世纪，在把人类的自然知识应用于人的实际需要方面，中国文明比西方文明有效得多？

实际上，这与中华传统文化有着不可分割的关系。中华传统文化自古就宣扬以人文本、天人合一的思想，因而我国古代的科学发展也基于这一思想，保持着观察自然、利用自然、便民利民的科学研究方向。可以说，我国古人在天文、地理、医药、数学、农学等方面的科学成就，大多都是为了解决国计民生问题。

2013年8月，中国科学院自然科学史研究所推选出"中国古代重要科技发明创造"88项，其中，著名水利工程都江堰的建造，各国造船业通行技术的水密舱壁技术，以及缫丝、钢铁冶炼、活字印刷、茶叶栽培、天象记录、地图绘制等技术，不仅远远领先于当时的世界各国，同时在农业、军事、民生等领域均发挥着十分重要的作用。

☼ | 思考 |

1. 你如何理解中华传统文化与古代实用科学发展之间的关系？

2. 你了解哪些我国古代重要的科技发明及其应用领域吗？

第2章 人生的探索：中国传统哲学

中国传统哲学凝聚了中华传统文化的根本精神，是中华传统文化的精髓，也是中华传统文化的核心内容。早在战国时期，屈原就在其《天问》中提出了 172 个问题，上至盘古开天辟地的传说，下至世间万象，从夏、商、周三代的兴亡，到楚国和他自己。这些问题构思新奇、语言精辟、思想广博、析理深刻。中国传统哲学对宇宙生成的认识和对生命意义的关注，深刻地影响着中国文化发展。研读和理解中国传统哲学，是历史赋予青年学生的神圣使命。

★ 知识目标

1. 了解中国传统哲学的主要内容与特征。
2. 了解中国传统哲学的主要流派。

⊙ 能力目标

1. 深刻理解中国传统哲学的精神追求。
2. 熟知各哲学流派并了解其基本观点和代表人物。

目 素养目标

透过中国传统哲学，追求更高的精神境界，如形成对人生的看法、理解生活的意义、确立价值信念。

庄周梦蝶

《庄子·齐物论》记载:"昔者庄周梦为胡蝶,栩栩然胡蝶也。自喻适志与? 不知周也。俄然觉,则蘧蘧然周也。不知周之梦为胡蝶与? 胡蝶之梦为周与? 周与胡蝶则必有分矣。此之谓物化。"

这段话是说,从前有一天,庄周梦见自己变成了一只翩翩起舞的蝴蝶。蝴蝶觉得自己非常快乐,悠然自得,不知道自己是庄周。一会儿梦醒了,却发现僵卧在床的是自己。于是,便不知道究竟是庄周做梦变成了蝴蝶,还是蝴蝶做梦变成了庄周?

这则寓言写得轻灵缥缈,常为诗人所引用。李商隐在《锦瑟》中说:"庄生晓梦迷蝴蝶,望帝春心托杜鹃。"黄庭坚在《寂住阁》中说:"庄周梦为胡蝶,胡蝶不知庄周。当处出生随意,急流水上不流。"崔涂在《金陵晚眺》中说:"千古是非输蝶梦,一轮风雨属渔舟。"

"庄周梦蝶"是庄子借由该故事所提出的一个哲学谜题,即"作为认识主体的人究竟能不能确切地区分真实和虚幻"。千百年来,人们都试图解开这道谜题。清代张潮便在其所写的《幽梦影》中给出了自己的观点:"庄周梦为蝴蝶,庄周之幸也;蝴蝶梦为庄周,蝴蝶之不幸也。"意思是,庄周梦见变为蝴蝶,是庄周的大幸;而蝴蝶梦见变为庄周,则是蝴蝶的不幸了。

讨论

你认为是庄周梦为蝴蝶呢,还是蝴蝶梦为庄周呢? 庄周与蝴蝶又有什么分别呢? 结合自身看法,对此展开讨论,并说明自己的理由。

引申

中国传统哲学是中华传统文化的理性展现。庄周对于自我与外物间的关系有着孜孜不倦的探求,以"庄周梦蝶"来阐释自己对于物我混同,万物皆无定式的思考。新时代的青年也应该不断探索、不断思考,在继承传统哲学精髓的基础上不断开拓创新。

2.1 中国传统哲学的主要思想

导读

中国传统哲学凝结了古人对宇宙、人生、生活意义的看法，是古人安身立命的根本。先秦时期百家争鸣，哲学思想异常活跃，为中华传统文化提供了丰富的思想资源，对中华传统文化产生了深远的影响。

2.1.1 人与天的关系：天人合一

"天人合一"是中国古代哲学家对天人关系的哲学解答。汉代著名思想家、史学家司马迁在《报任安书》中说："究天人之际，通古今之变，成一家之言。"在他看来，要想在学术上有所建树，就必须研究人与天的关系。

历代先贤虽然对天人合一做出了不同的解释，但基本都强调人是天地所生成，人又有别于天地，但人道与天道是一致的，只有遵循天道，才能实现天人合一。

1. 人是天地所生成的

中国传统哲学中，有关天人合一的含义极为复杂，其第一层意义就在于承认人是天地所生成的，人与自然是不可分割的整体。

中国古代哲学家把人看作"超然万物之上而最为天下贵"（《春秋繁露》），"惟人万物之灵"（《尚书·泰誓上》），即认为人是天底下最可贵的，是万物中最有灵性的，是汇聚了天地间完美无缺的德行，以及阴阳五行间所有的智慧和灵气而生的。但人类无论如何杰出，却始终是天地万物中的一员，毕竟人是天地所化育的。《易传·序卦传》中就有："有天地然后有万物，有万物然后有男女。"

相关链接

《尚书》是中国最古老的皇室文集，是中国第一部记载上古历史和追述古代事迹的著作，它保存了商周时期的一些重要史料。《尚书》中的文字大多诘屈艰深，晦涩难懂。有人认为《尚书》就是"上古的书"；也有人认为《尚书》是"人们所尊崇的书"；还有人认为《尚书》是"君王之书"。《尚书》的内容大多是臣子对君主言论的记载，它是我国历代统治者治理国家的"政治课本"，其中所提倡的敬德、重民的思想对后世产生了较大的影响。

人为天地所化育，承受天地之性，在宇宙中有着卓越的地位，但作为万物中的一员，同样需要遵循自然规律，对此最直接的体现就是众生平等的思想。庄子说："天地与我并生，而万物与我为一。"北宋思想家张载认为，天地是人类的父母，而天、地、人三才又是"气"聚的结果，因此，天地之性，就是人之性。所以中国古代哲学家早就认识到，人类彼此之间都是同胞，而万物则是人类的朋友，人与人、人与万物都应当和谐相处，并育不害，这便是人类生存所需遵循的自然之道。正如《周易》所说："大哉乾元，万物资始，乃统天。……至哉坤元，万物资生，乃顺承天"。

2. 人与天地不同

人虽为天地所化育，但人又与天地、万物截然不同。人类社会要延续与发展，人就不得不发挥自身的主观能动性，去改造和利用自然。这就使得人类不得不与自然处于对立之中，从而将人与天地、自然相分离。

历史上最早建立"天人相分"思想体系的，是战国时期的思想家、教育家荀子。《荀子·天论》中记载："天行有常，不为尧存，不为桀亡……强本而节用，则天不能贫。养备而动时，则天不能病。修道而不贰，则天不能祸……故明于天人之分，则可谓至人矣。"在荀子看来，天是自然的，是没有理性、意志、善恶之心的，它既不会因为有尧这样的好人而存在，也不会因为有桀这样的暴君而毁灭。并且，天不是神秘莫测、变幻不定的，它有自己的规律。与其等待上天的恩赐，不如利用自然规律为人服务。比如，加强农业生产、节约开支，就能使天下之人不再贫穷；准备充足的生活资料并顺应天时变化进行生产活动，就可以使天下之人少生疾病；遵循规律又不出差错，就可以使天下之人免遭祸患。因此，治理乱世不应该靠天，而应该靠人。

相关链接

《荀子·天论》字句工整，语言富于文采和气势，文字严密令人叹服。此著作的主要思想是，一个国家安定富足或战争动乱，主要受人为因素的影响，与自然的天是没有关系的。荀子的这种思想，在当时具有很强的进步意义。他否定了各种迷信思想，强调了人的作用，揭示了自然界的运动变化有其客观规律。

根据荀子的观点，人与天的不同之处在于天是没有意志的，该发洪水时就会发洪水，该刮台风时就会刮台风；而人则是有意志的，发洪水时人可以筑堤防洪，刮台风时人可以提早关好门窗，躲在室内。

不过，也正是因为人与天有所不同，才使得人与天又有合二为一的必要。因为人在改造、利用自然的同时，又应该遵循自然规律，也只有在此基础上实现的人与天的统一，才是真正的天人合一。

3. 人与天的对立统一

中国传统哲学认为，人生的最高理想是自觉地达到天人合一的境界。把人与天地、自然区分开，属于人的初步自觉；而认识到人与天地、自然既有区别又有统一的关系，属于高度自觉。从存在的终极意义上说，人与自然是既对立又统一的，这种辩证观点是人类对自身及其与自然关系的一种深刻的认识。一方面，人与万物作为天地中的一员，存在着共生、共存的关系；另一方面，人与万物以及自然又存在竞争与利用的关系。天人合一的思想要求我们在利用和改造自然的过程中，应当有敬畏、顾惜之心，即应该在遵循自然规律的前提下利用、改造和反哺自然，从而实现万物并育、天人和谐。

《孟子·梁惠王上》记载："不违农时，谷不可胜食也；数罟不入洿池，鱼鳖不可胜食也；

斧斤以时入山林，材木不可胜用也。"《逸周书·大聚解》记载："春三月，山林不登斧，以成草木之长；夏三月，川泽不入网罟，以成鱼鳖之长。"人只要不违背各种生物的自然生长规律，它们就可以不断生长，而人则可以取之不尽、用之不竭。这正如《管子·五行》中所说："人与天调，然后天地之美生"，即人类如果能与自然和谐相处，实现天人合一，那么天地之间美好的事物自然就会产生。

天人合一的思想，是我国古代思想家在探索天人关系的理论与实践中为我们留下的宝贵遗产。它告诉我们，古代哲学家之所以能够以公正平和的心态，使一切生命、万物各归其位，就在于他们认识到，人性本为天命所授，而人可以以自己的生命贯通宇宙，努力成就宇宙中其他的一切生命。

2.1.2 阴与阳的关系：阴阳变易

中国古人认为，阴与阳是构成世间万物的两种最基本的属性和元素，而阴与阳的结合能够促使万物运动变化、生生不息。《荀子·礼记》有言："天地和而万物生，阴阳接而变化起。"阴与阳，既相互对立、此消彼长，又互相依存。正所谓阴阳相依、相合，阴阳合一，世间万物才能处于永恒的变化发展之中。

1. 阴阳之道

古人通过仰观俯察、取类比象，将自然界中各种对立又统一的现象，如天地、日月、昼夜、寒暑等，经过抽象而归纳出"阴阳"的概念。何谓阴阳?《周易》说："阴阳一体两面，彼此互藏，相感替换，不可执一而定象。……一阴一阳之谓道，继之者善也，成之者性也"。在古人看来，世间万物都有阴阳两个方面，两者相互对立、相辅相成，共同构成了事物的本性，并推动其发展变化，此即谓"阴阳之道"。

阴阳之道指世间一切事物或现象都存在着相互对立的两个方面，它不仅存在于自然之中，也深藏于人类社会。自然界中有"阳得阴而为雨，阴得阳而为风，刚得柔而为云，柔得刚而为雷"（《续风雨雷电说》）；人类社会中则有"天得地而万物生，君得臣而万化行，父得子、夫得妇而家道成"（邵雍《皇极经世书》）。可见，自然界和人类社会皆由阴阳构成，阴与阳是构成世间万物的两种最基本的元素，也是推动世间万物发展变化的根本动力。世间万物都是阴阳对立统一的产物，阴阳之道所揭示的正是世间万物的本性及其发展变化的规律。

● 邵雍（1011—1077），字尧夫，北宋著名理学家、数学家、诗人。师从李之才学习《河图》《洛书》与伏羲八卦，学有大成。邵雍的哲学思想受到《列子》《庄子》的影响，再加上汉代易学的思想成分，形成了其对《周易》的独到理解。其所著

▲ 邵雍

《皇极经世书》运用易理推究宇宙起源、自然演化和社会历史变迁，汇聚了邵雍哲学、易理、历史学的诸多理论。

2. 阴阳对立

矛盾是普遍存在于事物之间的一种相互作用、相互影响的特殊状态。阴阳也普遍存在于世间万物，阴阳和矛盾一样，都是一种普遍的对立关系。

南宋理学家朱熹说过："阴阳无处无之，横看竖看皆可见。横看则左阳而右阴，竖看则上阳而下阴；仰手则为阳，覆手则为阴；白明处则为阳，背面处则为阴。"左与右是相对立的，上与下是相对立的，仰手与覆手是相对立的，白明与背面也是相对立的。

3. 阴阳相和

阴与阳是相对立的，又是在此消彼长之间相依相和的。正如老子所说："万物负阴而抱阳，冲气以为和。"我们所熟知的太极图，从形状上看恰似两条黑白分明的"阴阳鱼"。白鱼表示阳，黑鱼表示阴，两者既相互对立，又相互依存，因为无论缺少了哪一方，都将不能成为完整的太极图。

中国传统哲学认为，阴与阳是构成世间万物最基本的两种元素，两者既相互对立，又相互依存，并相互作用。所谓阴极则阳生，阳极则阴生，阴中有阳，阳中有阴，此即为自然的不变法则。

▲ 太极阴阳图

周敦颐在其《太极图说》中说道："无极而太极。太极动而生阳，动极而静，静而生阴，静极复动。一动一静，互为其根。分阴分阳，两仪立焉。""阴生阳，阳生阴"所揭示的正是阴与阳两者在对立的同时，又相依相和、相互作用的关系。世间万物都是由阴阳所构成的，而阴阳作为矛盾体，又总是处于不断的相互转化与相互作用的过程中，故万事万物也总是处于不断生长、发展与演变之中。阴阳二气千变万化，周而复始、永无止境，这就是"生生之谓易"，而"易穷则变，变则通，通则久"则是阴与阳之间的相互作用，阴阳相和推动宇宙生生不息，变幻无穷，此乃天地间一切事物的本性及发展变化的规律。

在中国古代哲学家的眼里，人类世界是一个无限的世界，它包罗万象、囊括万物、无比丰富而充实。而且这个世界不是孤立的、静止的，它充斥着矛盾、阴阳的对立与统一，因而它是不断发生、发展，并且充满变化的。

2.1.3 人与人的关系：中庸之道

中庸之道是指不偏不倚，折中调和的处世态度，是儒家思想的精粹。《礼记·中庸》说："喜怒哀乐之未发谓之中，发而皆中节谓之和。中也者，天下之大本也；和也者，天下之达道也。致中和，天地位焉，万物育焉。"这段话的意思是，人的内心在没有产生喜怒哀乐等情绪时，就是中；在产生喜怒哀乐等情绪时，却始终用中的状态来调节、控制情绪，就是和。中是天下万事万物的本来面目，和则是天下最高明的道理。达到中和的状态，万物便各得其所、各归其位，成就一种理想的和谐状态。

中庸之道的主要内容包括五达道、三达德、九经。五达道是指运用中庸之道调节君臣、父子、夫妻、兄弟以及朋友之间的人际关系。三达德包括智、仁、勇，是天下通行的品德，用以调节五达道的五种人际关系；九经包括"修身也，尊贤也，亲亲也，敬大臣也，体群臣也，子庶民也，来百工也，柔远人也，怀诸侯也"（《中庸》），即修养自身、尊重贤人、爱护亲族、敬重大臣、体恤众臣、爱护百姓、劝勉各种工匠、优待远方来的客人、安抚诸侯。调节这九种人际关系，是治理国家的九项具体工作，也是使国家达到太平和谐的重要保证。

中庸之道作为中国传统哲学思想，反映的是古代哲学家对如何处理人与人、人与社会、人与自然的关系的认识，具有深刻的哲理内涵。概括起来，中庸之道主要包括尚中与时中、以和为贵及中和之美。

1. 尚中与时中

古代无论是道家、法家或是儒家，都对"中"这一哲学概念进行过分析。道家的庄子在其《人间世》中说："且夫乘物以游心，托不得已以养中，至矣。"意思是顺着事物的规律而悠然自得，寄托于不得已而蓄养心中的精气，这就是最好的了。法家的《管子·内业》记载："心无他图，正心在中，万物得度。"意思是别无所图，只有一个平正的心，对待万物就会有正确的标准。儒家的孔子是"执两用中"思想的倡导者，其中，"执"是把握，"两"指事物的两端，一端叫作"过"，另一端叫作"不及"。"执两用中"就是说做事情应该把握住"过"与"不及"两端，并根据事物的客观规律而做到适中、适度。可以说，"尚中"是儒家文化和中庸之道的重要标识。

儒家的代表人物孔子，其品评人物、选择朋友以及自我修养的准则便是"中"。例如，在孔子看来，舜是个具有大智慧的人，这是因为舜在治理国家时，运用了"执两用中"的方法。《礼记·中庸》记载："子曰：'舜其大知也与！舜好问而好察迩言，隐恶而扬善，执其两端，用其中于民。其斯以为舜乎！'"意思是，舜可以算一个有大智慧的人，舜喜欢向别人请教，即使别人的话很浅显，他都会仔细听，他会包容别人的短处而表扬别人的长处，既能看到"过"的一面，又能看到"不及"的一面，并采纳适中的方法引导别人，这就是舜之所以能成为舜帝的原因吧。

▲ 舜

《论语·尧曰》有言："尧曰：'咨！尔舜！天之历数在尔躬，允执其中。四海困穷，天禄永终。'舜亦以命禹。"意思是，当舜继承尧之位时，尧告诉他，要真诚地坚持不偏不倚的中正之道，当天下百姓都陷于困苦贫穷的境地之时，舜的禄位也会永远终止。而舜让位给禹的时候，也把这番话传授给了禹。可见"尚中"思想早已为古代哲学家所认同。

中庸之道的重要标识是"尚中"，而"时中"则是中庸之道的内在本质。"时中"一词最早见于《周易·彖传》，"蒙，亨。以亨行，时中也。"这句话的意思是，蒙卦表示希望、亨通，以亨来行事，是符合蒙这个时机的。而在儒家看来，"时中"主要包括两方面的含义：一是要"合乎时宜"，二是要"随时变通"。

在儒家思想中，"时中"以"合乎时宜"的含义，被看作个人道德修养、行为实践和治国安邦的重要原则。《论语·学而》说："道千乘之国，敬事而信，节用而爱人，使民以时。"荀子根据"养长时则六畜育，杀生时则草木殖"的道理，推论出"政令时则百姓一，贤良服"（《荀子·王制》），即国家的政令如果合乎时宜的话，那么老百姓就会行动一致，而有才能的人也会服从。

除了"合乎时宜"外，"时中"的另一个含义便是"随时变通"。《周易·彖传》记载："艮，止也。时止则止，时行则行，动静不失其时，其道光明。"这句话的意思是，艮，如同静止的山。时机适宜静止则静止，时机适宜行动则行动，行动和静止不失时机，则前途将无限光明。这里就是强调行或止、动或静，都要"因其时"，而要想"因其时"而"不失其时"，则需要变通。而"变通者，趣时者也"，就是说懂得变通趋时的人才可以把握时机。由此可见，以"尚中"为重要标识，以"时中"为内在本质的中庸之道，既包含了适中、适度的观点，又包含了不断变化的思想，而这也正是中庸思想的生命力之所在。世间的事物，只有适应环境的变化才不会消亡，相反，如果拒绝变化和进步，则必将走向消亡。

2. 以和为贵

中庸之道除了具有尚中、时中的内涵外，其另一个重要的内涵便是"以和为贵"。"和"在中国古代是一个非常重要的哲学概念，有关"和"的哲学在先秦时代诸子百家就多有阐发。如孔子说："礼之用，和为贵。""君子和而不同，小人同而不和。"孟子则提出："天时不如地利，地利不如人和。"而"和"的目标是实现持久的和平，为此，诸子百家从不同的角度进行了探索和实践，而后经过董仲舒、阮籍、张载等思想家的完善，形成了独具特色的"以和为贵"的思想。

中华传统文化也深受这一思想的影响，如在民族方面承认并吸收所有优秀的民族文化；在建筑方面追求和谐、对称、协调等。这些都体现出中华传统文化厚德载物、有容乃大、兼收并蓄的特点，都是"以和为贵"思想的最佳体现。

● 人与人之和。孔子曰："君子和而不同，小人同而不和。"而要成为君子，达到"和"的境界，就需要提高自身修养，做到"居处恭，执事敬，与人忠。虽之夷狄，不可弃也"（《论语·子路》）。即日常起居要态度端庄，做事情要恭敬认真，和人交往要忠心诚恳。即使到了蛮夷之地，也不可背弃。另外，孔子还说"君子惠而不费，劳而不怨，欲而不贪，泰而不骄，威而不猛"（《论语·尧曰》），即给人好处而自己不会觉得有所损失，做事辛劳而不抱怨，有欲望却又不贪婪，居于高位而不骄傲，有威仪而不凶猛，这便是君子的五种美德。这些论述都反映了人与人之间的"和"。

● 人与自然之和。《道德经》曰："人法地，地法天，天法道，道法自然。"即人必须遵循地的规律特性，地又必须服从于天，天以道作为运行的依据，而道就是自然。因此，人类必须遵循自然规律并把它作为自己的行动准则。顺应自然才能与自然和谐相处，才能利用好自然。所谓"天之所覆，地之所载，莫不尽其美，致其用"（《荀子·王制》），即世间万物之美就在于能够发挥其作用。《周易》提出了"裁成天地之道，辅相天地之宜"原则，即自然界提供了人类生存所需要的一切，人在获得这些生存条件的同时应当掌握时机，善于调理，以成就天地交合之道，促成天地化生万物之时宜，从而达到"物我相谐，天人合一"，即人与自然相"和"的境界。

● 人与社会之和。《礼记》说："大道之行也，天下为公……是故谋闭而不兴，盗窃乱贼而不作，故外户而不闭，是谓大同。"即在大道施行的时候，天下是人们所共有的，不会有人搞阴谋，也不会有人盗窃和兴兵作乱，所以家家户户都不用紧闭大门，这也就是"大同"社会。东汉时期，郑玄又将"大同"解释为"同，犹和也，平也"。意思是"大同"也就是"大和"和"太平"，"大同"社会也就是和谐社会、太平盛世。经数千年来各种思想的融合，中华传统文化中蕴含的和谐共生理想，已成为以"和"为核心，兼顾多元、和谐有序、包容开放的一套哲学伦理体系。

人与人的和谐、人与自然的和谐、人与社会的和谐，是千百年来中国人不懈追求的目标。而"以和为贵"的思想则培养了中华民族热爱和平、团结和睦的优秀品格，体现了中华民族对和谐社会的向往与追求。

3. 中和之美

儒家思想中，"尚中"与"贵和"往往是联系在一起的。所谓"致中和，天地位焉，万物育焉"（《礼记·中庸》），"中和"乃是中国传统哲学中自我价值的实现，"致中和"则是社会价值的体现。"中和"更是中庸之道的理想目标，其内涵是天人和谐，而中和之美也就是天人和谐之美。

中国古代哲学家认为，天下万物都可分为阴阳二极，阳为刚，阴为柔，由阳刚与阴柔相结合的"中和之美"，便成为中国古典艺术的理想境界。刘熙载在《艺概》中说："书要兼备阴阳二气。大凡沈著屈郁，阴也；奇拔豪达，阳也。""书，阴阳刚柔不可偏陂"，即是说书法应当兼具"阴阳二气"，刚中有柔，柔中有刚，两者不可偏颇。这便是书法的"中和之美"，也正是理想的中和之境。"中和之美"突出的是在审美过程中实现主体与客体、人与自然、感性与理性的协调统一，给人以愉悦、轻松的审美快感。同时，"中和之美"兼具了阴柔与阳刚，囊括了含蓄、典雅、静穆等特性，是古人"尚中"与"贵和"思想相结合的产物，也是古人所追求的中庸之道的体现。

作为中国传统哲学重要的思想内涵，中庸之道所体现的既是人生的大道，也是事业成功、生活健康的根本理论。《论语·庸也》云："中庸之为德也，其至矣乎。"即中庸作为一种道德，应该是最高境界了。这种中庸思想既是一种认识论、方法论，也是人生修养的行为准则。这种思想贯穿于哲学、政治、经济、文化等各方面，并深刻地影响着中国人的思想意识和行为方式。

2.2 中国传统哲学主要流派

导读

中国传统哲学源远流长、博大精深，萌芽于殷商时期，后春秋战国时期诸子百家争鸣，形成了诸多流派。其中以儒家、道家、墨家、法家以及后来从国外进入的佛学的影响较大。

2.2.1 儒家

儒家学派由孔丘创立，是当时百家争鸣中的重要一家，居"十家"（儒家、道家、法家、墨家、兵家、名家、阴阳家、纵横家、农家和杂家）之首。儒家学派是对中国传统文化影响最大的流派，儒家思想也成为统治中国古代两千多年封建社会的正统思想。

一、儒家起源

"儒"最早是对一种官职的称呼。许慎在《说文解字》中说："儒，柔也，术士之称"，说明"儒"是指一些负责祭祀祖先、主持丧葬之礼的人士。《汉书·艺文志》说："儒家者流，盖出于司徒之官，助人君顺阴阳、明教化者也"，即"儒"这种官所做的事情是帮助君王理顺阴阳之气，彰显教化之功。可见，一开始"儒"这一官职所从事的工作内容大致包括辅助君主的统治、教化百姓和襄礼（祭祀或举行典礼时在旁宣读行礼项目）。

后来，孔子继承和发扬了周公的思想，主张"为政以德""复礼""举贤"等观点，并以天命为出发点，建立了以"仁"为核心的思想体系，以此创立了影响中国两千多年的儒家学派。

二、儒家学派的发展历程

儒家学派的发展历程，大致包括春秋时期的初创、战国时期的发展、西汉的兴起、魏晋南北朝和隋唐的冲击、宋代的转折、明清的批判和"五四"的衰落7个阶段。

1. 春秋时期的初创

● 孔子（公元前551—公元前479），名丘，字仲尼，鲁国陬邑（今山东曲阜）人。春秋末期思想家、教育家。孔子勤学好问，博学多识，曾带领部分弟子周游列国14年。晚年孔子回到鲁国创办私学，并修订六经，即《诗》《书》《礼》《乐》《易》《春秋》，汇集了以往文化思想之大成，并创立了儒家学派。

"礼"和"仁"是孔子思想体系的两个基本范畴，孔子的思想体系以"礼"为出发点，以"仁"为核心。孔子在《论语·颜渊》中说："克己复礼为仁"，即克制自己，按照礼的要求去做，这就是仁。孔子所主张的"仁"，本质是一种人与人的亲善关系，也就是以仁爱之心调和社会人际关系。孔子说："人者仁也""夫仁

▲ 孔子

者，己欲立而立人，己欲达而达人"，即仁爱之人自己要立足，就要让别人也能立足，自己做到通达事理首先要使别人也通达事理。孔子还说："己所不欲，勿施于人"，即自己不愿承受的事也不要强加给别人。孔子认为，实现"仁"，就必须"克己复礼"，即用礼去约束、规范他人从而做到"仁"。这里所讲的"礼"主要是"周礼"，而礼的本质是社会关系。因此，他主张贵贱有序、亲疏有别，人们的生活方式和行为应该符合他们在家族和社会中的身份与地位。孔子还认为"道之以德，齐之以礼，有耻且格"，即用道德引导百姓，用礼制去同化百姓，百姓便会有羞耻之心和归顺之心。孔子的"礼"和"仁"的思想对后世产生了深远的影响，而两者统一的状态就是"中庸"。

相关链接

孔子大约在30岁时开始讲学，讲学时间长达40多年。相传孔子有弟子3 000人，得意门生72人。孔子去世后，其弟子在孔子的故居建立庙宇祭祀孔子。后来，其弟子又在孔庙的主体院落大成殿内修建了一座杏坛，相传此处即为孔子当年讲学的地方，"杏坛"因而也成为教育圣地的代名词。

2. 战国时期的发展

战国时期，儒家在孟子和荀子的继承下得以发展成为"百家争鸣"中的一家。

● 孟子（公元前372—公元前289），名轲，字子舆，山东邹城人。他继承并发扬了孔子"仁"的学说，在政治上他主张施行"仁政"。孟子所主张的"仁政"始终贯穿着"以民为本""民贵君轻"的思想，他在其《孟子·尽心下》中提到："民为贵，社稷次之，君为轻。是故得乎丘民而为天子。"在人性问题上孟子主张"性善论"，因为他认为人性本善，所以"人皆可以为尧舜"。在政治问题和伦理问题上，孟子认为"诚者，天之道也"（《孟子·离娄上》）。孟子把"诚"看作天的本性，认为"天"就是人性道德观念的本原，即孟子所说的"天"是具有道德属性的天。在天人关系上，他提出"尽其心者，知其性也，知其性则知天矣"认为天命与人性相通，人性善是因为天性善。

▲ 孟子

● 荀子（公元前313—公元前238），名况，字卿，战国时期赵国人。荀子在人性问题上主张"性恶论"，认为"人之性恶，其善者伪也"，即人的本性是邪恶的，那些善良的行为都是后天努力的结果。他强调通过后天的学习、教育可以达到转化人的"恶"性，实现"涂之人可以为禹"（《荀子·性恶篇》）。在荀子看来，人的本性是追求利欲的，而礼的作用则在于对人的利欲进行限制，从而将人性恶转化为人性善。因此他继承了孔子"礼"的思想，并进一步提出了"礼

▲ 荀子

法并重"的哲学思想。他说："今人之性恶，必将待师法然后正，得礼义然后治。"其意思是，说人的本性邪恶，一定要依靠师长和法度的教化才能端正，要得到礼义的引导才能治理好。

📝 活动设计

活动主题：辩论："人性本善"还是"人性本恶"
活动形式：班级内部辩论
活动内容：全班同学选择自己支持的观点，相同观点为一组，两组展开辩论。

3. 西汉的兴起

秦始皇统一六国后以法家为立国之基，儒家等其余各家都遭受打击而陷入低谷。西汉初期则奉行道家的"黄老"学说。直到汉武帝时期，今文经学大师董仲舒对儒家学说进行了改良，说服汉武帝"罢黜百家，独尊儒术"，从此奠定了儒家学说在中国封建时代的统治地位。

● 董仲舒（公元前179—公元前104），广川（今河北枣强）人，西汉思想家、政治家、教育家，唯心主义哲学家，今文经学大师。他继承了孔子的"君君、臣臣、父父、子子"的正名学说，又吸取了韩非"臣事君，子事父，妻事夫，三者顺则天下治，三者逆则天下乱"的三纲思想，实现了儒法合流，提出了德、刑并用而以德教为主的统治方针，建立了以天人感应为特征的儒学。

董仲舒的儒学思想以儒家宗法思想为中心，兼容了阴阳五行等学说，把神权、君权、父权、夫权串联在一起，提出了"君权至上"说。他继承孔子"君君、臣臣、父父、子子"的思想，提出了"三纲五常"的观念。"三纲五常"集中体现了儒家政治与伦理相结合的思想特征，成为后世儒家的共同信条。为了维护封建统治，董仲舒重申儒家的德治和仁政的主张，提出实行礼义、布施仁德的政策。他重视"教化"，主张用仁德代替严刑。另外，他还提出"天人感应"说，把天说成是创造万物的神。董仲舒的"天人感应"是利用阴阳五行的思想，说明人与天存在一种神秘的关系，统治者顺应天意就会得到天助，违背天意则会招致国家灭亡。他上书汉武帝，主张君主应该秉承天意办事，应该"法天"行"德政""为政而宜于民"，否则，"天"就会降下种种"灾异"以谴责君主。他还提倡君主应该用仁德教化百姓而不是用刑法，即以"德治"为主，以"法治"为辅。

▲ 董仲舒

4. 魏晋南北朝和隋唐的冲击

魏晋南北朝，中原政权更迭频繁，长期的封建割据和连绵不断的战争造成了长久的社会动荡，文化方面也受到了严重影响，汉代儒学一统天下的局面被打破，儒学的发展受到严峻的挑战。同时，玄学、佛教和道教也对儒家造成了影响和挑战。

隋唐时期，佛教、道教得到了空前发展，而儒学虽然仍是官方的统治思想、官府取士的途径，但其实行却也遇到颇多阻碍。这段时间，儒家具有代表性的人物主要有韩愈、刘禹锡、李翱、柳宗元等。韩愈力排佛、老，宣扬儒家道统；刘禹锡主张"天人交相胜"，具有鲜明的唯物主义倾向；李翱则吸收佛教思想立"复性说"和儒家"性命之学"的道统；柳宗元提倡"天与人不相顾"，批判天人感应等迷信。

儒学在这一时期虽处于衰落之中，但它选择通过援佛道入儒的方式来丰富和发展自己，实现三者的互补共通，三教合流之势逐步形成。

5. 宋代的转折

宋代，儒家思想再一次得到发扬，形成了以儒家思想为基础，集佛教和道教思想于一体的新儒学——"理学"。"理学"的奠基人是周敦颐、邵雍、张载、程颢、程颐，合称"北宋五子"。朱熹是理学的集大成者，他继承了北宋哲学家程颢、程颐的思想，进一步完善和发展了客观唯心主义的理学体系，后人称之为"程朱理学"。

● 朱熹（1130—1200），字元晦，号晦庵，别号紫阳，世称朱文公。南宋著名的理学家、思想家、哲学家、教育家、诗人、闽学派的代表人物，是继孔子、孟子之后最杰出的儒学大师，其主要的哲学著作有《四书章句集注》《太极图说解》《通书解说》《周易读本》等，其中《四书章句集注》成为后世钦定的教科书和科举考试的标准读本。

朱熹的理学思想，在元、明、清时期都是封建统治阶级的官方哲学，其思想的核心内容包括：①"理"是宇宙万物的本源，是第一性的，理在气之先。②"气"是构成宇宙万物的材料，是第二性的。③"存天理，灭人欲"。朱熹认为，理是宇宙万物的本源，理也是太极，他主张采取"格物穷理"的方法，按照"穷尽事物之理"的标准，进入与太极合二为一的境界。在这样的境界里，内心应听命于道心，并革尽人欲，复进天理。而"天理"和"人欲"是对立的，人欲是一切罪恶的根源，因而他提出"存天理，灭人欲"。

▲ 朱熹

6. 明清的批判

明中叶，王守仁因为反对朱熹的理学观点，便创立了与之相对立的"阳明心学"。与朱熹的客观唯心主义相对，"阳明心学"被认为是主观唯心主义。

● 王守仁（1472—1529），幼名云，字伯安，别号阳明。浙江绍兴府余姚（今属宁波余姚）人，学者称之为阳明先生，亦称王阳明。明代著名的思想家、文学家、哲学家和军事家，精通儒、道、佛三家学说，是"心学"的集大成者。其学说是明代影响最大的哲学思想。与朱熹的"格物穷

▲ 王守仁

理"相对，王守仁主张"心即是理"，即最高的道理不需求外，而要从自己内心去寻找。他还提倡"致良知"，就是在实际行动中实现良知，知行合一。

王守仁死后不久，其学说开始分化为多个派别。其中，以王艮、颜钧、何心隐、李贽为代表的"阳明左派"，他们反对"程朱理学"，甚至对君主专制体制和封建礼教也有微词。该派以王艮为首，其学说因不同于以往对封建统治的巩固，被视为异端，如李贽便被称为"异端之尤"。又因王艮是泰州人，所以该派又被称为"泰州学派"。

到了后期，由于"阳明心学"的后人逐渐抛弃了"经世"精神，只致力于"心学"本身，导致其无法解决现实社会的问题，"心学"逐步衰落，而实学思潮则应运而生。到了明末清初，士大夫中的有识之士开始反对空谈，主张关心时政，实学思潮达到顶点。其中尤以顾炎武、黄宗羲、王夫之为最杰出的代表，他们提出了"经世致用"的观点，这种观点在一定意义上反映了资本主义萌芽时代的要求，带有民主色彩。

到了清末，面对封建末世深刻的社会危机，一批政治家、思想家和进步学者再一次提倡经世致用，主张实行改革。较为著名的有林则徐、龚自珍、魏源等，在其引导下，人们开始挣脱"程朱理学"的枷锁，这为"向西方学习"新思想的萌发奠定了思想基础。

● 顾炎武（1613—1682），本名绛，字忠清，后因仰慕王炎午的为人，改名炎武。明末清初杰出的思想家、经学家、史学家、音韵学家。顾炎武强调"经世致用"，主张把学术研究与解决社会问题结合起来，力图扭转明末不切实际的学风。

哲学上，顾炎武继承反理学的思想，对陆王心学做了清算，同时，其为学旨趣也与程朱理学截然不同。他大胆质疑君权，提出的"众治"主张具有早期民主启蒙思想色彩。其名言"天下兴亡，匹夫有责"，成为激励中华民族团结奋进的精神力量。

▲ 顾炎武

● 黄宗羲（1610—1695），字太冲，号南雷，浙江余姚人，世称梨洲先生。明末清初经学家、史学家、思想家、地理学家、天文历算学家、教育家，与顾炎武、王夫之并称"明末清初三大思想家"。

哲学上，黄宗羲反对程朱学派的理一元论，坚持气一元论的唯物主义观点。他认为"离气无理，理在气中"。在心与物的关系上，他认为物不能离心，心是根本。明亡后，黄宗羲隐居著述，对封建君主专制制度进行激烈的批判。他提倡"法治"，反对"人治"，反对重农抑商，他的思想震动了当时的学术界，对晚清民主思潮的兴起起到了启蒙作用，被誉为"中国思想启蒙之父"。

● 王夫之（1619—1692），字而农，号姜斋、一瓢道人，人称船山先生，明末清初思想家、哲学家。哲学上，王夫之反禁欲主义，提倡不能离开人欲空谈天理，对程朱理学的"存天理，灭人欲"提出了批评。王夫之主张"气一元论"，他总结并发展中国传

▲ 黄宗羲

统的唯物主义，认为"尽天地之间，无不是气，即无不是理也"（《读四书大全说》）。即"气"是唯一实体，"理"则为客观规律。他否定了理学家主静的形而上学的思想，提出"静即含动，动不舍静"的观点。他还主张"趋时更新"，认为用发展的观点来看待历史，历史发展是有规律可循的。王夫之还反对"生而知之"的先验论，他在其著作《读四书大全说》中说："耳有聪，目有明，心思有睿知。入天下之声音研其理者，人之道也。"意思是，凭借感官心知，进入世界万物声色之中，去探求事物的规律，这才是认识世界的途径。也就是说，知识是后天获得的，而非生而知之的。

▲ 王夫之

7. "五四"的衰落

近代的太平天国运动是对儒学最早的公开冲击，洋务运动则使儒学的实际地位遭到削弱。第二次鸦片战争后，一批有识之士认识到，当时的中国正面临"四千年未有之变局"和"四千年未有之强敌"，而仅凭传统儒家的"治平"之道已无法应对这千古未有的强敌。因此，必须学习西方"借法自强"。

随着西学影响的扩大及中国社会变革的深入，革命风潮日益高涨，20世纪初遂出现了公开的批儒反孔思潮，孔子和儒学的地位进一步被动摇。虽然清廷试图扼制这股公开的批儒反孔思潮，但却是徒劳的。其后的白话文运动、五四运动，以及"打倒孔家店"等口号，否定了统治中国两千多年的儒学，儒学最终走向衰落。

2.2.2 道家

道家哲学思想素有"中华文化基石"之称，其以"道"为核心，主张"天道无为""道法自然"。道家是诸子百家中极为重要的哲学流派，所提出的"道生法""以雌守雄""刚柔并济"等政治、军事策略，是一种具有朴素气息的辩证法思想。

一、道家起源

道家的起源可以追溯到泰古二皇（通常认为是伏羲与神农）时期。《汉书·艺文志》记载："道家者流，盖出于史官，历记成败存亡祸福古今之道，然后知秉要执本，清虚以自守，卑弱以自持，此君人南面之术也。"即道家是从史官所记录的成败、存亡、祸福的历史中总结发展而来的。他们从中知道君王之道就是要抓住要点和根本，以清心淡泊、谦卑高洁来自守自持，这也是教导君王谦虚治国的大道。

春秋时期，老子集古圣先贤之大智慧，总结了古老的道家思想，形成了"无为无不为"的道德理论，这种道德理论标志着道家思想的正式形成，道家学派得以创立。

二、道家学派的发展历程

道家学派由春秋时期的老聃所创立，在战国时期得到庄周的发扬。其后，道家思想一度成为封建君主的治国之道。道家学派的发展大致经历了以下几个阶段。

1. 春秋时期的成型

道家学派由老子创立，受春秋战国时期政治和社会大变革的影响，其对宇宙本体、人类社会及人自身都进行了深入思考，是我国古代最有影响的学术派别之一。

● 老子，姓李名耳，字伯阳，谥号聃，楚国苦县（今河南鹿邑）人。我国古代伟大的哲学家、思想家，道家学派的创始人。其所著《道德经》被誉为"万经之王"。老子的哲学思想中，"道"是一个非常重要的概念。他以"道"解释世间万物的演变，认为"道生一，一生二，二生三，三生万物。"老子认为"道法自然"，即"道"遵循的是"自然而然"的规律。然而，要想把"道"彻底讲清楚，是很困难的，他说："道可道，非常道；名可名，非常名。"不过老子认为，"道"是事物对立面相互转化的动力所在，即"道"揭示了矛盾的对立统一这一本质规律。因而他说："反者道之动"，即循环往复的运动，是道的运动。他还说，"有无相生，难易相成，长短相形，高下相倾""祸兮福之所倚，福兮祸之所伏"。老子认为，一切事物均具有正反两面，并能相互转化，这些都是因为"道"的缘故。因此，"道常无为而无不为"，即道永远是顺应自然规律，看似无所作为，却又无所不为。于是，老子提出了著名的"无为而治"的观点。

▲ 老子

《道德经》说："为无为，则无不治。""我无为，而民自化；我好静，而民自正；我无事，而民自富；我无欲，而民自朴。"意思是，我无为，民心自然归化；我好静，民心自然匡正；我无事，人民自然会富有；我无欲，人民自然会淳朴。

2. 战国的兴盛

道德学派以老子和庄子为代表，故又称"老庄之学"。

● 庄子（公元前369—公元前286），名周，字子休，战国中期宋国蒙人，著名哲学家、思想家、文学家。庄子继承和发展了老子"道法自然"的观点，提出了"天地与我并生，万物与我为一"等主张，被后世称为"老庄"思想。

庄子认为"道"是客观存在的，是宇宙万物的本原，并且"道"是无限的，"自本子根""无所不在"。庄子还认为"通天下一气耳"，他说："人之生气之聚也，聚则为生，散则为死。"（《庄子·知北游》），即人的生死只是气的聚散，完全是一种自然现象，非人力所能干预。所以他追求"死生无变于己"，从而达到对生死的超越。这便是庄子对老子"道法自然"思想的延伸发展。

▲ 庄子

庄子认为"道"最大的作用在于修身养性，他说："道之真以治身，其绪余以为国家，其土苴以治天下。"（《庄子·让王》）意思是大道的精髓用于修身，它的剩余部分用于治理国家，它的糟粕才用于教化天下。在庄子看来，帝王的功业，只不过是圣人剩余的事，不能用以保全身形、修养心性。因此，他希望人们能够抛弃功名利禄，以达到"乘天地之正，而御六气之辩，以游无穷"的境界。

另外，庄子继承了老子关于"无有"的辩证观点，认为世界上的一切事物都是相对的。他说："以道观之，物无贵贱，以物观之，自贵而相贱"，意思是用自然的常理来看，万物本没有贵贱的区别；从万物自身来看，各自又以自身为贵而又以他物为贱。《庄子·齐物论》说："方生方死，方死方生，方可方不可，方不可方可。"即庄子认为世间万物时时刻刻都处在变化之中，而这种可变性也表明事物都具有相对性，并且世间没有任何东西是真实存在的，只有无形、无声、无色、无问，才是世间真实的存在。

庄子认为，天人之间、物我之间、生死之间，只存在着无条件的同一，因此他提出"齐物"的观点。他主张齐物我、齐是非、齐生死、齐贵贱，并希望以此达到"天地与我并生，万物与我为一"的境界。

3. 秦汉的挫折与辉煌

秦国统一六国之前，丞相吕不韦曾组织人员，以道家思想为主干，编撰了《吕氏春秋》一书。吕不韦本想以此作为秦国大一统后的治国思想，但后来秦始皇却选择了法家思想，并在统一六国后实行焚书坑儒，导致道家等诸子百家均遭受重挫。

西汉初年，由于长期战乱的破坏，在反思秦统治思想的基础上，西汉统治者选择将道家思想作为治国思想，开始实行与民休养生息的"无为"政策，以恢复社会安定、实现经济的发展。这些措施取得了较好的效果，不仅创造了"文景之治"的盛世，也造就了"黄老之学"盛极一时的局面。《法苑珠林》记载："汉景帝以黄子（黄帝）、老子义体尤深，改子为经，始立道学，令朝野悉讽诵之。"这一记述表明道家学说在中国政坛上第一次成为官方学术和指导哲学。

到了汉武帝时期，由于"罢黜百家，独尊儒术"的政策，道家学派进入低潮时期。

4. 魏晋的复兴

魏晋时期，清谈思想渐盛，许多文人学士崇尚老、庄，并融合儒家和神仙家思想，兴起了一股"玄谈"之风，魏晋玄学由此形成。随着时代的演进，道家思想再度被封建统治阶级所采用，封建君主甚至亲下旨令，置"玄学"，设老子、庄子、列子、文子博士。道家的地位因此得到大大提高，而老庄思想也成为道家的正统思想。

"玄学"又称"新道家"，玄学家们以《老子》《庄子》《周易》为三玄，据此著书立说，其目的是阐明以儒家纲常礼法为代表的"名教"和以道家自然无为为代表的"自然"之间的关系。从而实现"名教"与"自然"之间儒与道的协调，使之更好地为社会服务。"玄学"的代表人物在早期有何晏、王弼，中期有嵇康和阮籍，后期则是王衍。

● 何晏，字平叔，南阳宛（今河南南阳）人，三国时期魏国玄学家。何晏博学多才，兼通各家学问，曾与郑冲等共撰《论语集解》。何晏喜好老、庄之言，他与王弼等倡导玄学，遂开一时之风气，成为魏晋玄学创始者之一。

● 嵇康（224—263），字叔夜，谯国铚县（今安徽省濉溪县）人。三国时期著名思想家、音乐家、文学家。嵇康幼年聪颖，博览群书，习得各种技艺，成年后喜读道家著作。嵇康崇尚老子和庄子，他曾说："老庄，吾之师也！"嵇康善文，工于诗，风格清俊。嵇康与阮籍等七人并称"竹林七贤"，共倡玄学新风，主张"越名教而任自然""审贵贱而通物情"。他们的思想给两汉以来保守的儒学注入了新鲜的血液，给中国的哲学带来了不同于以往的自由、理性和思辨色彩。

● 王衍（256—311），字夷甫，琅玡郡临沂（今山东临沂北）人。西晋时期著名清谈家。王衍才华横溢，外表清明俊秀，风姿安详文雅有如神人。其常把自己比作子贡，声誉名气极大，为世人所倾慕。王衍精通玄理，喜好谈论老庄学说，当他解读《老子》《庄子》时，神态从容潇洒，谈论精辟透彻，每当他讲错之时，他又能随即更改，被称为"口中雌黄"。获得朝廷高官乃至民间人士的仰慕，被称为"一世龙门"。

5. 唐宋的发展与传播

唐代由于经济繁荣、国家昌盛，道家也得到了唐高宗李治和唐玄宗李隆基的重视，他们大倡"玄学"，"道举"被正式确立为唐代科举考试中的常科。"玄学"在唐代发展到了顶峰，道家思想得到广泛传播。

到了宋代，宋徽宗赵佶自称"教主道君皇帝"，并在太学置《道德经》《庄子》《列子》博士。宋代道观林立，道教兴盛，道家思想融入道教。唐宋以后，道家作为一个学术流派，再没有出现过独立而强大的社会思潮。

2.2.3 佛学

中国佛学是古印度佛学与中华传统文化相互融合的产物，其在中国的建立与佛教的传入及佛经的翻译密不可分。

一、中国佛学的建立

公元1世纪前后，佛教开始传入中国。一开始，佛教被认为是与阴阳家和道教一样拥有神秘法术的宗教。由于佛学与道家哲学类似，佛学著作也往往被人用道家哲学的观念来进行解释。当时的佛学大师也常用道家的术语，诸如"有""无""有为""无为"等来表达佛学的观念。即使后来出现了大量的佛经译作，这种情况仍然存在。

虽然佛道有根本之别，但通过道家术语解释佛学观念的做法，并没有造成对佛学的误解或曲解，反而促进了印度佛学与道家哲学的融合，最终建立了中国佛学。

二、中国佛学的发展历程

中国佛学伴随着佛教在中国的发展而不断发展，主要经历了以下几个发展阶段。

1. 两汉的建立

魏晋南北朝时期，由于社会政治的分裂与动荡不安，百姓遭遇深重的苦难。老百姓渴望摆脱苦难，统治者也开始倡导和支持佛学思想，这些都使得佛教得到迅速发展。

在佛学的发展过程中，由于佛教产生于印度，其思想内容、宗教仪式等与中国的传统习俗存在很大差异，也与儒家精神相悖，起初并不被接受。因此，佛教在中国经历了漫长的融合过程。魏晋时期佛教与玄学的合流便是如此，佛、道的合流最终创立了富有中国特色的佛教般若学派。在这一过程中，中国的佛教学者起到了极为重要的作用，一代高僧道安及其高足慧远便是其中的代表。

● 道安（312—385），常山扶柳县（今河北省冀州境内）人，东晋时代杰出的佛教学者。15岁时已通达五经文义，其后转而学习佛法，于18岁出家。东晋时期玄风盛行，朝野上下大批清谈名士讨论的都是本末、有无、体用等玄学主题。为了适应这一玄学风气，道安在弘法活动中，往往刻意宣讲在思想上能与玄学相融通的大乘般若学。他还将当时玄学界一些争论引入般若学加以研讨，从而创立了"本无宗"学派，成为般若学中创立最早的宗派。同时，为了发展般若学风，道安在襄阳的15年间，每年讲两遍《放光般若经》，并由此导向魏晋玄风，这些行为受到玄学家们的一致欢迎。

2. 隋唐的鼎盛

隋唐时期，随着国家的统一，社会政治、经济、文化的繁荣，佛教得到了空前的发展，处于不再依靠皇帝和士大夫提倡依然可以继续流行的状态。这一时期，佛学的统一性得到了加强，佛教进入创宗立派的新时期。

印度佛教理论本身存在不同派别，传入中国后同样存在众多不同派别。为了整理这些复杂的理论，唐代的佛学大师采用了判教的方法，将佛教不同的派别进行系统的组织，也因此，隋唐才有了大宗派的成立。这一时期，主要的宗派有天台宗、法相宗、华严宗、禅宗、净土宗等。其中，禅宗又名佛心宗，是具有中国特色的本土佛教，其代表人物有五祖弘忍、慧可、僧璨、道信、惠能、神秀等。

● 弘忍（601—674），祖籍浔阳（今江西九江），东山法门开创者，被尊为禅宗五祖。弘忍7岁时，遇见了被尊为禅宗四祖的道信，被道信收为弟子。13岁时，弘忍正式披剃为沙弥。永徽三年，道信把法传衣给他，道信死后，弘忍继任双峰山法席，领众僧修行。其后，参学的人日渐增多，他于双峰山东冯茂山另建道场，取名东山寺，创立东山法门。另外，弘忍不仅继承了道信的禅学传统，还增加了以《金刚经》印心的新内容，促进了禅宗佛学的发展。

3. 宋代的衰微

宋代时期，由于宋明时期形成的宋明理学吸收了佛教思想中的思辨理论，而摒弃了出世主义，导致佛教失去了其自身的独特价值。同时，佛教为了生存与发展，不仅日趋向宋明理学靠拢，也强调与儒道的合流，最终导致佛教自身理论学说日趋衰微。

▲ 弘忍

虽然佛教思想逐渐衰退，但由于佛教得到过大多数宋代统治者的扶植、利用，所以直至明清时期，虽然大多数佛教宗派都已名存实亡，但佛教依然在持续发展。

4. 明清的停滞

明清时期，中国佛教几乎处于完全停滞阶段，但在居士和学者中却掀起了一股研究佛学的风气。诸如明代的宋濂、李贽，清代的王夫之等，他们不仅研究佛学，而且还写下了诸多佛学方面的专著。

● 宋濂（1310—1381），字景濂，号潜溪，别号龙门子。明初著名政治家、文学家、史学家、思想家。被明太祖朱元璋誉为"开国文臣之首"，学者称其为太史公、宋龙门。明初受聘为"五经"师，为太子朱标讲经。

宋濂对佛、道均有深入研究，尤其对于佛教典籍，更是潜心钻研，并多有汲取。他热衷倡导佛教破二边的不二法门，以佛教为"入道之门"。由于宋濂精于佛学，而当时僧人宗泐却精于儒学，明太祖乃分别称二人为"宋和尚""泐秀才"。

2.2.4 墨家

墨家是春秋战国时期百家争鸣中一个极为重要的学派，墨家思想也是中国古代完整的辩证唯物主义思想。墨家是一个宣扬仁政的学派，与儒家同为"显学"。《韩非子·显学》载："世之显学，儒墨也。儒之所至，孔丘也；墨之所至，墨翟也。"

1. 墨家的起源

墨家约产生于战国时期，创始人为墨子。墨学的渊源可以追溯至大禹，在墨家学说里，大禹是备受推崇的。墨家作为一个学术团体，拥有极为严格的纪律，其成员到各国做官都必须推行墨家的主张，而所得俸禄则要贡献给团体。

墨子，名翟，战国初期学者、思想家，墨家学派创始人。墨子是宋国贵族目夷的后代，担任过宋国大夫，他曾学习过儒术，因不满其烦琐的礼乐制度和学说，遂自创墨家学派与之抗衡。

墨子的思想主张主要包括：兼爱（人与人之间平等相爱），非攻（反对战争），节用（提倡节约、反对铺张浪费），节葬（提倡薄葬），非命（自己掌握自己的命运），非乐（反对等级、礼乐的束缚），天志（掌握自然规律）等。墨家以兼爱为核心，提倡"兼以易别"，反对儒家所强调的社会等级观念，在先秦时期影响很大。

▲ 墨子

2. 墨家的湮没

战国以后，墨家已经开始走向衰败。到了西汉时期，由于汉武帝采纳董仲舒的建议独尊儒术，再加上社会心态的变化以及墨家本身过于艰苦的训练、严厉的规则和高尚的思想，导致墨家受到沉重打击。墨家逐渐失去了存世的基础，墨家思想在西汉之后基本消失，成为绝学。

直到清末民初，学者们才又一次将墨家学说提出来，并发现其进步的地方。近年来，墨家学说中一些有益观点也逐步为人们所发现和接受。

相关链接

墨子的思想及其理论基本都被收录在《墨子》一书中，其内容涵盖了墨子在政治、伦理、哲学、逻辑和军事方面的思想，同时也涉及墨子在工程学、力学、几何学、光学上的研究成果。《墨子》是墨家学派的经典著作，其思想代表了当时广大劳动人民的利益和要求，是古代劳动人民智慧的结晶，同时该书在中国思想发展史上也具有重要的学术地位。

2.2.5 法家

法家是先秦时期诸子百家中一个极为重要的学派。该学派以法制为核心思想，以富国强兵为己任，主张"不别亲疏，不殊贵贱，一断于法"的观点，成了春秋战国时期百姓的"政治代言人"。

一、法家的起源

《汉书·艺文志》记载："法家者流，盖出于理官。信赏必罚，以辅礼制。"意思是，法家这个流派，大概出自掌管司法的官。他们赏罚分明，并对礼仪制度起辅助作用。法家思想的源头可追溯至夏商时期的理官，后经过管仲、子产、李悝、吴起、商鞅、慎到、申不害等人的大力发展，遂成为一个学派。

二、法家的发展历程

总的来讲，法家学派大致经历了以下几个发展阶段。

1. 春秋的起源

春秋时期，齐国的管仲、郑国的子产等人，通过颁布法令与刑书、改革田赋制度等，成为法家学派的思想先驱。在哲学上，他们提出了许多唯物主义的观点。管仲曾在其著作《管子·形势》中说："天不变其常，地不易其则，春秋冬夏不更其节，古今一也。"意思是，天地有其自然的规律，这种规律就像一年四季的更替一样，从古到今别无两样。子产也曾在《左传·昭公十八年》中提到："天道远，人道迩，非所及也，何以知之。"意思是，天道远离人间，人道则近在咫尺，对于人所难及的事物，如何能够知道呢？这些都是在承认自然界有其客观的规律，反对"天人感应"的观念。

● 管仲（约公元前723—公元前645），姬姓，名夷吾，字仲，春秋时期法家代表人物。著名哲学家、政治家、军事家，

▲ 管仲

被誉为"法家先驱""圣人之师""华夏第一相"。管仲曾担任齐国丞相，并通过大力改革、富国强兵等政策，帮助齐桓公成为春秋五霸之一。

对于法律改革，管仲认为"下令如流水之原，令顺民心"。意思是，国家颁布的法令像流水一样畅通无阻，是因为它能顺应民心。"故论卑而易行。俗之所欲，因而与之；俗之所否，因而去之。"意思是，国家颁布的法令道理浅显的，容易实行；而百姓所要求的，就提供给他们；百姓所反对的，就应抛弃它。因此，他主张"修旧法，择其善者而用之"，即修改旧的法令应保留其好的方面。他的改革得到了百姓的支持，也最终实现了齐国的富强。

2. 战国的形成及发展

战国时期各国变法运动的兴起，促进了法家学术思想的发展，法家学派也由此形成。法家的学术思想并不是单一的，很多法家的思想家们都提出了自己的主张。如韩国的申不害重"术"，他主张"术"是君主的专有物，是驾驭臣民的方法，而"法"则是臣民的行动准则。赵国的慎到重"势"，他主张只有君主掌握了权势，才能保证法律的执行。秦国的商鞅则重"法"，他主张以"法"代"礼"，"不可以须臾忘于法"。法家的思想因此大行于世，到了战国末期，更是出现了以韩非子为代表的法家集大成者。

● 商鞅（约公元前395—公元前338），卫国人，战国时期政治家、思想家、改革家。商鞅年轻时就喜欢研究刑名之学，后在秦国为相，期间通过两次变法使秦国成为当时的强国，为秦统一六国奠定了基础，史称"商鞅变法"。其著作《商君书·更法》有言："圣人苟可以强国，不法其故；苟可以利民，不循其礼。"即只要可以强国，就不应拘泥于过去的陈规；只要对人民有利，就不应因循旧礼。

● 韩非（约公元前281—公元前233），战国时期韩国公子（国君之子），师从荀子，著名哲学家、思想家、政论家和散文家，法家思想的集大成者，后世称"韩非子"。韩非子的法治思想既融合了前期各法家思想，同时也吸收了儒、道、墨等各家思想。他将商鞅的"法"、申不害的"术"和慎到的"势"集于一身，予以批判吸收，又将儒家、墨家和老子的辩证法、朴素唯物主义等与法融为一体，形成了系统而完善的法学理论。韩非倡导君主专制主义理论，主张建立中央集权政权。政治上，他主张改革和实行法治，反对儒家"法先王"思想。他强调"法不阿贵""刑过不避大臣，赏善不遗匹夫"思想，对于清除贵族特权、维护法律尊严，具有积极意义。在选拔官吏方面，他主张"宰相必起于州部，猛将必发于卒伍"，即所选官吏应是经过实践锻炼的。韩非的思想深邃而又超前，为秦统一六国提供了理论基础，对后世影响深远。

3. 西汉的衰微

法家思想在战国末期得到了极大的发展，这对建立统一、强大的秦王朝起到了重要的作用。汉朝初期，由于连年战争极大地破坏了经济基础，汉朝的统治者采用了道家"无为而治""休养生息"的方法，着力于社会稳定和经济恢复。此时，法家思想暂未消亡，直到汉武帝时儒学地位空前上升，法家才逐渐衰微。作为一个学派，法家思想虽然逐渐从人们的视线中消失，但其对后世的影响却从未断绝。

关学与"横渠四句"

关学是萌芽于北宋庆历之际的儒家理学学派，由张载正式创立。因创始人张载先生是关中人，故称"关学"，又因张载世称"横渠先生"，故又称"横渠之学"。

关学以《易》为宗，以《中庸》为体，以《礼》为用，以孔、孟为法。张载提出了以"气"为本的宇宙论和本体论哲学思想。就关学的内涵性质而言，它属于宋明理学中"气本论"的一个哲学学派。但与一般的理学学派不同，关学特别强调"通经致用"，以"躬行礼教"倡道于关中，并且十分重视《礼》学，注重研究法律、兵法、天文、医学等各方面的问题。因此，张载的弟子们也纷纷入世，或在庙堂建言献策，或在沙场保家卫国，北宋名将种师道便是张载弟子、关学门生。种师道一生抗击西夏、出征辽国、抗击金兵，可以说他一生都在身体力行关学"经世致用"的主张。

张载有着非常崇高的学术理想与使命感，他在《横渠语录》中写道："为天地立心，为生民立命，为往圣继绝学，为万世开太平。"《礼记·礼运》曰："人者，天地之心也。"面对外虏逞势、佛老盛行的局面，挺立天地中人的精神，重建宋朝民众对于"仁"的信念，这便是"为天地立心"。张载有"民胞物与"的博大情怀，认为每个人都应当以万民为同胞，以万物为朋友，这便是"为生民立命"。"学必如圣人而后已"，即学者要以圣人为目标，不断继承并发扬儒家学说，这便是"为往圣继绝学"。以实际行动积极影响社会，奉行圣人之道，建立良好的社会政治秩序，使人民能够安居乐业，这便是"为万世开太平"。

《横渠语录》中的这四句话被当代哲学家冯友兰概括为"横渠四句"，由于其言简意宏，一直被人们传颂不衰，激励着代代学子。

☼|启发|

"为天地立心，为生民立命，为往圣继绝学，为万世开太平"是我国传统哲学的经典要义，每一个有理想、有抱负的青年，都应该奉行"横渠四句"的精神，感受其中浓厚的家国情怀和强烈的社会责任感。

实践练习

练习一：单选题

1. 中国传统哲学中，人与天的关系是（ ）。

A.阴阳变易   B.中庸之道   C.天人合一   D.以上都对

2. 儒家学派的创立者是（ ）。

A.老聃   B.墨翟   C.孟轲   D.孔丘

3. 道家的理论不包括（　　）。

    A.道法自然　　　　　B.人定胜天　　　　　C.齐物我　　　　　D.越名教而任自然

4. 下列不属于佛学典籍的是（　　）。

    A.《南华经》　　　　B.《金刚经》　　　　C.《放光般若经》　　D.《心经》

5. 下列不属于墨子思想主张的是（　　）。

    A.兼爱　　　　　　　B.谨身　　　　　　　C.非攻　　　　　　　D.节用

6. 法家的集大成者是（　　）。

    A.韩非子　　　　　　B.管仲　　　　　　　C.商鞅　　　　　　　D.荀子

练习二：讨论与分享

请对以下事例，谈谈你的看法，并与同学讨论和分享。

1. 近来，很多人认为，中庸就是退让、妥协、搞平衡、一个也不得罪，你如何评价这种对中庸的看法？你认为中庸是什么？在生活中有哪些体现？

2. 战国时期诗人屈原曾经对"天"这一概念产生过强烈的疑问，并写就《天问》一诗。全诗通篇是对天地、自然和人世一切事物、现象的发问，共有172问。请同学们通过网络搜索了解相关知识，并尝试回答其中的某些问题。

练习三：案例分析

"南能北秀"

菩提达摩为禅宗的创始人，被尊为初祖，其后几代的传承者依次有二祖慧可、三祖僧璨、四祖道信、五祖弘忍。

相传五祖弘忍为了传承衣钵，决定让众弟子各作一佛偈（佛学用语，类似于世俗中的名言警句），最佳者即可传承衣钵，成为禅宗六祖。

五祖弘忍的弟子中，神秀和尚被认为是最出色的，弘忍称其为"悬解圆照第一""神秀上座"，令为"教授师"，替师父教授其他弟子佛法。神秀和尚当即作了一篇佛偈，书于寺院墙壁上，偈曰："身是菩提树，心如明镜台，时时勤拂拭，莫使惹尘埃。"众弟子看后皆叹服，认为神秀应当作为五祖的传承人。

这时，弘忍的另一名弟子惠能却说："美则美矣，了则未了。"随即自己根据神秀的佛偈另做了一篇佛偈写在墙上，偈曰："菩提本无树，明镜亦非台。本来无一物，何处惹尘埃？"五祖弘忍看到此偈，认为惠能真正领会了佛法真义，于是决定将衣钵传给惠能。

后来，神秀和惠能一南一北，弘扬佛法，都取得了令人瞩目的成就，成为德高望重的高僧，人们将他们合称为"南能北秀"。

空│思考│

1. 神秀和惠能的佛偈分别是什么意思？蕴含了什么样的佛学哲学内涵？

2. 你认为神秀和惠能谁的佛偈更好？为什么？

第二篇

文学与艺术

第 3 章 不朽的诗篇：中国传统文学

在长达数千年的历史发展过程中，中国传统文学形成了诗词、散文、小说等多种体裁，拥有写实与抽象、动态与静态等多种艺术表现形式。古代文人由此得以灵活地表达他们的价值取向、行为方式和审美情趣，古代的文学也因而取得了无比辉煌的成就。在中华传统文化中，传统文学占据着十分重要的地位。文学典籍不仅是对古人日常生活、人生情趣、历史智慧的记载，更是对民族精神、文化精神的传承，当代大学生应该主动学习中国传统文学，不断提高自己的文学修养。

★ 知识目标

1. 了解中国传统诗词、散文、小说等文学体裁的发展历程。
2. 理解中国传统文学的思想情感与内涵。

◎ 能力目标

了解中国传统文学的发展历程、艺术特征等，提升自己的诗词、小说与戏曲等的欣赏水平。

目 素养目标

领略中国传统文学的语言魅力，感受中国文化的风神韵味，增强自己的文化品位、格调和情感。

文学的重要性

"文之为德也大矣，与天地并生者何哉？夫玄黄色杂，方圆体分，日月叠璧，以垂丽天之象；山川焕绮，以铺理地之形：此盖道之文也。仰观吐曜，俯察含章，高卑定位，故两仪既生矣。惟人参之，性灵所钟，是谓三才。为五行之秀，人实天地之心，心生而言立，言立而文明，自然之道也。"——《文心雕龙·原道第一》

《文心雕龙》是我国第一部系统的文学理论专著，上面的文字便是该书的开篇之语。这段话大意是说，文学是和天地同时产生的，日月、山河等胜景就如"天道"所著述的文章，是万物的灵长，是天地的本心，都具有思想感情，从而产生出语言；语言产生之后，就会有文章，这也是自然的规律。

在中国古代，文学并非只是娱乐、点缀，而是社会生活的重要组成部分。魏文帝曹丕在《典论·论文》中说："盖文章，经国之大业，不朽之盛事。年寿有时而尽，荣乐止乎其身，二者必至之常期，未若文章之无穷。"其认为文章是关系到治理国家的伟大功业，是可以流传后世而不朽的盛大事业。古代统治者看重文学，并且长期将文学作为选拔官员的重要标准。

事实也正是如此，古代文学是中国传统文化的代表与精髓，既是社会文化现象的集中反映，也深刻地影响了当时社会生活的各个方面。

讨论

在中国古代，有哪些流行的文学体裁（文体）？各个文体又分别有哪些代表人物和代表作品？请同学们积极讨论，并列举一位你喜欢的中国古代文学作家，并说出你喜欢的理由。

引申

宋·周敦颐《通书·文辞》："文所以载道也"，意思是文章是用以承载、阐明"道"的，这说明了中国古代文学与传统哲学之间的密切关系。文学作品历来被作者视为阐述自身思想、审美意趣、精神追求的重要途径，是我们不可多得的宝贵精神财富。

3.1 诗词

导读 中国是诗的国度，春秋的《诗经》、战国的楚辞、两汉的乐府……唐诗和宋词更是诗词的绝顶高峰，诸多辉煌的诗作和无数优秀的诗人共同谱写了中国古代诗词史上的辉煌篇章。

3.1.1 《诗经》

《诗经》又名《诗》或《诗三百》，是我国最早的一部诗歌总集，收录了从西周初年至春秋中叶的诗歌。《诗经》经由孔子编订后，成为儒家的经典。

一、《诗经》的分类

现存《诗经》中的诗歌共305篇，根据音乐的类别分为风、雅、颂三部分。其中，风是指十五国风，即从15个诸侯国采集的民间歌谣，共160篇；雅分为大雅和小雅，是指宫廷、贵族宴饮的乐歌，共105篇；颂则是指朝廷、宗庙在祭祀时的乐歌，包括周颂、鲁颂和商颂，共40篇。

二、《诗经》的内容

《诗经》的内容极为丰富，它从各个角度反映了西周初年至春秋中叶这五六百年间广阔的社会生活。具体而言，主要包括以下几个方面。

● 民族史诗。《诗经》中的史诗主要是指《大雅》中的《生民》《公刘》《绵》《皇矣》《大明》五篇，这些史诗实为用韵文书写的周人历史。它们记述了从周始祖后稷出世到武王灭商的传说和史迹，展现了周人发祥、发展、创业和建国的历史，极具传奇色彩。这些史诗主要用于歌颂周室祖先的功德，如《大雅·公刘》记述了周祖公刘率领部族长途迁徙的历史，表现了诗人对祖先的崇拜之情。

● 婚恋诗。《诗经》中有大量反映恋爱和婚姻生活的作品，其数量上约占《国风》的三分之一。这类诗歌中既有描写青年男女对于爱情的渴望与追求、初恋的喜悦与羞涩、相思的煎熬、离别的痛苦和被弃的悲伤等的作品，也有描写家庭生活的和美、夫妻之间的深情等的作品。这些诗歌生动形象地反映出古人的爱情和婚姻生活的各个方面，表现了古人对爱情和婚姻的美好追求。如《关雎》中"关关雎鸠，在河之洲。窈窕淑女，君子好逑"，大胆、真挚、坦率地表达了人们对美好爱情的执着追求，成为传唱千古的名句。《郑风·溱洧》中用简洁朴实的语言，描写了在春意盎然的季节里，一对对青年男女春游踏青、互相爱慕、互赠芳草的和谐、欢乐的爱情生活。《郑风·女曰鸡鸣》中通过夫妻的问答，描写了夫妻间和睦的感情、美好的愿景和幸福的家庭生活。《卫风·氓》叙述了一个纯洁善良、勤劳朴实的女子从恋爱、结婚到被遗弃的全过程，是一首完整的叙事诗。诗歌所表现的内容，在一定程度上反映了当时的社会现实。

● 讽喻诗。西周在后期逐步走向衰落，国家内忧外患，统治者却毫无作为，于是，揭露和嘲讽这一社会问题的讽喻诗应运而生。这些作品既反映出西周后期民不聊生、天怒人怨的社会现实，同时也是对统治者剥削人民的控诉和对统治阶级的讽喻与劝谏。如《魏风》中的《伐檀》《硕鼠》等都是对统治阶级不劳而获的行为的揭露和嘲讽，《大雅》中的《桑柔》《民劳》和《小雅》中的《正月》《北山》等，则通过对社会问题的反映，揭露了统治阶级的昏聩无能，同时也表现出诗人对处于水深火热中的人民的同情。

▲《诗经·小雅·节南山之什图（正月）》[南宋] 马和之 绘

● 农事诗。农事诗是《诗经》中反映人民生产劳动的诗歌，如《周颂》中的《臣工》《噫嘻》《丰年》等。这些诗歌展现了当时劳动人民的生活实景，是后人了解西周农业生产和人民生活的重要史料。《豳风·七月》是《诗经》中一首较长的叙事兼抒情诗，全诗共分为8章，按照季节的先后，从年初写到年终，叙述了农夫一年四季辛勤劳动的过程，反映了他们"无衣无褐，何以卒岁"的贫苦处境。全诗运用铺叙的手法，语言朴实无华，语调凄切清苦，真实地再现了当时农民艰难凄苦的岁月。除了对自由民的农事描写外，还有部分篇章描写了被迫为贵族服务的奴隶的劳动，如《召南·采蘩》就描写了女奴为贵族的祭祀活动夜以继日地辛勤劳动的过程。

● 征役诗。征役诗多描写战争和徭役，反映了劳动人民在沉重的徭役、兵役负担下痛苦和哀怨的心情。具有代表性的诗篇包括《豳风·东山》《小雅·何草不黄》《王风·君子于役》《秦风·无衣》等。《豳风·东山》描写征夫久役将归前复杂的心情，表现了作者对战争的思考和对人民的同情，是这类诗歌中最著名的一篇。《小雅·何草不黄》通过描写征夫艰险辛劳的生活，表达了征夫对战争和所遭受的非人待遇的抗议。《王风·君子于役》则通过描写女主人公对征夫的相思之苦，控诉了战争对人民和平生活的破坏。《秦风·无衣》表现了人民斗志昂扬、慷慨从军、团结御侮的战斗精神。

三、《诗经》的艺术手法

古代学者将《诗经》的艺术手法归纳为"赋""比""兴"三类。关于"赋""比""兴"的具体含义，最著名的解释出自南宋朱熹的《诗集传》。他说："赋者，敷陈其事而直言之者也。""比者，以彼物比此物也。""兴者，先言他物以引起所咏之辞也。""赋"就是陈铺直叙；"比"就是引譬比喻；"兴"就是先言他物，然后通过联想引出诗人所要表达的事物、情感等。

1. 赋

赋作为一种基本的艺术手法，既可以叙事描写，又可以议论抒情。赋是比、兴的基础，在《诗经》的整个表达体系中，赋往往起到了铺垫的作用。因而，赋在《诗经》中的运用十分广泛，如《豳风·七月》便是运用赋的手法，描写了农夫一年四季艰苦的劳作生活。

2. 比

比在《诗经》中的运用也十分广泛。通过比拟描写所喜爱的事物，可以使它栩栩如生，让人倍感亲切；而用它表现憎恶的事物，则可以使其原形毕露，让人厌恶至极。《魏风·硕鼠》一诗，就是通篇运用了比的艺术手法，将贪婪的奴隶主比喻为令人憎恶的老鼠，从而将奴隶主贪婪残忍的本性淋漓尽致地表现了出来。这样在整首诗中都运用比的手法表达感情的诗歌还有《豳风·鸱鸮》《小雅·鹤鸣》等。

另外，还有一些诗歌则部分运用了比的手法，如《卫风·硕人》，这首诗在描绘庄姜的美时，运用了比的手法。诗云"手如柔荑，肤如凝脂，领如蝤蛴，齿如瓠犀，螓首蛾眉"。即分别用柔嫩的白茅芽比喻美人的手指，用凝结的油脂比喻美人的肌肤，用白色的天牛幼虫比喻美人的脖颈，用白而整齐的瓠子比喻美人的牙齿，用宽额的螓虫比喻美人的额头，用蚕蛾的触须比喻美人的眉毛。这种比喻可谓形象细致、生动鲜活。

3. 兴

兴在《诗经》中的运用比较复杂，有的诗歌中的兴句与下文的联系并不明显，只是起"引起下文"的作用；有的诗歌中的兴句则与下文有着委婉隐约的内在联系。

运用兴而又与下文无内在联系的诗歌，如《小雅·鸳鸯》中的"鸳鸯在梁，戢其左翼。君子万年，宜其遐福"和《小雅·白华》中的"鸳鸯在梁，戢其左翼。之子无良，二三其德"。其中的"鸳鸯在梁，戢其左翼"是对鸳鸯正怡然自得地休息的描写，而这与"君子万年，宜其遐福"的祝福语和"之子无良，二三其德"的怨刺之情并无关联。这种兴句只是在开头起调节韵律、唤起情绪，以及引起下文的作用。

《诗经》中更多的兴句，与下文有着委婉的内在联系。这些兴句要么烘托渲染环境气氛，要么比附象征中心主旨，是诗歌艺术境界不可或缺的部分。如《周南·桃夭》，全诗分3章，第1章以"桃之夭夭，灼灼其华"起兴，用茂盛的桃枝、艳丽的桃花与美貌的新娘、热闹的婚礼互相映衬。第2章以"桃之夭夭，有蕡其实"起兴，通过描写成熟饱满的果实，象征新娘早生贵子，表达作者对新娘婚后的祝愿。第3章以"桃之夭夭，其叶蓁蓁"起兴，用桃叶的茂盛引起，表达作者对新娘家庭和睦、兴旺的祝愿。类似的诗歌还有《郑风·野有蔓草》，其中的"野有蔓草，零露漙兮。有美一人，清扬婉兮。邂逅相遇，适我愿兮"。就以"野有蔓草，零露漙兮"起兴，绿意浓浓的、生趣盎然的景色，正好与诗人邂逅清秀妩媚的少女的喜悦心情交相辉映。

《诗经》中"赋""比""兴"三种艺术手法的运用，既使得诗歌的叙事更加流畅，也使得感情的抒发更加含蓄、委婉，从而更能营造出语短情长的意境。于是，"赋""比""兴"作为基本的艺术手法，被后代诗人广泛采用。

3.1.2 《楚辞》

　　楚辞本是战国时期兴起于楚国的一种诗歌样式，及至汉代也有不少诗人模仿创作。西汉时期，刘向、王逸等人对这些诗歌进行了收集整理，编成了《楚辞》一书，楚辞遂成为此类作品的统称。《楚辞》中，以屈原的诗歌为主要内容。

　　屈原（约公元前339—公元前278），战国时期楚国人，诗人、政治家、思想家。屈原是中国历史上第一位伟大的爱国诗人，是中国浪漫主义文学的奠基人。屈原是楚国的贵族，早年受楚怀王信任，曾任左徒、三闾大夫等要职。后来被诬陷放逐，最终因报国无门而自沉汨罗江。

▲ 屈原

相关链接

　　《离骚》一诗长达2 400多字，是屈原自觉创作、独立完成的一首"发愤以抒情"的政治抒情诗。内容上，屈原从自己写起，到他辅佐楚怀王革除弊政，再到被谗佞放逐，最后写到自己的苦闷无助，为寻求出路而求神问卜，甚至以死殉志的决心。《离骚》是屈原对自己一生的描述，是用他整个生命熔铸成的伟大诗篇。此外，《离骚》还总结了历史上国家盛衰的经验教训，阐明了"举贤授能"的政治主张，表达了作者对理想生活的执着追求。

　　《离骚》在艺术上的一大特点则是其奇特的想象和瑰丽的语言。诗中以雄奇的想象力创作出了一个亦真亦幻、绚丽多彩的神话世界，又以第一人称的叙述传达出诗人"上下求索"的精神。诗中还大量运用了"芳草美人"的比兴手法，展现了诗人高尚的品德、满腔的赤子之心、炽烈的爱国情怀和对自己崇高理想的不懈追求。

　　屈原的作品主要有《离骚》《九歌》《九章》《天问》等，其中尤以《离骚》最为著名。《诗经》中的《国风》与《离骚》并称"风骚"，对后世的诗歌创作产生了深远的影响。

　　以屈原的作品为代表的楚辞立足于楚国的社会现实，通过丰富的想象抒发诗人的理想和感情，充满了浪漫主义色彩，为后世诗歌的创作提供了宝贵的财富。而屈原的作品又总是闪耀着诗人伟大的人格魅力和南方楚文化的奇丽色彩，他强烈的爱国热情，更是能够感召后人。在此后的几千年中，他始终是中国知识分子所追求的理想楷模。

3.1.3 乐府诗

　　"乐府"原是国家设立的管理音乐的机构名称，专门负责采集、加工、整理民歌，并配乐演唱。到了六朝时期，人们把这个机构所采集、制作的民歌称作"乐府歌辞""乐府诗"，或简称"乐府"。汉代的乐府民歌和南北朝的乐府民歌是《诗经》之后民间歌谣的再度辉煌，这一时期的作品大多保存在宋人郭茂倩编写的《乐府诗集》中。

　　在写作内容上，汉乐府民歌通常使用"感于哀乐，缘事而发"（《汉书·艺文志》）的方式，保留了同《诗经》一脉相承的现实主义传统。其中，既有揭露战争罪恶的，也有反映人民生活痛苦的，还有描写家庭问题的。总体而言，汉乐府民歌以广阔的视角，全面地反映了当时的社会现实生活和人民的思想情感。

到了南北朝时期，南朝乐府和北朝乐府的内容不同：南朝乐府以情歌为主；北朝乐府则具有鲜明的少数民族特色，大多描写北方少数民族的生活状态和精神气质。

● 南朝乐府大多体制短小，语言清丽婉媚，情韵悠远，细腻真挚地传达出江南人民缠绵的感情生活。如《西洲曲》中的"海水梦悠悠，君愁我亦愁。南风知我意，吹梦到西洲"，以一种清新优美的语言描写了一位少女对情人的追忆和思念。《子夜歌》中"始欲识郎时，两心望如一。理丝入残机，何悟不成匹"描写了一位女子爱情生活的悲欢，抒发其相思之情。

● 北朝乐府由北方各民族所创作，内容上较南朝乐府更显宽广、宏大，风格更为朴素、刚健。如长篇叙事诗《木兰诗》，塑造了一位代父从军的女英雄木兰的形象，热情洋溢地歌颂她的爱国热情与英雄气概，极富浪漫色彩。这首诗与《孔雀东南飞》一起被称为"乐府双璧"。《敕勒歌》中，"天苍苍，野茫茫，风吹草低见牛羊"描写了广袤的草原，敕勒人殷实富足的日常生活，体现出鲜明的游牧民族色彩和浓郁的草原气息。

乐府诗这种关注现实社会人民生活的叙事传统成为后世众多诗人学习的典范，唐代的杜甫、白居易以及中晚唐时期的不少诗人在创作诗歌时，都继承了这一特点。

相关链接

汉乐府中有许多描写社会现实生活的诗作，如《陌上桑》中叙述了采桑女秦罗敷拒绝一个好色太守的故事，表现了秦罗敷的坚贞、睿智和高尚的操守。《艳歌行》中"兄弟两三人，流宕在他县，故衣谁当补？新衣谁当绽"则道出了由于战争、徭役造成人民流离失所的悲剧。第一部长篇叙事诗《孔雀东南飞》则描写了刘兰芝和焦仲卿因家庭问题无奈自杀，双双化为孔雀的神话，表达了人们对自由恋爱的追求和对幸福生活的渴望。《有所思》中"上邪，我欲与君相知，长命无绝衰"则表达了一位女子真挚、坦率的爱情宣言。

3.1.4 建安风骨

汉末建安时期，出现了一批继承了汉乐府民歌的现实主义传统的诗人，包括"三曹"（曹操与其子曹丕、曹植）、"七子"（孔融、陈琳、王粲、徐干、阮瑀、应场、刘桢）和女诗人蔡琰（蔡文姬）。他们的诗歌普遍采用五言形式，并着力于反映现实，风骨遒劲且具有慷慨悲凉的阳刚之气，形成了独特的风格，后世以"建安风骨"称之。建安诗风的形成以"三曹"为基础，而"三曹"中又以曹植文采最佳。

曹植（约192—232），字子建，沛国谯（今安徽省亳州市）人。其诗歌以笔力雄健和词采画眉见长，钟嵘的《诗品》中称

▲ 曹植

其"骨气奇高，词采华茂，情兼雅怨，体被文质，粲溢今古，卓尔不群"。作为中国诗歌抒情品格的确立者，曹植在诗史上堪称"一代诗宗"。其代表作品有《七哀诗》《白马篇》《赠白马王彪》《门有万里客》等。在辞赋方面，曹植同样取得了极高的成就，其《洛神赋》《幽思赋》《释愁文》《归思赋》等皆是传世名作。南北朝时期诗人谢灵运曾经盛赞曹植："天下才有一石，曹子建独占八斗"。

以曹植等诗人为代表，建安诗歌在内容上大多真实地反映了汉末社会动乱的面貌，抒发了战乱动荡年代人生无常之感，如王粲《七哀诗》中的"出门无所见，白骨蔽平原"，曹操《短歌行》中的"对酒当歌，人生几何？譬如朝露，去日苦多"。而在诗歌的境界上，建安诗人往往又能从这种人生无常、人生苦短的无奈中树立起慷慨激昂、建功立业的政治理想，如曹操《龟虽寿》中的"老骥伏枥，志在千里；烈士暮年，壮心不已"。在艺术形式和创作技巧上，建安诗歌则完成了从乐府民歌到文人诗歌的转变，为中国古代诗歌树立了一种新的美学典范，标志着中国古代诗歌的"自觉"。

3.1.5 唐诗

唐诗是中国诗歌史上的巅峰。在中国诗歌史上出现了大量杰出的诗人，如初唐的"初唐四杰"，盛唐的李白、杜甫，山水田园诗的代表王维、孟浩然，边塞诗的代表高适、岑参，中晚唐的韩愈、柳宗元、杜牧、李商隐等。各时期可谓人才辈出，风格流派异彩纷呈。

一、初唐诗歌

初唐诗人以"初唐四杰"（王勃、杨炯、卢照邻、骆宾王）为代表，他们一改六朝以来士族诗坛浮靡绮丽的诗风，代之以清新刚健的风格，并把市井和边塞生活引入诗歌题材，为盛唐诗歌的繁荣奠定了基础。

"初唐四杰"中卢照邻、骆宾王的七言歌行趋向辞赋化，气势稍壮；王勃、杨炯的五言律绝逐步规范化，音调铿锵。陆时雍《诗镜总论》中曾评价初唐四杰："王勃高华，杨炯雄厚，照邻清藻，宾王坦易，子安其最杰乎？调入初唐，时带六朝锦色。"

王勃（约650—约676），字子安，古绛州龙门（今山西河津）人，唐代诗人。王勃自幼聪敏好学，据《旧唐书》记载，他六岁即能写文章，文笔流畅，被赞为"神童"。王勃擅长五律和五绝，其诗歌直接继承了贞观（唐太宗年号，约627—约649）时期崇儒重儒的风气，同时，又注入新的时代气息，既壮阔明朗又不失慷慨激越。其代表诗歌有《送杜少府之任蜀州》《江亭夜月送别》《秋日别王长史》等，其中《送杜少府之任蜀州》中"海内存知己，天涯若比邻"一句，虽写离别，但其意境开阔，一扫前代惜别伤离的悲伤气息，成为流传千古的名句。

二、盛唐诗歌

盛唐诗坛最杰出的两位诗人是李白和杜甫，他们一位是豪放飘逸的"诗仙"，一位是沉郁顿挫的"诗圣",并称"李杜"。此外，王维、孟浩然的山水田园诗和高适、岑参的边塞诗同样取得了极高的成就。

1. 李白

李白（约701—约762），字太白，号青莲居士，祖籍陇西成纪（今甘肃天水）。李白是唐代最杰出的浪漫主义诗人，他喜爱游历，遍游祖国名山大川，传世至今的900多首诗篇，风格大多雄奇奔放、俊逸清新、想象丰富、意境奇妙。

李白的诗歌在内容上主要描写自己的政治抱负；歌颂游侠的高尚品德；揭露现实，抒发自己的痛苦和悲愤；赞美祖国雄奇险峻的山川江河。李白诗歌的主要艺术特色如下。

▲ 李白

（1）李白的志向高远、性格豪放不羁，加之思想中融合了儒、释、道等诸家的影响，因而其诗歌往往显示出傲世独行、桀骜不驯的特色。一方面，他对自己的才华充满信心，曾在其著作《南陵别儿童入京》中写下"仰天大笑出门去，我辈岂是蓬蒿人"的名言；另一方面，他也认识到世道的险恶，慨叹"蜀道之难，难于上青天"。然而他并不因此而屈服，以"安能摧眉折腰事权贵，使我不得开心颜"的宣言，显示了一身傲骨；他相信"长风破浪会有时，直挂云帆济沧海"。

（2）李白才思敏捷，诗歌内容往往融汇了大胆、迷人的神话，其诗风也具有想象奇丽、手法夸张、飘逸奔放的特色。他的诗歌在遣词用句上往往喷薄而出，给人痛快淋漓、天才至极之感。如《黄鹤楼送孟浩然之广陵》中的"孤帆远影碧空尽，唯见长江天际流"写出了长江的浩渺无际，《赠裴十四》中的"黄河落天走东海，万里写入胸怀间"描绘了黄河的奔腾咆哮，《望庐山瀑布》中的"飞流直下三千尺，疑是银河落九天"表现了庐山瀑布飞泻喷涌的壮观，《蜀道难》中的"噫吁嚱，危乎高哉！蜀道之难，难于上青天！"再现了蜀道的艰险。

李白的诗歌还尽情利用了丰富的想象、联想，创造出了奇幻缥缈的仙境，为其赢得了"诗仙"的美誉。如《古风·其十九》中的"西上莲花山，迢迢见明星。素手把芙蓉，虚步蹑太清"虚拟游仙之事，天马行空、想象奇诡。《金乡送韦八之西京》中的"狂风吹我心，西挂咸阳树"则形成了"想落天外"的艺术构思。《北风行》中的"燕山雪花大如席，片片吹落轩辕台"描写了北国的雨雪，想象飞腾，精彩绝妙。

（3）李白的诗歌在语言上，清新质朴、天真自然、不加雕琢，追求"清水出芙蓉，天然去雕饰"。这与李白学习和借鉴汉魏六朝乐府民歌有着密切的关系，如李白的《长干行》中"十四为君妇，羞颜未偿开。十五始展眉，愿同尘与灰。十六君远行，瞿塘滟滪堆"等句，在很大程度上是继承了《孔雀东南飞》的创作手法。《闻王昌龄左迁龙标遥有此寄》中的"我寄愁心与明月，随风直到夜郎西"则多继承了《西洲曲》的艺术特色。

李白作为盛唐诗歌最杰出的代表，其所创作的诗歌，热情讴歌了现实世界一切美好的事物，充满了浪漫气息和理想色彩。而其奇特瑰丽的想象则蕴含着深刻的现实意义，饱含了诗人对现实黑暗的反抗，以及对人世的热爱与追求。

2. 杜甫

"诗圣"杜甫是与李白齐名的一位伟大的唐代诗人，相比于李白奇特的想象、浪漫的诗风，杜甫的诗歌更加注重现实主义情怀，对底层人民的苦难现实有着深刻的描写。

▲ 杜甫

杜甫（约712—约770），字子美，原籍襄阳，杜审言之孙。杜甫的诗歌以前所未有的深度和广度集中体现了唐代由盛转衰的历史，因而被称作"诗史"。杜甫在经历了开元盛世、安史之乱等时期后，更能通过诗作以清醒的洞察力和入世精神反映民生的苦难等社会现实。

杜甫是一位忧国忧民的伟大诗人，他的诗歌内容往往深刻地反映了社会现实，体现了他"穷年忧黎元，叹息肠内热"的高度社会责任感。其中，"三吏"（《新安吏》《石壕吏》《潼关吏》）和"三别"（《新婚别》《无家别》《垂老别》）就描写了民间疾苦及在乱世之中身世飘荡的孤独，表达了作者对饱受战乱之苦的百姓的同情。《闻官军收河南河北》描写了因安史之乱，社会动荡不安、一片狼藉，诗人也流落漂泊在外。此时，恰好听说官军收复了蓟北，不禁手舞足蹈，喜极而泣，不能自抑，足见杜甫忧国忧民之心。《茅屋为秋风所破歌》则以沉郁顿挫的风格展现了诗人对社会、人生的深刻思考。"安得广厦千万间，大庇天下寒士俱欢颜"更是体现了诗人博大的胸襟和崇高的愿望，一直为后世所赞道。

杜甫的诗歌在内容上博大精深，民生疾苦、社会时事、自然景物、题咏赠答等，莫不摄之于诗。杜甫的诗就是一部中唐文化的史诗，充满了杜甫忧国忧民的意识，体现了他深厚的仁爱思想。在艺术特色上，杜甫的诗歌用语精练、凝重，沉郁顿挫，表现得气魄雄浑，具体而言主要包括以下几个方面。

（1）善于描写现实生活，对现实生活做高度的艺术概括。如《白帝》中"戎马不如归马逸，千家今有百家存"表现了四川军阀混战的现实，把一个复杂的社会现象概括在两句诗里。《岁暮》中"天地日流血，朝廷谁请缨？"既指吐蕃入侵以来的情况，又是对安史之乱以来时局的高度概括。

（2）杜甫的诗歌沉郁顿挫，既有鲜明的个性特征，又具有丰富的内涵。如《春望》中"国破山河在，城春草木深。感时花溅泪，恨别鸟惊心"。其意思是说，国都沦陷，城池残破，虽然山河依旧，可是遍地野草，令人满目凄然。这些都表现出杜甫忧国忧民的思想。明代胡震亨赞叹这首诗为："对偶未尝不精，而纵横变幻，尽越陈规，浓浓淡淡，动夺天巧"（《唐音癸签》）。

（3）杜甫的诗歌在语言上精工凝练而又丰富多彩，如他在《江上值水如海势聊短述》中所说，"为人性僻耽佳句，语不惊人死不休"。黄庭坚甚至称杜甫的诗"无一字无来处"，如杜甫在《旅夜书怀》中写下的"星垂平野阔，月涌大江流"，这两句诗中的"垂"字和"涌"字，便很有锤炼之功。用"垂"字更加显示出"阔"，用"涌"字则更突显了江水的流动。《咏怀古迹》中"群山万壑赴荆门"的"赴"字，便写出了山势蜿蜒流走之象。

（4）雄浑壮阔的艺术境界和细致入微的表现手法同样是杜甫诗歌的艺术特色。雄浑壮阔方面如《望岳》中的"会当凌绝顶，一览众山小"等诗句，便体现了杜甫诗歌的气魄雄浑。《戏题王宰画山水图歌》中的"尤工远势古莫比，咫尺应须论万里"则表现了"咫尺万里"之势。细致入微方面则如《兵车行》中的"长者虽有问，役夫敢伸恨？"这样一个细节描写，不仅揭示了役夫敢怒不敢言的痛苦心情，也揭露了封建统治阶级的残酷压迫。《悲陈陶》中的"群胡归来血洗箭，仍唱胡歌饮都市"则通过一支沾满鲜血的箭，形象地反映了人民深重的灾难。

杜甫襟怀博大，至性至情，并以其最为深沉的社会意识和毕生的精力创作诗歌。他的诗歌体现了高度的人道主义精神和爱国主义热情，历来为历代所推崇。

3. 山水田园诗

山水田园诗起源于东晋末年陶渊明，其《归园田居·其一》中的"暧暧远人村，依依墟里烟。狗吠深巷中，鸡鸣桑树颠"描写了幽静、充满生活气息的农村风光。《归园田居·其三》中的"种豆南山下，草盛豆苗稀"则描写了诗人亲自躬耕田野的生活。在这种宁静自然的隐居生活中，诗人悟出了"此中有真意，欲辩已忘言"（《饮酒》其二）的人生哲理，找到了自己的精神家园和人生归宿。陶渊明的诗歌为后世文人提供了一片纯净的精神沃土，给诗坛带来了一股清新自然之风，为盛唐山水田园诗的繁荣奠定了基础。

盛唐时期，文人中有的因仕途失意，有的因官场倾轧，大多有过隐居的生活经历。在隐居生活中，大自然的美丽风光使得文人获得了心灵上的宁静和慰藉，激发了文人的创作灵感，出现了大量的山水田园诗作，山水田园诗派由此形成。其中，又以王维、孟浩然二人的成就最高。

● 王维（约701—约761），字摩诘，号摩诘居士，河东蒲州（今山西运城）人。王维的山水田园诗中所写内容大多描绘自然美景，同时又流露出诗人闲逸潇洒的情趣和恬适的心情。如《鸟鸣涧》中的"人闲桂花落，夜静春山空。月出惊山鸟，时鸣春涧中"写得清越超凡，创造出情景交融的艺术境界。《田园乐七首·其六》中的"桃红复含宿雨，柳绿更带朝烟。花落家僮未扫，莺啼山客犹眠"充满浓厚的乡土气息和生活情趣，表达了诗人闲适和恬淡的心情。

▲ 王维

苏轼《东坡题跋》云："味摩诘之诗，诗中有画；观摩诘之画，画中有诗"算是对王维诗歌艺术特色的极佳概括。如《鹿柴》中的"空山不见人，但闻人语响。返景入深林，复照青苔上"描写了空山深林中空无一人却见一束夕阳的斜晖，透过密林的空隙，洒在林中的青苔上，一幅寂静清幽的空山图跃然画卷，令人神往。《送梓州李使君》中的"万壑树参天，千山响杜鹃。山中一夜雨，树杪百重泉"则勾勒出一幅壮丽的水墨山水图景。王维的山水诗与前人相比，诗的内容相对较丰富，艺术水准也有所提高，这使得山水诗的成就达到前所未有的高度。

▲ 孟浩然

● 孟浩然（约689—约740），名浩，字浩然，号孟山人，襄州（现湖北）襄阳人。其诗歌绝大部分为五言短篇，多以山水田园风光和隐逸生活为题材，风格清淡自然。

孟浩然的山水田园诗，在内容上多写长江流域的山水田园风光。由于他长期受南方楚文化的影响，他的山水田园诗大多写得秀美玲珑、清新娴雅而又赏心悦目。司空图《二十四诗品》中称其具有"不着一字，尽得风流"的艺术妙境。如《晚泊浔阳望香炉峰》中的"挂席几千里，名山都未逢。泊舟浔阳郭，始见香炉峰。尝读远公传，永怀尘外踪。东林精舍近，日暮空闻钟。"全诗简淡自然、空灵无迹，寥寥数语，便勾画了江山美景，还抒发了对高僧的倾慕和对隐居胜地的向往。

孟浩然的诗大多描写隐居的闲适，其诗歌在艺术特色上则具有清淡自然的特点。如《过故人庄》中的"故人具鸡黍，邀我至田家。绿树村边合，青山郭外斜"，描写诗人应邀到一位朋友家做客的经过，在淳朴的自然风光中，互相闲谈家常，充满乐趣，于平淡中实现景、事、情的完美结合。《万山潭作》中的"垂钓坐磐石，水清心亦闲"，一个"坐"字突显了安闲的意境，同时潭水的清澈与闲适的心境亦相契合。诗中未提一个乐字，但诗人垂钓之乐早已融入闲淡之中。

4. 边塞诗

唐代时期边事不断，文人大多抱有马上建功的勇武理想，激荡起"大笑向文士，一经何足穷"（高适《塞下曲》）、"功名只向马上取，真是英雄一丈夫"（岑参《送李副使赴碛西官军》）的英雄气概。高适、岑参、王昌龄等不少人都有从军入幕的生活经历，他们多以七言歌行和绝句表现边塞生活和战争，风格豪迈雄壮，因而被称作"边塞诗派"。其中，尤以高适、岑参的诗作最为人们称赞道。

● 高适（约704—约765），字达夫，唐朝渤海郡（今河北景县）人。高适所作边塞诗，题材广泛、内容丰富，常把战争与国家安危、人民苦乐联系起来，从不同角度真实地反映了当时的边塞战争，并对当时军中的矛盾予以毫不留情的揭露，具有现实主义特征。如《塞上》中的"常怀感激心，愿效纵横谟。倚剑欲谁语，关河空郁纡"既叙述了对诸将不知道边防的讽刺，也表达了诗人自己良策难陈的苦闷。另外，高适的诗大多直抒胸臆、雄浑悲壮，如《宋中别周、梁、李三子》中的"曾是不得意，适来兼别离。如何一尊酒，翻作满堂悲"，《古大梁行》中的"暮天

▲ 高适

摇落伤怀抱，倚剑悲歌对秋草"以及《燕歌行》中的"战士军前半死生，美人帐下犹歌舞"都揭露了主将骄逸轻敌，不恤士卒，致使战事失利，表达了对战士悲惨命运的同情。全诗气势畅达，气氛悲壮淋漓，被誉为"常侍第一大篇"。

● 岑参（约715—约770），南阳人，唐玄宗天宝三载进士。相比高适诗歌的现实主义精神，岑参的诗歌则充满了浪漫主义和乐观主义精神，显示出明显的浪漫主义倾向，常在现实主义基础上侧重于想象、夸张，豪迈中有瑰丽之笔，是开元时代最富于异国情调的诗人。如《走马川行奉送出师西征》中的"轮台九月风夜吼，一川碎石大如斗，随风满地石乱走"，以夸张的手法描写了入夜时分狂风怒吼、飞沙走石的情景，表现出恶劣的自然环境和奇异、壮观的西域风光。《凉州馆中与诸判官夜集》中的"凉州七里十万家，胡人半解弹琵琶。琵琶一曲肠堪断，风萧萧兮夜漫漫"，描写作者与河西友人夜宴的情景，充满异域风情。《白雪歌送武判官归京》中的"北风卷地白草折，胡天八月即飞雪。忽如一夜春风来，千树万树梨花开"，描写大漠的风雪和军中送别，大漠八月飞雪的奇景，就像是一夜春风吹来，漫山遍野的梨花盛开。诗歌内容充满奇思妙想，将异域的浪漫情景刻画得瑰丽壮美。

以岑参、高适为代表的边塞诗，内容丰富，既有直面战争的残酷、惨烈，也有抒发视死如归的爱国激情；既有现实主义的描写，也有浪漫主义的抒情；充满了激昂慷慨的豪气和缠绵婉转的柔情，体现了盛唐时期积极进取的时代精神。

三、中晚唐诗歌

中唐的诗歌主要分为两个流派，其中一派以白居易为代表，他们继承了杜甫的现实主义传统，极力反映民生疾苦和政治弊端，语言上则通俗流畅、风格平易近人；另一派则以韩愈为代表，他们继承了杜甫"为人性僻耽佳句，语不惊人死不休"的一面，艺术上刻意求新，进一步发展了杜甫律诗格律严谨、注重炼字的特点。

● 白居易（约772—约846），字乐天，号香山居士，祖籍太原。白居易与元稹共同倡导新乐府运动，世称"元白"。白居易主张"文章合为时而著，歌诗合为事而作"（《与元九书》）。他的闲适诗和讽喻诗都具有尚实、尚俗、务尽的特点，但在内容和情调上则有很大不同。讽喻诗志在"兼济"，多与社会政治紧密联系，意气激昂；闲适诗则意在"独善"，多与平淡自然的生活相联系，淡泊平和，闲适悠然。

白居易的代表诗作有《长恨歌》《卖炭翁》《琵琶行》等，其中，《长恨歌》是其最杰出的作品之一，也是中国古典诗歌中融抒情与叙事为一体的典范之作。全诗形象地叙述了唐玄宗与杨贵妃

▲ 白居易

的爱情悲剧，精巧独特的艺术构思，回旋婉转的动人故事，艺术化的人物形象和逼真的生活场景，感染了千百年来的读者，对后世诸多文学作品产生了深远的影响。

晚唐诗坛则以被誉为"小李杜"的李商隐、杜牧为代表，李商隐擅长律绝诗，常以历史题材讽喻现实；杜牧则擅长清新明丽的抒情小诗。

● 李商隐（约813—约858），字义山，号玉溪生，原籍怀州河内（今河南沁阳）。唐文宗开成二年进士，因卷入"牛李党争"而备受排挤，一生困顿不得志。李商隐所作诗歌有政治咏

▲ 杜牧

史诗、抒怀咏物诗、应酬唱和诗和爱情诗，其中，以"无题"为题的爱情诗作，表现了晚唐人士伤感的情绪，以及他对爱情的执着，在晚唐独树一帜。

● 杜牧（约803—约852），字牧之，号樊川居士，京兆万年（今陕西西安）人。杜牧的诗歌多是伤春伤别和咏史怀古之作，风格秀艳俊爽，艺术上具有"豪爽健朗的形象美""强烈坦荡的诗情美"和"清新明丽的意境美"。

杜牧的《赤壁》中"折戟沉沙铁未销，自将磨洗认前朝。东风不与周郎便，铜雀春深锁二乔"，有感于三国时代的英雄成败，托物咏史，指明赤壁之战与国家存亡的关系，暗喻自己胸怀大志却不被重用，抒发自己抑郁不平之气。

晚唐时期由于国势衰微，世道艰难，诗人们也大多关注自身情感，忧时嗟生、消极悲观，失掉了盛唐慷慨激昂的风气。而此时一种强于抒情的文体"词"却悄然兴起，并最终在宋代达到顶峰。唐诗宋词成了中国文学史上的两颗璀璨的明珠。

相关链接

唐代文人便偶有填词，如白居易的《忆江南》，"百代词曲之祖"《菩萨蛮·平林漠漠烟如织》和《忆秦娥·箫声咽》更被传为诗仙李白之作。晚唐五代时，以温庭筠、韦庄等为代表的花间派词人已经开始大量作词，不过在词的题材、境界上均显狭窄，所写内容多为女子的闺怨宫愁，总体而言，只是将词作为娱情之作。词真正的蜕变在于五代的南唐，南唐两代君主李璟、李煜以及大臣冯延巳皆是重要词人，尤其是李煜，在南唐覆灭、身为宋俘后，将词的创作推上了新的层次，以"一江春水向东流"的亡国之音实现了民间词向文人词的转变，为宋代词的发展和兴盛奠定了基础。

3.1.6 宋词

词是隋唐时期出现的一种配乐演唱的新诗体，它起源于民间，既适合歌唱又具有独立的艺术价值，也叫"曲子词"或"长短句"等。中唐以后开始为文人所创作，晚唐五代至宋代时期，发展至鼎盛，与唐诗交相辉映，其主要分为婉约派和豪放派。

1. 婉约派

婉约派的词作直接继承了花间词和南唐词的风格，多写男欢女爱、离愁别绪、触景伤情，形式上以蕴藉雅正见长，语言清新秀丽，情感细腻精巧。婉约派的代表人物包括晏殊、柳永、秦观、周邦彦、李清照等。

● 柳永（约987—约1053），原名三变，字耆卿，崇安（福建崇安）人。他少年时到汴京应试，曾为许多歌妓填词作曲，迎合了市民阶层的情趣。当时有人在仁宗面前举荐他，仁宗答复其："且去填词"。柳永在受到这种打击之后，只好以玩笑的态度自称"奉旨填词柳三变"。柳永是北宋第一个专力写词的作家，他突破小令的局限，大力创制长调慢词，扩大了词的容量，促进了词在结构篇章上的变革。柳永的词既有文人词的精工，又融入了民间词的俚俗，为词坛带来了一股清新的风气，雅俗共赏，因而广为流传，甚至有"凡有井水处，皆能歌柳词"（叶梦得《避暑录话》）的佳话。

柳永词作的内容有的写北宋汴京的繁荣，有的写青楼歌妓的生活，有的写江湖流落的感受，也有部分庆赏节令或称颂朝廷功德的。其中较著名的词作有《望海潮》《雨霖铃》等。《望海潮》中"东南形胜，三吴都会，钱塘自古繁华。烟柳画桥，风帘翠幕，参差十万人家"描写了钱塘都市的繁华和人民的和平生活。相传金主完颜亮因此词中"有三秋桂子，十里荷花"而"起投鞭渡江之志"（《鹤林玉露》），足见此词的社会影响。

《雨霖铃·寒蝉凄切》一词则写离情别绪，"念去去，千里烟波，暮霭沉沉楚天阔"，表现了主人公黯淡的心情仿佛给天容水色涂上了阴影，达到了情景交融之境。"今宵酒醒何处？杨柳岸，晓风残月"则写出他漂泊江湖的凄凉感受。"多情自古伤离别，更那堪，冷落清秋节"更是成为流传千古的佳句。

● 李清照（约1084—约1155），号易安居士，山东济南人，两宋之际婉约派的代表。李清照在词的创作上主张"词别是一家"，坚持典雅、婉转、合律的创作风格。其前期所作词多描写她少女时期的生活，如《如梦令》"常记溪亭日暮，沉醉不知归路。兴尽晚回舟，误入藕花深处。争渡，争渡，惊起一滩鸥鹭"，描绘了误入藕花深处的归舟和滩头惊起的鸥鹭，活泼而富有生趣。从靖康元年起，李清照连续遭遇国破、家亡、夫死的苦难，过着长期的流亡生活，因而其后期的词作大多表达了背井离乡、骨肉分离的悲痛心情，情绪比较消沉，如《菩萨蛮》中"故乡何处是，忘了除非醉"，《念奴娇》中"征鸿过尽，万千心事难寄"等句。《声声慢》中"寻寻觅觅，冷冷清清，凄凄惨惨戚戚。乍暖还寒时候，最难将息"一连用七组叠词，创造出伤感、迷离的意境美，使读者生出一种莫名的愁绪萦绕心头，久久不能消散。

2. 豪放派

豪放派的词作在内容上较为丰富，社会生活、政治风云、伤感离别、吊古怀今等均有涉及，并且大多表现得气势恢宏、不拘格律、汪洋恣肆、动人心魄。豪放派的代表人物有欧阳修、王安石、苏轼、苏辙、辛弃疾等。

● 苏轼（约1037—约1101），字子瞻，号东坡居士，眉州眉山（今四川眉山）人。苏轼主张"以诗为词"，所作之词既有咏物怀志的，也有描摹山水田园的，还有吟咏人生的，给宋词的创作带来了深远影响。他打破了"诗言志""词缘情"的传统，摒弃了词为"薄技"的认识，进一步扩大了词的题材，达到了"无意不可入，无事不可言"（刘熙载《艺概》）的境界。他还一改晚唐五代以来婉约的词风，突破了"诗庄词媚"的樊篱，以雄健的笔力唱出"老夫聊发少年狂"的豪迈气概，奏响了"关西大汉，

▲ 苏轼

执铜琵琶、铁绰板唱‘大江东去’"的高亢激越之音，成为豪放（词）派的开创者。

苏轼之所以能够创造出豪放的词风，主要得益于宋代文人政治地位的改变和诗文革新运动的影响。他把诗文革新运动扩展到词的领域，诸如怀古、记游、说理等这些过去诗人所惯用的题材，都被他写入词中。这就使词摆脱了仅仅作为歌词的状况，成为可以独立发展的新诗体。如《江城子·密州出猎》："老夫聊发少年狂，左牵黄，右擎苍，锦帽貂裘，千骑卷平岗。为报倾城随太守，亲射虎，看孙郎。酒酣胸胆尚开张，鬓微霜，又何妨？持节云中，何日遣冯唐？会挽雕弓如满月，西北望，射天狼。"词中借由出猎之行的空前盛况，抒发了兴国安邦之志，融叙事、言志、用典为一体，多角度、多层次地表现了作者志在千里的英雄豪气。苏轼的作品扩大了词的题材范围，为词的创作开辟了崭新的道路。

相关链接

苏轼名作《念奴娇·赤壁怀古》："大江东去，浪淘尽，千古风流人物。故垒西边，人道是，三国周郎赤壁。乱石穿空，惊涛拍岸，卷起千堆雪。江山如画，一时多少豪杰。遥想公瑾当年，小乔初嫁了，雄姿英发。羽扇纶巾，谈笑间，樯橹灰飞烟灭。故国神游，多情应笑我，早生华发。人间如梦，一尊还酹江月。"通过描写月夜江上壮美的景色，借对古代战场和风流人物的凭吊和追念，曲折地表达了作者怀才不遇、功业未成的忧愤之情。全词借古抒怀，笔力遒劲，境界宏阔，充分表达了作者乐观的态度和渴望为国家建功立业的豪迈心情。

▲ 辛弃疾

● 辛弃疾（约1140—约1207），字幼安，号稼轩，济南历城（今济南市历城区）人，南宋豪放词派的代表。辛弃疾的词不但在数量上较多，而且在思想内容上丰富多彩、别开生面。《四库总目提要》评辛弃疾曰："其词慷慨纵横，有不可一世之概，于倚声家为变调，而异军特起，能于翦红刻翠之外，屹然别立一宗，迄今不废。"

辛弃疾词既有对被分裂的北方的怀念和对抗金斗争的赞扬，也有对南宋苟安局面的强烈反感，还有对自己怀才不遇、有志无成的不平。如《摸鱼儿·更能消几番风雨》以联想、寄托的手法，借宫怨抒发了忠而被谤、报国无门的悲怨之情；《破阵子·为陈同甫赋壮词以寄之》以跳跃、昂扬的笔调描写了宏大的战争场景，以抑郁、顿挫的手法抒发苍凉悲愤之感。《贺新郎·细把君诗说》中"起望衣冠神州路，白日销残战骨。叹夷甫、诸人清绝。夜半狂歌悲风起，听铮铮、阵马檐间铁，南共北，正分裂。"则表现了他极为不能忍受南北分裂局面的悲痛感情。

3.1.7 明清诗词

明代诗歌创作流派众多，明初时期，有以杨士奇、杨荣、杨溥为代表的"台阁体"，他们的诗歌主要歌功颂德，粉饰太平。明中期，则出现了以李梦阳、何景明为代表的反对"台阁体”的“前七子”。由于“前七子”在复古运动中所暴露出来的模拟倾向日趋严重，遂出现了包括李攀龙、王世贞、谢榛等在内的“后七子”。然而，由于“前七子”和“后七子”所提出的复古运动和所主张的“文必秦汉，诗必盛唐”导致了严重的抄袭现象的产生，后世遂又出现反对复古的机械模仿、提倡抒写性灵的“公安派”和“竟陵派”。

清初时期，诗坛的主流是“遗民诗”，诗人主要有钱澄之、顾炎武、吴嘉纪、王夫之、屈大均、陈恭尹等。清末发生了“诗界革命”，革新了旧体诗的形式，著名的诗人有黄遵宪、康有为、梁启超等。

词在元明时期走向了衰落，在清代又呈中兴气象，流派很多，包括豪放派、清新派、现实派等。梁启超所著的《清代学术概论》认为清代诗文皆趋衰落，独词“驾元明而上”。著名词人如纳兰性德，擅长小令，长于白描，以情取胜，是婉约派大家。

📝 活动设计

活动主题：体味文化意蕴，再现风雅精神。

活动形式：诗词诵读。

活动内容：选择几篇古代诗词，请同学们分组诵读。诵读方法要和古代诗词意象的体悟、情感的把握结合起来，以提高学生对古代诗词的语言感受能力和鉴赏能力。

3.2 散文

导读 📖 中国古代文学中，散文是与韵文、骈文相对的，即“不要求押韵和对仗的文章”都可归入散文范畴。中国古代散文最早的雏形可追溯到殷商时期的甲骨卜辞，且在历代皆有代表之作。

3.2.1 先秦散文

先秦散文大体可以分为诸子散文和历史散文两类，二者在内容、主旨、艺术特色等方面各有不同。

● 先秦的诸子散文以《论语》《孟子》《庄子》《墨子》《荀子》《韩非子》等为代表，通常结构严谨、文采飞扬，多用比喻、想象等手法，以说理、论辩为主，其主旨是阐述各家学问，因此也叫哲理散文。

《孟子》是记载孟轲言行的书，书中文章的特点是气势宏大、情感强烈，并善于抓住要害进行辩理，且多用比喻，如“五十步笑百步”“揠苗助长”等，大多含义深刻、想象新奇。

《庄子》是庄周及其学生著作的汇编，书中往往通过神话和寓言故事把深刻的哲理寓于生动形象、扑朔迷离的情节中，构思奇特、想象奇幻，富于浪漫色彩。刘熙载《艺概》称其“缥纱奇变，乃如风行水上，自然成文也"。庄子的散文还多用韵，声调铿锵，极富节奏感，其所张扬的洒脱不羁的性格、对自由精神的追求以及愤世嫉俗的情绪，对后世文学产生了巨大影响。郭沫若评价《庄子》说："秦汉以来的一部中国文学史差不多大半在他的影响之下发展"（《庄子与鲁迅》）。

● 先秦的历史散文以《国语》《春秋》《战国策》《左传》等为代表，其中《春秋》《左传》为编年体，《国语》《战国策》为国别体。

历史散文在叙事上通常能够详细完整地描述事件的过程，其间不乏生动的场面描写；在塑造人物形象时，往往将人物置于矛盾冲突中，通过对人物言行的描写刻画其性格，这为后代辞赋、戏曲、小说的创作提供了宝贵的经验。

《战国策》编写于战国末年和秦汉时期，是记录战国时期纵横家言行的书。其所记时间上起春秋，下至秦并六国，主要记载了政客策士们在政治外交中的奇计良策。《战国策》中的人物描写十分高明，书中塑造了不少个性鲜明的人物形象，如慷慨慕义的鲁仲连、沉毅勇敢的荆轲、深谋远虑的冯谖等。《战国策》的语言善于铺陈，言辞夸张犀利，情感激烈，且多用警句，因而文章大多有声有色。

3.2.2 两汉散文

两汉的散文以政论散文和史传散文为主。政论散文以贾谊的《过秦论》为代表，史传散文则以司马迁的《史记》和班固的《汉书》为代表。

▲ 司马迁

● 政论散文是在汉代大一统的局面下出现的，其大多是汉人抚今追昔，用以劝诫君王的著作。如贾谊的《过秦论》通过鲜明的对比、排比等手法，慷慨激昂地剖析了秦亡的历史教训，直指时弊，其目的在于供汉文帝作为改革政治的借鉴。晁错的《论贵粟疏》《守边劝农疏》等则以平实流畅的语言论事实、讲道理，前后相承，步步深入，以全面阐发其政治见解，具有较强的说服力。

● 史传散文则以司马迁的《史记》和班固的《汉书》为代表，尤其是《史记》成就最高，开创了纪传体史书的新体例。《史记》全书包括十表、八书、十二本纪、三十世家、七十列传等部分，共130篇，是当时史学著作的最高成就，被誉为"史家之绝唱，无韵之《离骚》"。《史记》是司马迁发愤著述的结果，它超越了前代史家"微言大义"的传统，为后代的传记文学树立了光辉典范。唐宋以后直到明清时期，《史记》一直被奉为散文创作的典范。

《史记》是传记文学的精品，在叙述事件、刻画人物和运用语言方面尤为出众。《史记》中在讲述宏大历史事件的同时，往往通过特定的行为、个性化的语言、曲折的命运塑造人物形象，揭示人物的独特个性和精神。例如，《项羽本纪》中"鸿门宴"一节，就通过刘邦、项羽的对话和行动，将项羽的粗豪轻信、刘邦的灵活机敏，展示得淋漓尽致，表现出了他们截然不同的思想性格。《张仪列传》中写张仪在楚国游说失败，还被当作窃贼痛打，回家后夫妻间有这样一段对话："其妻曰：'嘻，子毋读书游说，安得此辱乎？'张仪谓其妻曰：'视吾舌尚在不？'其妻笑曰：'舌在也。'仪曰：'足矣！'"一组简洁的对话，写出了妻子抱怨中含关心，同时刻画出了张仪幽默、自信的纵横家形象。

相关链接

《史记》中的"十表"记载各个时期的重大历史事件，"八书"记载天文、立法、经济、文化等方面的历史面貌，"十二本纪"专记帝王事迹，"三十世家"记载贵族、诸侯的历史，"七十列传"记载王侯之外其他人物的历史。

3.2.3 魏晋南北朝散文

魏晋南北朝时期是中国文学的自觉时期，文学开始从经学、史学中脱离，并取得了独立的地位。这一时期的文学强调"文"和"笔"的区别，更加突出文学的艺术性。这一时期的散文主要包括以"建安七子"为代表的建安散文和以"竹林七贤"为代表的正始散文。

● 建安散文以曹操成就较高，其注重宏大的气魄、优美的辞藻，显得"清峻通脱"。"清峻"主要指他的政令文章严明简洁，"通脱"则是指他的文章言辞恳切，不矜持，不造作，文字平易，内容不失霸气。如《让县自明本志令》一文就坦率自然地道出他想一统天下的雄心壮志。

● 正始散文则以嵇康成就较为突出，他的《养生论》《答向子期难养生论》《释私论》《管蔡论》等一系列说理文，打破了传统的观念，表现出"长于辩难，文如剥茧，无不尽之意"（刘师培《中国中古文学史》）。另外，嵇康的书信体散文《与山巨源绝交书》中以"必不堪者七，甚不可者二"拒绝山涛，文字亦庄亦谐；"非汤武而薄周孔"的目标，明确表明自己的政治态度以及对儒家礼教的强烈不满，痛快淋漓地张扬出自己不羁的性格。

▲ 曹操

西晋之后，随着士族文人对文坛的垄断，以及对文学的唯美价值的追求进一步强化，出现了讲究对偶和平仄，注重使用典故和辞藻的骈文。齐梁时期，文人尤其热衷于以骈文体现自己的文学素养和审美情趣，然而，由于士族文人远离社会生活、注重内心体验，骈文创作逐渐流于形式主义，文风日趋浮华。到了唐宋时期，遂针对此弊端而掀起了两次革新运动，后世称之为"古文运动"。

3.2.4 唐宋散文

中唐时期，韩愈、柳宗元主张"文道合一"，他们大力提倡先秦两汉时期的"古文"，反对两晋以来矫饰、空洞的骈文，掀起文学史上影响深远的文体革新活动，即著名的"古文运动"。

● 韩愈和柳宗元的古文创作取得了极高的艺术成就，为散文创作开创了全新的局面。他们对散文创作的巨大贡献主要表现在两个方面：一是极大地增强了散文的抒情特色，使之具有鲜明的审美品格；二是开拓了散文的语言艺术、表现技巧。韩愈的《师说》《进学解》《送孟东野序》《原毁》，柳宗元的《永州八记》《捕蛇者说》《三戒》等都是千古名篇。

● 李汉《韩昌黎集序》中说韩愈："大拯颓风，教人自为。时人始而惊，中而笑且排，先生益坚，终而翕然随以定。呜呼！先生于文，摧陷廓清之功，比于武事，可谓雄伟不常者矣！"

▲ 韩愈

● 韩愈的《进学解》是一篇假托向学生训话，勉励他们在学业、德行方面不断进步，同时抒发自己怀才不遇的苦闷的文章。文中"业精于勤，荒于嬉；行成于思，毁于随"成为警醒世人勤勉治学的名句。

● 柳宗元的《永州八记》是其被贬为永州司马时，借写山水游记抒发胸中愤郁的散文，包括《始得西山宴游记》《钴鉧潭记》《至小丘西小石潭记》《钴鉧潭西小丘记》《袁家渴记》《石涧记》《石渠记》《小石城山记》。其中，《至小丘西小石潭记》以优美的语言描写了"小石潭"的美丽景色，含蓄地抒发了作者被贬后无法排遣的忧伤凄苦的感情。

韩愈和柳宗元掀起的这一场古文运动虽然声势浩大，但却未动摇骈文的根基。

北宋中期，欧阳修、王安石、苏轼等人强调散文"文以载道"的功用，提倡平易质朴的古文，并再度掀起"古文运动"。他们创作了大量脍炙人口的名篇，如欧阳修的《醉翁亭记》、王安石的《答司马谏议书》、苏轼的《石钟山记》等。

● 欧阳修的《醉翁亭记》是一篇诗味浓郁的抒情记体文，文章通过对醉翁亭及其周边景色的描写，抒发了作者在被贬后旷达豪放、寄情山水和与民同乐的感情。下面一段即是欧阳修对醉翁亭四时之景的描写："若夫日出而林霏开，云归而岩穴暝，晦明变化者，山间之朝暮也。野芳发而幽香，佳木秀而繁阴，风霜高洁，水落而石出者，山间之四时也。朝而往，暮而归，四时之景不同，而乐亦无穷也。"

这段文字虽在文体上借鉴了骈文，但却没有骈文的繁复，反而显得精整雅丽、轻快流畅。骈散相间，将叙事、写景与抒情完美地融合，形成了平易自然而又纡徐委婉的风格，充分体现了欧阳修的散文特色。

▲ 欧阳修

● 苏轼的《石钟山记》是一篇山水游记文，其中不乏情景交

融的意境描写，有一段写道："至莫夜月明，独与迈乘小舟，至绝壁下。大石侧立千尺，如猛兽奇鬼，森然欲搏人；而山上栖鹘，闻人声亦惊起，磔磔云霄间；又有若老人咳且笑于山谷中者，或曰此鹳鹤也。"这一段以简洁传神的笔法刻画出一个幽美而又阴森的环境，使读者恍若身临其境。另外，作者借对石钟山之名由来的考察，纠正了前人的错误，并引申出对没有"目见耳闻"的事物不能"臆断其有无"的哲理。这里将叙事、抒情、议论相结合，表现手法灵活多变，打破了传统体制的拘束。

3.2.5 明清散文

元代以后，戏曲、小说等通俗文学兴起，而传统的散文创作则相对衰落。明代虽没有出现散文大家，但却有不少散文流派。这些流派包括"前后七子""公安派""竟陵派"等，尽管这些流派在散文创作上的主张不尽相同，但其作品大多成就平平，缺乏新意。值得一提的是晚明的小品文，由于其吸收了唐代散文的质朴和魏晋南北朝笔记文的隽永，因而显得别出心裁。其中，以张岱最为出名，《湖心亭看雪》《西湖七月半》等是其代表作品。

清代最著名的散文流派是清中叶的桐城派，也是清代势力最大、延续时间最长的一个散文流派，此派因其代表作家方苞、姚鼐等均为桐城人而得名。

桐城派的散文创作讲究"义法"。"义"是指在散文内容上融入程朱理学等正统观念；"法"则是指在散文创作的技巧上学习先秦两汉时期的散文和唐宋时期的古文。桐城派散文虽洗尽骈文之铅华，但却过于古朴平淡，代表作有方苞的《狱中杂记》《左忠毅公逸事》《先母行略》，姚鼐的《朱竹君先生传》《袁随园墓志铭》《登泰山记》等。

3.3 小说

导读 先秦诸子百家中即有"小说家"一家，但历代文人皆强调"文以载道"，视通俗文学为不能登大雅之堂的"末技"，因此，疏于对小说的创作、整理和记述，这导致小说的起步较晚。

3.3.1 志人、志怪小说

魏晋南北朝是我国古代小说初具规模的时期，这一时期的小说数量较多，内容丰富，可分为"志人小说"和"志怪小说"两大类。"志人小说"主要是记录人物轶闻琐事，如刘义庆的《世说新语》、邯郸淳的《笑林》等。"志怪小说"则主要谈鬼神和怪异事物，如干宝的《搜神记》、曹丕的《列异传》、张华的《博物志》、葛洪的《神仙传》、王嘉的《拾遗记》等。

魏晋南北朝的志人、志怪小说大多讲述离奇的故事，塑造了不少生动、典型的人物形象。但由于这些小说还没有摆脱史传文学的影响，很多小说的创作采用了史家的实录笔法，没有充分发挥小说家的主观创造性，因而大大束缚了小说的发展。

3.3.2 ▶ 唐传奇

一直到"唐代传奇"的产生，小说才真正走向了自觉创作的时期，获得了应有的文学地位。正如鲁迅所言："小说亦如诗，至唐代而一变"（《中国小说史略》）。

唐传奇是唐代文人"作意好奇""幻设为文"的产物，因晚唐文学家裴铏将其小说集题为《传奇》而得名。现存唐传奇作品大多保存在《太平广记》《太平御览》《文苑英华》这类书中。唐传奇的故事是作者进行的意识虚构，标志着中国古代小说达到了文体上的成熟。

唐传奇在题材上涉及婚恋、豪侠、历史、仕宦、神怪等各个方面，其中爱情题材最出色。如《莺莺传》《任氏传》《霍小玉传》《柳毅传》等作品，以华美的文笔书写了郎才女貌、才子佳人的爱情故事，是中国古代爱情小说的经典之作。

● 在内容上，唐传奇因是"有意为小说"，故而其既有对世俗人生中世态人情的描写，也有在此基础上进行的杜撰加工，小说之"奇"，遂成为有意为之之"奇"。即使一些以历史和现实生活为题材的作品，作者也不拘泥于史实传闻，而是根据需要，因文生事，幻设情节，细致描绘环境，巧妙编织语言，有目的地进行再创作。如陈鸿的《长恨歌传》和蒋防的《霍小玉传》，前者取自唐玄宗与杨贵妃的爱情悲剧，后者则描写了陇西书生李益和长安名妓霍小玉凄楚动人的爱情悲剧。两者皆以历史故事为题材，但又不拘泥于史实，而是借虚构的手法将故事写得活灵活现，营造了真切感人的情境。

▲《"长恨歌"故事条屏》［清］

● 在创作风格上，唐传奇不仅自觉地追求美丽的辞藻，更以无限波澜、曲折委婉的情节为小说增添了动人的魅力。如《李娃传》中所写的荥阳公子郑生与李娃的故事，情节跌宕起伏、充满戏剧性，最后以大团圆结局，充满世俗气息；《莺莺传》则写贫寒书生张君瑞对没落贵族女子崔莺莺始乱终弃的悲剧故事，叙述中杂以短小精当的诗作，穿针引线，提高了作品的抒情性和艺术性；《柳毅传》则以巧妙曲折的情节描写为特色，将柳毅与龙女之间的故事安排得环环相扣，一波三折，既出人意料，又在情理之中。

● 在艺术技巧上，唐传奇注重塑造人物形象，上至帝王将相、文人商贾、僧道侠士，下至乐工艺伎、丫鬟侍女。传奇作者往往都善于描写精巧的细节、运用对比的手法，通过简单的语言刻画出个性鲜明的人物。如崔莺莺和李娃两人，一为大家闺秀，一为民间女子，故而举止、情态截然不同。莺莺初见张君瑞时，是"常服晬容，不加新饰，垂鬟接黛，双脸销红而已"。而李娃与郑生初次相会时，则是"回眸凝睇，情甚相慕"。

唐传奇在艺术方面也取得了极高的成就，传奇作者大多极尽虚构想象之能事，所创作的作品极富意境，往往能以奇异绚丽的美感打动读者。唐传奇显示了小说这一文体的自觉，对后世的小说创作产生了深远的影响。

3.3.3 ▶ 宋元话本

随着城市经济的发展，市民阶层逐渐形成，勾栏、瓦肆等相应成了供他们娱乐的表演场所，其中最受欢迎的一种表演艺术即"说话"。"说话"这一民间伎艺早在汉魏时期就出现了，到了宋元时代，说话伎艺渐趋成熟。据史料记载，当时的"说话"分为小说、讲史、说经和合生。除合生外，其余三种都以叙述故事为主。

▲ 宋代勾栏（戏曲演出场所）

话本就是这些说话艺人的底本，小说家的话本被称作小说，都是短篇故事，主要见于《清平山堂话本》以及"三言"等集子中。讲史家的话本被称作平话，主要是讲历史故事，有《五代史平话》《大宋宣和遗事》等。说经话本则与唐代变文一脉相承，如《大唐三藏取经诗话》。

宋元话本源于民间，是民间说话人的艺术成果，其是于文言小说之外另开辟的一个广阔的艺术天地，是中国小说史上一个重要的发展成果。宋元话本既具有口传文学的清新活泼，又继承和发扬了六朝志怪和唐传奇的优良传统，具有极高的艺术价值。宋元话本为后世通俗小说提供了丰富的题材资源，对中国古代小说创作产生了深远的影响，明清的白话小说就是宋元话本的继续和发展。

3.3.4 明清小说

明清时期是古代小说的鼎盛时期，作家、作品数量众多，有文言、有白话，有短篇、有长篇，题材众多，风格迥异。

一、明代小说

明代的白话小说成就高于文言小说，主要分为白话短篇小说（又称拟话本）和白话长篇小说（又称章回小说）。拟话本以"三言""二拍"最具代表性，章回小说则以《三国演义》《水浒传》《西游记》《金瓶梅》这"四大奇书"最为出众，而这四部小说基本上代表了中国古代小说的4种类型，分别是历史演义小说、英雄传奇小说、神魔小说和世情小说。

1.《三国演义》

《三国演义》是罗贯中以陈寿的《三国志》为底本，在吸收宋元讲史话本和杂剧故事的基础上再创作而成的一部历史演义小说。《三国演义》是明代历史演义小说的发端之作，是我国第一部长篇章回体小说。

● 在内容上，《三国演义》以宏大的场景描绘了东汉末年至西晋初年，魏、蜀、吴三国间一系列复杂的政治、军事和外交方面的斗争。小说中描写了大大小小数百次战役，刻画了众多人物形象，揭示了当时社会的动荡、黑暗和腐朽，反映了人民的苦难和渴望天下统一的愿望，寄托了对仁政明君、和平生活的憧憬，也表达了对历史人物忠义智勇优秀品质的赞颂。

● 在人物塑造上，《三国演义》所塑造的人物近500个，刘备的宽厚仁爱，诸葛亮的智慧、忠贞，关羽的忠义，张飞的勇武，曹操的狡诈，等等，给人们留下了深刻的印象，取得了极高的成就。

● 在语言上，《三国演义》吸收了传记文学和说唱文学的成就，比较平易浅近、简洁明了。蒋大器在《三国志通俗演义序》中称其"文不甚深，言不甚俗"。

《三国演义》问世后，在社会上产生了较大的轰动，对社会诸多方面都产生了一定的影响，直至现在，人们还会不断地从人才学、领导学、商战技术等各个角度汲取其中的智慧。

▲《三国演义》插图

《三国演义》所演之"义"包括君臣契合、匡扶汉室、忠义为国。蒋大器在《三国志通俗演义序》中说："惟昭烈汉室之胄，结义桃园，三顾草庐，君臣契合，辅成大业，亦理所当然。其最尚者，孔明之中，昭如日星，古今仰之，而关、张之义，尤宜尚也。"这里特别强调了"君臣契合"和诸葛亮、关羽、张飞等人的忠义。而这些人物之所以走到一起，是因为他们要完成一个共同的愿望，即匡扶汉室，故而"匡扶汉室"实为《三国演义》的义理之根本所在。

2.《水浒传》

《水浒传》是施耐庵用白话文写成的中国历史上第一部英雄传奇小说。它以历史和传说中北宋末年宋江起义的故事为基本素材，经过作者的精心编撰，生动地叙述了起义的发生、发展和结局，揭示了农民起义的本质原因，塑造了一大批绿林好汉的英雄豪杰形象。

《水浒传》在内容上从高俅发迹写起，他结党营私、迫害忠良，于是天下英雄纷纷揭竿而起、聚义梁山。此后，梁山英雄在宋江的带领下接受招安并征辽、平方腊，可惜最终为奸臣谋害，魂聚蓼儿洼，整个故事充满了浓郁的悲剧色彩。《水浒传》的内容完整统一，在最广阔的历史背景下，揭露了封建统治阶级的丑陋罪行，指出了"官逼民反"这一农民起义的社会根源，歌颂了梁山英雄的反抗精神。

《水浒传》具有很高的艺术成就，其所塑造的人物形象多达数百人，宋江的急公好义、吴用的神机妙算、李逵的鲁莽单纯、林冲的勇猛沉稳、镇关西的凶悍、阎婆惜的刁钻，等等，都给人们留下了深刻的印象。金圣叹曾在《读第五才子书法》中说："别一部书，看过一遍即休，独有《水浒传》，只是看不厌，无非为他把一百八个人性格都写出来。"在语言上，《水浒传》直接继承和发展了宋元话本的艺术传统，具有语言明快、洗练的特点，表现力极强。

《水浒传》所创造的英雄传奇之美，对小说的创作乃至整个小说文化都产生了极大的影响。《水浒传》在世界范围内广泛传播，得到了极高的评价，时至今日，其仍然是影视、绘画、雕塑等艺术重要的取材对象，对中国传统文学艺术有着巨大的影响。

3.《西游记》

《西游记》是吴承恩所创作的一部艺术上卓有成就、影响很大的长篇神魔小说。《西游记》主要是讲唐僧取经的故事，但和历史上玄奘取经的事迹又完全不同。它虽有宗教的内容，但其所展现的亦真亦幻的神魔世界，又极富浪漫主义色彩。

《西游记》从孙悟空的故事开始，先写孙悟空的来历，再写唐僧的来历和取经的缘由，之后则写取经的全过程和东归成正果。虽然《西游记》描写了很多宗教故事，但却不是一部宣扬宗教的小说，而是以神佛的平庸无能、天庭的腐败黑暗，暗喻了现实社会中种种丑恶的现象。

《西游记》中所讲的取经事业象征的是一切正义的事业，取经的过程则体现了作者对正义、理想的追求以及与邪恶势力进行斗争的精神。因此，表面上《西游记》是在歌颂取经事业，实则是对崇高的理想、勇于斗争的精神的歌颂。

《西游记》在艺术上成功地塑造了孙悟空、猪八戒等神话人物形象。这些神话人物既有现实生活中的人的特点，又有某些动物的特点，作者将他们的社会性与神话性、人性和动物性天衣无缝地融合到了一起，给人一种真实的感觉。

《西游记》以丰富的想象力，创造了一个辽阔无边的神魔世界，在其影响下，出现了《封神演义》《续西游记》等一批神魔小说，形成了明代神魔小说创作的高潮。

4.《金瓶梅》

《金瓶梅》是一部由文人独立创作完成的长篇世情小说，其作者尚无定论，仅知在万历刻本中署名为"兰陵笑笑生"。

《金瓶梅》一书的题名取自潘金莲、李瓶儿、庞春梅三个人物的名字。它由《水浒传》中"武松杀嫂"一段衍化而成，内容虽假托宋代，实则反映了明嘉靖、万历年间北方城市居民的生活状态。它以平凡的家庭生活为题材，折射出当时社会生活的全貌。正如鲁迅所说："《金瓶梅》《玉娇梨》等既为世所艳称，学步者纷起"，《金瓶梅》的出现，带动了人情小说、才子佳人小说的兴盛。

二、清代小说

清代小说的创作较明代更加繁盛，在题材、体裁和写法上都比明代更丰富多样。清代小说主要分为拟古派、讽刺派、侠义派和人情派。

拟古派以蒲松龄的《聊斋志异》和纪昀的《阅微草堂笔记》为代表；讽刺派以吴敬梓的《儒林外史》和李宝嘉的《官场现形记》为代表；侠义派则以石玉昆的《三侠五义》、贪梦道人的《彭公案》和无名氏的《施公案》为代表；人情派最著名的代表则是曹雪芹的《红楼梦》和陈森的《品花宝鉴》。蒲松龄的文言小说《聊斋志异》和曹雪芹的白话小说《红楼梦》，两者均具有集大成式的高超的艺术技巧，达到了中国古代小说创作的最高峰。

1.《聊斋志异》

《聊斋志异》是古代文言小说的集大成之作，由蒲松龄在广泛搜集民间故事、野史轶闻的基础上加工、创作而成。《聊斋志异》涉及内容包括科举制度、爱情故事，以及对世俗民风的讽刺。

有关科举制度的篇章，大多是蒲松龄从自己的经历中得出的体会，在一定程度上反映了科举制度的弊端，揭示了科举制度给读书人带来的悲剧。如《王子安》篇中的王子安，由于盼望金榜题名而神经错乱，遭到狐狸的戏弄。

描写爱情的篇章，则不仅有人与人的爱情故事，还有人与神、人与鬼、人与动植物的恋爱故事。其中成就最高的是《婴宁》《小翠》《小谢》等，这些故事通过描写青年男女勇敢挑战封建婚姻制度、对爱情矢志不渝的追求，表达了作者冲破种种樊篱、张扬美好人性的愿望。

对世俗民风的讽刺，是《聊斋志异》中题材最广泛的一部分。内容上涉及家庭、妇女、社会道德等问题，既有作者对新道德的憧憬，又反映了明清资本主义萌芽对社会的影响。

《聊斋志异》在艺术上成就也极高。蒲松龄在刻画鬼狐、花妖等形象时，非常巧妙地把握住了它们作为物和幻化为人的双重性格，将它们写得"多具人情，和易可亲，而偶见鹘突，知复非人"（《中国小说史略》）。《聊斋志异》的语言既使用了古代文学语言，又融汇了口语俗谚，形成一种既典雅工整又生动活泼的语言风格。

《聊斋志异》通过描写花妖狐魅、奇人异行等志怪故事，创造出了人鬼相杂、扑朔迷离的艺术世界。在对社会现实加以抨击的同时，又充满了浪漫主义色彩，对中国古代文言小说产生了巨大影响。

2.《红楼梦》

《红楼梦》原名为《石头记》，其前80回的作者为曹雪芹，后40回通常被认为由高鹗续写。

《红楼梦》以贾宝玉和林黛玉的爱情悲剧为主线，讲述了一个贵族家庭无可挽回的衰败史，从整个社会的结构上，揭露出封建社会的全部腐败现象。同时，通过贾宝玉、林黛玉、薛宝钗的婚姻悲剧，以及一大批女性的青春、爱情、生命之美的毁灭，表达了作者对社会和人生的深刻思考。

《红楼梦》在艺术手法上堪称集古代小说之大成，它精巧的结构、生动的人物形象、传神的语言风格、复杂的故事情节都显示出高超的

▲《红楼梦》插图

艺术技巧。《红楼梦》把中国古典小说的艺术水平推向了一个新的高度，这奠定了它在中国文学史和世界文学史上的地位。

《红楼梦》自成书之日起便备受读者的喜爱，"好事者每传抄一部，置庙市中，昂其值，得数十金，可谓不胫而走者矣"（《红楼梦》程甲本序）。人们对《红楼梦》的评论和研究甚至形成了一门学问——红学。《红楼梦》还被翻译成英、法、俄等多国语言，成为世界人民的精神财富。

3.4 戏曲

导读 中国古代戏曲在北宋末年逐步形成，到元代逐步成熟，元曲成为元代代表性文学。通常元曲包括杂剧和散曲，其中又以元杂剧成就最高。除元曲外，宋元时期的南戏，以及明清的戏曲也有较高的成就。

3.4.1 南戏

南戏是由南宋时期曾在浙江温州一带兴起的"温州杂剧"在元代发展而来的。元代末年，南戏逐步摆脱了"村坊小曲"的状态，成为完整的戏剧艺术，并出现了高明的《琵琶记》和并

称为"荆、刘、拜、杀"的《荆钗记》《刘知远》《拜月亭记》《杀狗记》等著名作品。

《琵琶记》由元朝末年高明所作,它的出现,标志着南戏的成熟。该剧讲述了蔡伯喈和赵五娘、牛小姐的爱情婚姻故事,曲词清丽婉转,是宋元南戏的代表作。《琵琶记》所讲的是蔡伯喈同赵五娘新婚二月,便奉父命赴京应试,并一举考中状元,后牛丞相奉旨,强行召其为婿。这时,家乡陈留郡遭大旱,赵五娘自食糠秕,而以米粥侍奉公婆,公婆痛心,憔悴而亡。赵五娘将公婆安葬后,一路弹唱琵琶,上京寻夫。最后一夫二妻大团圆。

《琵琶记》的故事在南宋时已于民间广泛流传,只不过民间故事中的蔡伯喈是"弃亲背妇,为暴雷震死"的负心郎,而剧作中的蔡伯喈则被改写成"全忠全孝"的孝子义夫。同时,赵五娘的形象则在民间创作的基础上,更突出显示了她善良、勤朴、坚忍、孝顺的精神品质。剧中"孝"成为激昂慷慨的主旋律,而这正是《琵琶记》的改写所要达到的主要目的,即将婚变的主题置换为孝道的主题。

一开始,南戏多出于市井艺人之手,故艺术上比较粗糙,远逊于元杂剧。《琵琶记》出现之后,南戏才成为雅俗共赏的作品。《琵琶记》在艺术上取得了极大成就,大大提高了南戏的文学品位。徐渭《南词叙录》称其"用清丽之词,一洗作者之陋,于是村坊小伎,进与古法部相参,卓乎不可及已"。

南戏的体制在元代末年才逐步定型,其比元杂剧更为灵活。同时,南戏更易表现比较复杂的故事,因其剧本结构庞大,一部剧本往往十多出,且篇幅少有限制。《琵琶记》《拜月亭记》等著名作品的出现,标志着元代南戏继元杂剧之后走向了兴盛时期。

3.4.2 元杂剧

元代时期,就已出现把"大元乐府"与唐诗、宋词并称的说法。明清以后,人们就常说"唐诗""宋词""元曲",这里所谓的"元曲"主要侧重于元杂剧。元代是中国戏曲艺术的黄金时代,元杂剧则是元代文学的翘楚。

元杂剧在内容上继承和发展了宋代说话艺术"世间多少无穷事,历历从头说细微"(罗烨《醉翁谈录》)的写实精神,描摹了平淡自然的人情世态、逼真感人的悲欢离合和三教九流的人物形象,刻画了一幅幅真实而生动的社会生活画卷。

元杂剧作品根据不同的题材,可以分为社会剧、历史剧、爱情婚姻剧、宗教剧四种类型。具体而言,社会剧是指直接以现实生活为题材或假借历史人物反映现实生活的杂剧作品,主要的代表作品有关汉卿的《窦娥冤》《蝴蝶梦》,李潜夫的《灰阑记》等。历史剧则以历代的军事、政治斗争或文人生活为题材,它们大多通过历史事件的描绘和对历史人物形象的塑造,鲜明地表达了杂剧作家的时代精神。爱情婚姻剧极为出众,如关汉卿的《拜月亭》、王实甫的《西厢记》、白朴的《墙头马上》、郑光祖的《倩女离魂》等,都是典型的精品之作。宗教剧主要描写神仙显灵、度脱凡人,如马致远的《黄粱梦》、岳伯川的《铁拐李》、李寿卿的《度柳翠》、郑廷玉的《忍字记》等。

1.《窦娥冤》

《窦娥冤》是关汉卿创作的社会剧，其思想艺术成就极高，堪称彪炳一代的悲剧杰作。《窦娥冤》的题材虽取自西汉刘向《说苑》卷五《贵德》篇所记"东海孝妇"的故事，但《窦娥冤》杂剧则是以元代的社会现实和时代精神为叙事背景的。关汉卿并没有局限于传统故事，歌颂为东海孝妇平反冤狱的于公的阴德，而是紧扣当时的社会现实，真实地反映了社会的极端黑暗、残酷，表现了中国人民坚强不屈的斗争精神和争取独立生存的强烈要求。《窦娥冤》杂剧成功地塑造了"窦娥"的悲剧形象，使其成了元代被压迫、被剥削的妇女的代表，也成了元代社会底层反抗现实黑暗的妇女的典型。

《窦娥冤》全剧最后，窦娥的节、孝等道德情操感天动地，终于平反昭雪，表现出作者对仁政德治的理想社会的企盼。元代社会传统道德的分崩离析，引起了广大有识之士的深切关

▲《窦娥冤》插图

注，他们担负起维系纲常、端正人伦的责任，以复兴道德教化，挽救社会颓风为时代使命，彰显了不屈的时代精神。《窦娥冤》正是把这种时代精神艺术化、审美化的结果，借由下层人民在信守道德与顺应现实的两难抉择中逐步寻求解脱，展现出了广大人民伸张正义、惩治邪恶的愿望和反抗社会黑暗现实的坚强不屈的精神。

2.《西厢记》

《西厢记》是元杂剧中另一部著名作品，其作者是王实甫。该剧以《西厢记诸宫调》为蓝本，剧中所描写的崔莺莺和张君瑞的爱情故事，则源于唐代元稹的传奇小说《莺莺传》。

《莺莺传》讲的是唐代贞元年间，崔莺莺随母寄居于蒲州以东普救寺的西厢院，于偶然间与书生张君瑞陷入情爱纠葛，后终遭张君瑞遗弃的悲剧故事。而《西厢记》杂剧则重新改写了崔莺莺和张君瑞的故事，并以大团圆作为结局。《西厢记》杂剧的改写一方面突出强调了男主人公张君瑞是出身贫寒、家道中落的青年士子，正处于由"民"转化为"士"的关键时期，这便赋予其一种特殊的社会角色；另一方面，张君瑞又是坚贞不渝的人，具有完善的人格，这就有助于实现大团圆的结局。

《西厢记》对《莺莺传》的改写，是一个真正的艺术创造过程。它不仅成功地改写了"始乱终弃"这一备受质疑的悲剧结果，还巧妙地赋予了才子佳人的爱情故事以前所未有的时代内涵。《西厢记》热情地讴歌了张君瑞和崔莺莺真挚而自由的爱情故事，深刻地揭露了封建礼教、

封建门阀婚姻制度和封建道德观念的虚伪和腐朽，突出地表达了"愿普天下有情人都成眷属"的美好愿望。

元杂剧的题材丰富，人物形象典型而生动，故事情节曲折，语言风格独特，具有厚重的文化内涵和慷慨悲壮的豪迈气势。元杂剧是中国古代文化的一块瑰宝，开辟了中国古代戏曲文学的辉煌时代，在中国古代戏曲艺术上取得了辉煌的成就。

3.4.3 明清戏曲

明清时期，戏曲继续发展。明清传奇成为继南戏和元杂剧之后新的戏曲艺术。明代的《牡丹亭》、清代的《长生殿》和《桃花扇》等都是著名的剧作。

1. 明代戏曲

明代时期，中国戏曲出现了不同的流派，如以汤显祖为代表的临川派、以沈璟为代表的吴江派等。汤显祖是明代杰出的戏剧家之一，有"东方莎士比亚"之称。他的《牡丹亭》《紫钗记》《南柯记》《邯郸记》，因都有梦的情节而被称作"临川四梦"。其中，又以《牡丹亭》思想最为深刻、艺术成就最为卓越，是中国古代戏曲的杰出代表。

《牡丹亭》（又名《还魂记》）是汤显祖所创作的戏剧中的代表作。汤显祖自谓"一生'四梦'，得意处唯在《牡丹》"（王思任《批点玉茗堂牡丹亭词叙》）。

汤显祖在《牡丹亭题词》中大致叙述了《牡丹亭》故事内容的依据，他说："传杜太守事者，仿佛晋武都守李仲文、广州守冯孝将女儿事。予稍为更而演之。至于杜守收拷柳生，亦如汉睢阳王收拷谈生也。""传杜太守事"出自话本短篇小说《杜丽娘慕色还魂记》。《杜丽娘慕色还魂记》主要讲的是南宋光宗时杜太守的女儿杜丽娘游园归来，感梦而亡。她生前曾自画小影，死后为柳太守的儿子柳梦梅所得，柳观其画后日夜思慕，遂和杜丽娘的鬼魂幽会，并禀告父母，发冢还魂成亲。

《牡丹亭》通过杜丽娘和柳梦梅生死离合的爱情故事，热情歌颂了杜丽娘为"情"而死，又因"情"复生的至情。作品既揭露了封建礼教的冷酷和虚伪，也表达了作者追求爱情自由，要求个性解放的精神。另外，作品中还寄寓了作者崇尚"真性情"的哲学

▲《牡丹亭》

思想，表现出与当时社会正统理学观念相对立的思想意识。

《牡丹亭》全剧中都贯穿着"情"与"理"的冲突，其比同时代的任何一部爱情剧都具有更深刻的思想价值和现实意义。《牡丹亭》也以其深刻的思想和高度的艺术成就成为明代戏曲最杰出的代表，其所写的虽只是男女生死不渝的爱情故事，却被汤显祖赋予了深刻的思想内涵。汤显祖所赞美的"情"是生可以死、死可以生的"至情"，表现了他以情抗理的叛逆精神和新的时代思潮。

2．清代戏曲

清代初期，"南洪北孔"标志着清传奇的两座高峰。"南洪"指的是浙江杭州人洪昇，代表剧作《长生殿》；"北孔"则是指山东曲阜人孔尚任，代表剧作《桃花扇》。

●《长生殿》继承了汤显祖《牡丹亭》的"至情"，对理想化的至情的讴歌成为《长生殿》创作的主旨。剧中以李隆基和杨贵妃的故事为题材，表达了洪昇心目中的理想化的"至情"。洪昇所歌颂的"至情"同汤显祖《牡丹亭题词》里所宣扬的出生入死之情极为相似，其不受空间的束缚，超越了生死的界限，感天动地。

《长生殿》中的杨玉环就充满这种至情，最佳的体现就是她的嫉妒之情。这种嫉妒之情的心理动机是要求夫妇之间爱情的专一，可惜这种爱情专一的理想在现实中发生了不可避免的扭曲、变异以至毁灭。为了使这一至情的专一理想摆脱令人窘困的现实处境，洪昇刻意在《长生殿》的下半部，设置了一个超越现实的天堂境界，使李、杨二人的至情理想得以在天国圆满实现。

《长生殿》一问世，立即引起了世人强烈的反响。徐麟在《长生殿序》中记载："一时朱门绮席，酒社歌楼，非此曲不奏，缠头为之增价。"每当剧场演出此剧时，"观者堵墙，莫不俯仰称善"（尤侗《长生殿序》）。

●《桃花扇》是集前人传奇之大成，将爱情故事与重大政治事件相结合，既写出了爱情故事的缠绵悱恻，又体现了历史题材的客观真实，抒发出离合兴亡的感慨。

《桃花扇》讲述的是明末复社文人侯方域和江淮名妓李香君的爱情故事。侯方域在南京旧院结识李香君，两人一见钟情，共订婚约，订婚之日，侯方域题诗宫扇为聘。阉党余孽阮大铖得知侯方域手头拮据，暗送妆奁意欲拉拢侯方域。后被香君识破圈套，阮大铖因而怀恨在心。南明王朝建立后，阮大铖诬告侯方域，迫使他逃离南京。得势的阮大铖逼迫香君改嫁新任曹抚田仰，香君宁死不从，血溅定情诗扇。友人杨龙友将扇上血迹点染成折枝桃花，故名桃花扇。后来南明灭亡，侯、李在栖霞山重逢，因早已国破家亡，受道士张耀星点醒，二人撕破桃花扇，双双入道。

《桃花扇》把政治主题摆在主要地位，借爱情的悲剧反映了时代、历史的悲剧。孔尚任正是在这种既痛苦又难以解脱的矛盾心理中，酝酿出对封建末世的感伤情怀和悲剧意识。《桃花扇》凭借其文采与音律的完美结合、戏剧结构的精妙严整，成了古代传奇戏曲的顶峰之作。

婉约与豪放

历代文学评论中，往往将宋词分为豪放词与婉约词两类，词人也同样泾渭分明地被分为豪放派和婉约派。其实，不少豪放派词人有婉约佳作，而婉约派词人也不乏豪放名句。

苏轼是豪放派的代表人物和开创者，其实也常常写作婉约词，展示自己细腻的情感，例如，《蝶恋花·春景》："花褪残红青杏小。燕子飞时，绿水人家绕。枝上柳绵吹又少，天涯何处无芳草！墙里秋千墙外道。墙外行人，墙里佳人笑。笑渐不闻声渐悄，多情却被无情恼。"借春意阑珊之景，作惜春伤情之句，实际上婉转地表达了自己内心的失意和感伤。

辛弃疾与苏轼合称"苏辛"，也是豪放派的代表人物，但辛弃疾的《青玉案·元夕》："东风夜放花千树。更吹落、星如雨。宝马雕车香满路。凤箫声动，玉壶光转，一夜鱼龙舞。蛾儿雪柳黄金缕。笑语盈盈暗香去。众里寻他千百度。蓦然回首，那人却在，灯火阑珊处。"语言之婉转、情绪之细腻、意境之幽微，比之柳永、秦观等婉约派大家亦毫不逊色，尤其是"众里寻他千百度。蓦然回首，那人却在，灯火阑珊处。"一句，自古便广受推崇，被王国维认为是"此等语皆非大词人不能道"（《人间词话》）。

同样，婉约派词人也多有豪放之句，如李清照《夏日绝句》："生当作人杰，死亦为鬼雄。至今思项羽，不肯过江东。"势如千钧，正气凛然，尽显英雄豪气。柳永在《望海潮·东南形胜》中亦有"云树绕堤沙，怒涛卷霜雪，天堑无涯"，此句景象壮丽、气魄雄浑，比之李太白也不遑多让。

或豪放，或婉约，本质上只是一种艺术风格，对于词人而言，自然是根据自己要表达的意思，当豪放便豪放，当婉约便婉约，而不会刻意限制自己的风格。

✿ | 启发 |

豪放与婉约是两种对立的词风，但对于词人来说，作词的目的是表达，无论是豪放还是婉约，只要符合自己的心境，即可下笔成章。词人的内心世界是丰富多彩的，笔下的诗篇也是一样，我们要想真正欣赏这些文学作品，领会其精髓，就不可因为对作者的印象而先入为主；对于词以外的其他文体，也是如此。

实践练习

练习一：单选题

1. 下列人物中不属于"初唐四杰"的是（　　）。

    A.杨炯　　　　　B.王昌龄　　　　　C.卢照邻　　　　　D.骆宾王

2. 豪放派的代表人物是（　　）。

    A.温庭筠　　　　B.柳永　　　　　C.辛弃疾　　　　　D.李清照

3. "史家之绝唱，无韵之《离骚》"是指（　　）。

　　A.《汉书》　　　　　　B.《三国演义》　　　C.《过秦论》　　　　　D.《史记》

4. 以下书籍中成书年代最晚的是（　　）。

　　A.《红楼梦》　　　　　B.《西游记》　　　　　C.《三国演义》　　　D.《水浒传》

5. 中国小说真正走向自觉创作是在（　　）。

　　A.两汉　　　　　　　　B.唐代　　　　　　　　C.宋代　　　　　　　D.五代

6. 以唐传奇《莺莺传》为蓝本创作的戏曲是（　　）。

　　A.《窦娥冤》　　　　　B.《长生殿》　　　　　C.《西厢记》　　　　D.《琵琶记》

练习二： 讨论与分享

请谈谈你对以下事例的看法，并与同学讨论和分享。

1. 谈谈你对"凡一代有一代之文学，楚之骚，汉之赋，六代之骈语，唐之诗，宋之词，元之曲，皆所谓一代之文学，而后世莫能继焉者也。"（王国维《宋元戏曲考》）的理解。

2. 在中国古代，一直有"文史哲不分家"的传统，为什么我国会形成这一传统？我们该如何看待这一传统？

练习三： 案例分析

《诗经·蒹葭》与《在水一方》

　　《在水一方》是由琼瑶填词，林家庆谱曲，于1975年发行的歌曲，《在水一方》的歌词取自《诗经·蒹葭》。《诗经·蒹葭》有"意境空旷，寄托元淡。秦川咫尺，宛然有三山云气，竹影仙风。"（陈继揆《读风臆补》）的美誉，《在水一方》的歌词也尽显本诗风格，古色古香，并与婉转悠扬的曲调相得益彰，塑造了柔情似水的意境，一经推出，便红透了大江南北，至今仍被传唱不息。

✿ 思考

　　1. 上网搜索《在水一方》的歌词和《诗经·蒹葭》原文，说说二者的联系与区别。

　　2. 说一说，当代创作者应该怎样运用中国古代文学作品？这对中华传统文化的继承、传播和发扬有什么样的意义？

第 4 章 璀璨的成就：中国传统艺术

从一万多年前山顶洞人的装饰品，到八千多年前出现的岩画、彩陶，再到封建社会的书法、绘画、建筑、雕塑、音乐、舞蹈的发展历史，中国的传统艺术可谓是源远流长、异彩纷呈。中国的传统艺术不仅是古代劳动人民智慧的结晶，还是中华传统文化的重要内容，它蕴含了古人阳刚与阴柔并举的哲学思想，凸显了中庸之道的传统观念。其中气韵生动的绘画、遒劲洒脱的书法、轻柔曼妙的歌舞、雄伟壮观的建筑，都体现出了古人的生活情趣、艺术观念，以及古人对美的执着追求。

★ 知识目标

1. 了解中国传统艺术的各大门类及其发展历史。
2. 熟悉中国传统艺术的代表人物及其代表作。

⏱ 能力目标

学习中国传统艺术的基本知识，初步具备鉴赏中国传统艺术的能力。

🗐 素养目标

饱览传统艺术作品，理解中国传统艺术之美，并借此提升艺术修养与审美水平，陶冶情操。

远古宝藏——三星堆

1929年，当地农民淘沟时偶然发现的一坑玉石器，揭开了尘封数千年的三星堆的神秘面纱。20世纪80年代，我国开始正式开展三星堆考古工作，发掘出了大量器形独特、精美的文物，如青铜立人像、金杖、青铜神树等，其造型之独特，工艺之高超，震惊世界。

2020年9月，三星堆遗址祭祀区第二次发掘项目启动，发现6个新坑。到2021年底，6个坑出土编号文物超过1万件，预计经过拼对和修复以后，完整器和较完整器将达到2 000件左右。

新出土的文物中，有巨型的青铜面具、总尺寸超过115厘米的青铜顶尊跪坐人像、龙攀附着的青铜器盖、刻画有铜神树纹的玉琮、姿势奇异动感的青铜神兽、闪闪发光的金面具……特别是8号坑新发现的一件青铜神坛，其结构非常复杂，构思极其精妙，由4部分组成，包括方台、青铜神兽、青铜小人，以及一处目前暂不知晓整体面貌的器物。

三星堆遗址工作站站长雷雨这样评价三星堆："三星堆遗址的发现和发掘，从根本上是人们对古蜀文明发展水平的认识，是古蜀文明开放性和创造性的生动实例，也是中华文明丰富性和多样性的最好表达，极大地丰富了中华文明的内涵。"

讨论

通过网络，观看三星堆文物的图片和视频，说一说三星堆文物给你怎样的审美体验？你对三星堆文物的"美"有怎样的理解？

引申

中华文化源远流长，有无数瑰宝淹没在历史长河中。三星堆遗址的发掘，让诸多文物重见天日，让今天的人们有机会欣赏古人的造物，了解古老的艺术。深厚久远的历史使得中国有深厚的艺术土壤，是中华民族的宝贵财富。

4.1 书法

导读 传统的书法艺术使用毛笔书写汉字，其充分发挥了毛笔的特殊性能，通过点线的变化运动，展现出作者的审美观念、精神气质和品德修养等诸多精神因素之美。在我国众多的艺术宝库中，书法艺术成了最为独特的艺术形式。

4.1.1 书法概述

我国传统的书法艺术经历了3000多年的发展历程，具有极高的艺术魅力，是中华民族的艺术瑰宝。想要学习传统的书法艺术，首先要了解其基本要求和要素。

1. 书法的基本要求

书法艺术有两项基本要求，一个基本要求是必须书写汉字。古代先民在创造文字之前，往往在陶罐等日常器物上刻画图形符纹以记载所发生的事情。后来，这些图形符纹逐渐演变为文字。而这些图形符纹的刻画，除了实用的目的外，更有着对美的希冀，故汉字书写才能成为具有独特结构与丰富内涵的艺术形式。中国书法中的篆、隶、楷、行、草等书体，都是通过书写这些文字体来表现的，脱离了汉字就不称其为书法。

另一个基本要求是要使用毛笔，因为毛笔具有柔软且富有弹性的特点，最适宜表现书法千变万化的风格。汉字用毛笔一笔写成，不加修饰，更能表现汉字的优美，并且可以互不雷同。

▲ 毛笔

2. 书法的要素

书法艺术包括笔法、结体和章法三要素，其中笔法、结体是书写的技法，追求形质美；章法则是在笔法、结体的基础上通过布局展现出整个作品的神采。

笔法是指熟练地操纵毛笔，掌握科学的指法、腕法、身法、墨法，运笔讲究疾涩、轻重、提按，线条讲究力度、质感等。结体是指字的点画与笔势的安排布局，讲求平衡、避就、顶戴、穿插等。章法则是指整幅作品的安排布置，包括字与字、行与行之间的呼应、照顾等。

要创作一个富于神采的书法作品并非易事，这往往需要作者具有渊博的学识，并将书法的基本要素、技法与学识修养相互结合。正如苏轼所说："退笔如山未足珍，读书万卷始通神。"（《柳氏二甥求笔迹二首》）

中国的传统书法艺术是人们为了审美的需要而创造的艺术，它是一种借汉字表达书法家思想、修养、情感等审美旨趣的艺术符号。中国的传统书法艺术将形、质、态、势、意、理融为一体，还汇集音乐、舞蹈、绘画等诸多艺术的美学特性于一身，饱含各个历史时期浓郁的文化观、历史观和人生观，以及丰富的民族传统哲学思想，可谓"笼天地于形内，挫万物于毫端"（陆机《文赋》）。

4.1.2 书法艺术的发展历史

中国的传统书法艺术是建立在汉字这种特殊符号基础上的艺术，文字从甲骨文演变为大篆、小篆、隶书、楷书及行书、草书，书法艺术的历史沿革有着清晰的脉络。

一、先秦时期

先秦时期的文字主要有殷商的甲骨文、西周的金文和春秋战国的石鼓文，其中金文和石鼓文属于大篆，甲骨文则是大篆、小篆的前身。

▲ 甲骨文

1. 殷商甲骨文

甲骨文距今已有三四千年的历史，是殷商时期到西周初期通行的一种字体，因其大多刻在龟甲和兽骨上，故称"甲骨文"。

甲骨文是商朝后期王室用于占卜吉凶和记事而在龟甲或兽骨上刻画的文字，其形体结构已由独立体趋向合体，而且出现了大量的形声字，在形式上显示了非常鲜明的艺术特征。甲骨文的书刻者，充分发挥了自己杰出的创造才能，掀开了中国书法艺术史崭新的一页，为后来书法艺术的发展打下了坚实的基础。

2. 西周金文

西周时期的文字保存至今的大多刻铸于青铜器上，因古代称铜为金，所以这些文字又被称为"金文"。青铜器的种类繁多，有食器、乐器、钱币、符玺、兵器等，这些器物上都可以刻铸文字。由于当时的乐器以钟为代表，食器以鼎为代表，故也把这种文字称为"钟鼎文"。

金文属于大篆，形式既可以表现得凝重古穆，也可以表现得疏朗娟秀，不过，无论哪种展现形式，人们都能从金文文字上感受到一种庄严厚重的气息。这种气息是书法艺术中一种极为珍贵、古典雅致的韵味，是后世书法艺术"金石气息"的渊源。

3. 春秋战国石鼓文

春秋战国时期，书法艺术进入了以石鼓文为代表的由大篆向秦篆演变的时期。石鼓文因其所刻之石外形似鼓而得名，石鼓上的字虽与金文有所不同，但就其格局体势来看，仍与大篆同属一个体系。

石鼓文十分严谨，并有秦篆的端倪。石鼓文从被发现时起，便受到世人的推崇，书法家如欧阳询、虞世南、褚遂良等都对其予以极高评价。

二、秦代

公元前221年，秦王嬴政吞并六国，建立了大一统的秦王朝。为了巩固政权，秦王朝推行"书同文，车同轨"，统一度量衡的政策。据史料记载，为了对春秋战国以来混乱的文字进行厘定规范，赵高、胡毋敬、李斯三人分别撰写了《爱历篇》《博学篇》《仓颉篇》三篇字书。这三篇字书以大篆为基础，依照易于辨识、利于书写、便于推行的原则编写而成，历史上称其中的文字为"秦篆"，为区别于大篆，又称其为"小篆"。

秦代虽然确立并大力推行"小篆"，但对于其他的字体，诸如大篆、刻符、虫书、摹印等并没有尽行废毁，而是任其自生自灭。这也为一些字体的发展提供了机会，最值得注意的就是隶书。秦时官吏程邈，因获罪

▲ 小篆

被关押在狱中。他深感小篆书写困难，便潜心研究，创作出一种便于书写的字体，因当时这种字体通行于下层小吏中，所以称之为"隶书"。这为汉代隶书的发展打下了基础。

三、汉代

汉代的书法艺术空前繁荣，大篆、小篆仍然时有所见。隶书兴盛一时，成为一代字体的代表，在这一时期书写简便的章草、今草应运而生，行书、楷书也开始萌芽。我国汉字的各种字体在汉代都竞相出现，这成为后世书法得以开拓的一个重要源头。

● 隶书是汉代通行的字体，它承袭了秦时隶书的笔法，加强了由圆转为方折的变化，并逐步定型。由于朝廷准许以"善书"入仕，故隶书大兴，成为汉代的代表字体。

● 楷书是由于隶书过于繁复，由繁入简改革而形成的字体。据传，汉末王次仲曾作楷则，这里的"楷则"虽与今天的楷书有所不同，但至少表明隶书已经开始向楷书过渡。汉隶刻石《朱君长题字》已具有楷书的雏形。

● 草书以"书写便捷""赴速急就""删难省繁，损复为单，务取易知易为"为特点。草书又分为"章草"和"今草"，其中章草是由隶书的简捷写法演变而成的，今草则是在章草的基础上，适应隶书向楷书、行书发展的趋势变化而来的。

● 行书出现在东汉末年。唐代张怀瓘在其《书断》中说："行书者，乃后汉颍川刘德升所造，即正书之小讹，务从简易，故谓之行书。""（德升）以造行书擅名。虽以草创，亦甚妍美，风流婉约，独步当时。"刘德升为东汉时期著名的书法家，他创造了笔法介于楷书与草书之间的"行书"字体，因此，他被后世称为"行书鼻祖"。

四、魏晋时期

魏晋时期，篆书和隶书仍在使用，但已不如以前被使用得广泛，呈现出强弩之末的颓势，这时楷书的发展，则成为历史的必然。楷书虽萌生于汉末，但直到魏晋时期才正式成型。楷书是在隶书的基础上，融进了一些草书的笔法，简化、规范而成的。

魏晋时期，钟繇是楷书方面卓有建树的一位书法家，他的《宣示表》《力命表》虽都是以小楷书写的，但足以成为当时楷书的代表。

在草书领域，不仅对汉时的章草做了规范的整理，而且在书写实践中加入了挥洒的意趣，大大加强了草书飞动驰骋之势。卫瓘、陆机等人当时书写的章草就已极大地接近今草。王羲之则把今草的发展更向前推进一步，他的《十七帖》便是今草中以"简约"为笔法的典范。当然，王羲之的更大贡献是把行书发展到了成熟的高峰，他的《兰亭序》是行书中的代表作，被奉为"登峰造极，风神盖代"的"天下第一行书"。

王羲之（321—379），字逸少，琅琊（今属山东）人，东晋书法家。曾官拜右军将军，故世称"王右军"。因他在书法艺术上的巨大贡献，世人尊为"书圣"。

王羲之早年从卫夫人学书，后改为向钟繇、张芝学习，并博采众长，自成一家，在隶、正（楷）、行、草方面均超越古人。他的书法注重技法，以妍美为特征，并力图通过不断地锤炼达到精致的境界。他的第七子王献之亦精于书法。献之的书法继承其父的书风，英俊豪迈，饶有气势，并进一步打破了当时古拙的书风，对后世影响较大。

《兰亭序》是王羲之的行书代表作，创作于东晋永和九年暮春之初的三月初三。当时王羲之和谢安、孙绰等人在会稽山阴的兰亭集会，按照"修禊"的习俗，借"曲水流觞"饮酒。在上流放置酒杯，酒杯顺流而下，停在谁的面前，谁就要在规定的时间内赋诗一首，否则罚酒一杯。后来，王羲之等11人各赋诗两首，还有15人各赋诗一首，其余人因不能作诗而被罚酒三杯。王羲之遂乘酒兴，为这几十首诗写了一篇序文，后人一般称其为《兰亭序》。

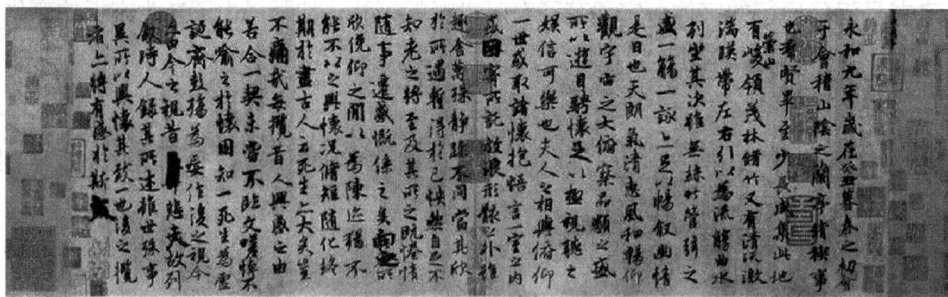

▲《兰亭序》

《兰亭序》兼具行楷之美，从头至尾信手写来，浑然天成。该作品在章法布局上疏朗有致，纵有行、横无列，行与行虽大致相等，但时有宽窄曲折，相映成趣。用笔上变化多端、精妙至极，粗者健壮而不臃肿，细者秀丽而不纤弱，轻重缓急，自成节律。其中挺秀飘逸的风神、遒劲爽健的线条、圆融中和的体态完美地呈现了一个洗练、细腻、丝丝入扣的美学境界。

五、唐代

隋唐时期，由于国家的统一，社会经济、文化事业得到了极大的发展，书法艺术也得以长足进步。唐代是中国历史上国力极盛、疆域极广的朝代，唐帝李世民、武则天、李隆基等均酷爱书法，甚至以"书"为选官标准，以教育和入仕作为弘扬书法的制度保障，于是唐代的书法人才辈出，佳作迭现。

1. 唐代楷书

唐代楷书的规范化，成为这一时期的主流。唐初书风，尚有六朝及隋的气息，贞观以后，便逐步形成了唐人韵度。以欧阳询的《九成宫醴泉铭》、虞世南的《孔子庙堂碑》、褚遂良的《雁塔圣教序》、薛稷的《信行禅师碑》为代表的书法，是为唐代楷书的杰作，享誉书史。其中褚遂良多被认为是承前启后、开启后唐楷书的大家。到盛唐中唐时期，在楷书方面卓有成就的是颜真卿，他的楷书大多遒劲有力，气势豪壮。中晚唐时期，柳公权是楷书方面的代表，其书法坚硬刚锐，露锋而不失凝重。

● 褚遂良（596—658），字登善，钱塘（今浙江杭州）人。唐代大臣，书法家。褚遂良书法初学史陵、欧阳询，继而学虞世南，后期学王羲之、王献之，并自创一格。褚遂良晚年的楷书丰艳流畅，变化多姿，对后代书风影响很大，其代表作品为《雁塔圣教序》，亦称《慈恩寺圣教序》。

《雁塔圣教序》刻于两座石碑上，均立于现陕西西安慈恩寺大雁塔下，相传为玄奘法师亲手竖立。东边的全称是《大唐三藏圣教序》，是唐太宗李世民于贞观二十二年为玄奘所译佛经写的总序；西边的全称《大唐三藏圣教序记》，是唐高宗李治叙述太宗皇帝敕立《三藏圣教序》所作记文。由于石碑嵌入砖龛内，外加栏杆保护，较少受风雨侵蚀和人为磨损，故至今保存完好。

此碑是褚遂良晚年书法风格成熟老到之作，书体为径寸楷书，但融入隶、行笔意，字右上部的细小牵丝，即是行草书的笔法。相比以前的褚书，此碑的笔法上方圆兼备，中锋侧锋交替，文字点画的配置恰到好处。结体上紧密中富于变化，中宫

▲《雁塔圣教序》拓本局部

收缩，四方散开，大方有致。章法上则疏朗整齐而不板滞，行间玉润，字字珠玑，表现出纤劲秀逸、神采飞扬的意态，充分显示了褚书的独特之处。

● 颜真卿（709—785），字清臣，京兆万年（今西安市）人，唐大臣，书法家。他的书法是经由书法家张旭的面授，以及他自身广泛吸取前辈书家所长，努力创造而成的。颜真卿一反魏晋婉媚流便、潇洒瘦硬的书风，创造出一种雄健浑厚、端庄凝重的书风，无论楷书、行书均自成一家，后世称其为"颜体"。颜真卿的作品众多，其中《颜勤礼碑》最能代表其楷书成熟时期的风格。

《颜勤礼碑》全称《唐故秘书省著作郎夔州都督府长史上护军颜君神道碑》，是颜真卿于71

▲《颜勤礼碑》拓本局部

岁时，为其曾祖父颜勤礼撰写的墓碑。此碑文是他晚年最为精熟老练的作品，因该碑久埋土中，未受历代捶拓磨损，故出土之时字字清晰如新，是学习"颜体"最好的范本。

此碑的笔法上从中锋运笔、逆入平出、藏头护尾、不露锋棱，笔力深沉遒劲，突出表现了颜楷中长撇、长捺、长竖等典型笔画，在结体上笔势开张，横细竖粗，内松外紧，显得宽润疏朗，雍容大度。整幅作品显得气势宏伟端庄，高古苍劲，大气磅礴。

● 柳公权（778—865），字诚悬，京兆华原（今陕西铜川耀州区）人，书法家。唐穆宗时翰林院侍书学士，官至太子少师，人称柳少师。柳公权的书法以楷体著名，他吸取欧阳询和颜真卿的书风，创造了别具一格的"柳体"，"颜筋柳骨"成为唐代两大楷书类型的代表，但后人常将其与颜真卿并称"颜柳"。柳公权传世的作品很多，包括《神策军碑》《金刚经》《大唐回元观钟楼铭并序》等。其中，最能代表其书法风格的是《玄秘塔碑》。

《玄秘塔碑》全称为《唐故左街僧录内供奉三教谈论引驾大德安国寺上座赐紫大达法师玄秘塔碑铭并序》，内容记述了大达法师在唐德宗、顺宗、宪宗等朝受皇帝恩遇的情况。

《玄秘塔碑》在笔法上多用中锋，方圆兼有，提按分明。点画上长横细，短画粗，撇轻捺重，既有悬针竖，也有垂露竖。结体上内紧外松，间架挺拔秀美。整幅作品结构严谨，字画瘦硬，骨力遒劲，令人耳目一新。明代王世贞在《弇州山人四部稿》中称其："此碑柳书中之最露筋骨者"，而此碑也正是从露中运笔，显出了其特有的神采。

▲《玄秘塔碑》拓本局部

2. 唐代行书

唐代行书的发展得益于唐太宗李世民的大力推崇，他特别重视王羲之的书法，称许其书法"尽善尽美"。李世民还曾重金求购天下所存王羲之的真迹，并亲自为《晋书·王羲之传》作"赞"。并且，对当代学王者皆加以大力提拔，导致唐初行书崇王的风气。李世民又亲自书写了《晋祠铭》《温泉铭》等碑文，开创了以行书入碑的先例，为行书的发展开拓了新的天地。

在唐太宗李世民的推崇下，唐人遂于行书上苦下功夫。高宗年间，弘福寺沙门怀仁，便耗十年精力，摹写王羲之的书法，汇集成《集王圣教序》，为天下学王者提供了绝佳范本。其后著名书法家颜真卿的行草书，也是立根其楷法，而熔铸篆隶，旁收张旭草书的精髓，成为引领一代风骚的大家。

3. 唐代草书

唐代草书也得到了极大的发展，初期主要以王羲之为法则，如孙过庭的《书谱》就极得王羲之草法的神韵。其后女皇武则天、诗人贺知章等，虽学王但又不同于王，有了自己的开拓。尤其贺知章的草书，狂逸风流，已有狂草气息。其友张旭，癫狂纵逸，所创之大草更是名动一时。而后又有僧人怀素传其衣钵，其成就巨大，与张旭一同成了中国草书史上的两座高峰。至晚唐，其风犹未泯灭。这种纵逸奔腾的大草书风，也正是盛唐风气激荡的结果，是时代精神的代表。

怀素（737—800），字藏真，俗姓钱，湖南零陵（今湖南永州）人。唐代僧人，草书家。怀素自幼酷爱书法，勤学苦练，曾广植芭蕉，以蕉叶代纸书写，其书法初学钟繇、二王，后于颜真卿处习得张旭草法，并进行了狂草的创造，成为唐代著名的狂草大家。

狂草是草书的一种，其用笔重在传情达意，笔画简洁连绵。一笔数字，是草书的极限。怀素的狂草在笔法上比张旭更为丰富，但又不违背传统法度，具有较强的可识性，因而对后世的影响超过张旭。其中，尤以《自叙帖》最能代表其艺术成就。

▲《自叙帖》局部

怀素的《自叙帖》书体为狂草，同时引篆入草。笔法上多用中锋，并融合篆书笔法，藏锋内转、圆转活脱、活泼飞动。结体上则狂纵雄强，剑拔弩张，如龙蛇竞走，激电奔雷。布局上字与字、行与行之间的安排，既有变化，又有统一，参差错落，忽大忽小，似任意而为，实则于动态中彰显出疏密、正斜、大小的协调，体现了艺术上的平衡美。

六、宋代

到了宋代，随着社会的进步，制墨、造纸、制笔工艺都有很大发展，这为书法艺术的发展提供了有利的条件。另外，宋代帝王同样热衷书法，比唐代帝王的兴致有过之而无不及。他们大力搜求古法帖，但并不束之高阁，秘不示人而是大兴刻帖，以期广泛普及弘扬。淳化三年，宋太宗下令将秘阁所藏历代书法交由侍书学士王著检定编次，临摹、椎拓成帖，于是，产生了第一部丛帖《淳化秘阁法帖》。这对书法的发展起到了极为重要的作用。

由于刻帖所收书法多为前人行草手札，故行草成为宋代主流。两宋名家，大多精擅行草。

宋代初期，李建中被称为第一名家，而后，蔡襄、苏轼、黄庭坚、米芾称雄一时，后世称他们为"宋四家"。此外，朝中官员和普通文人中也多有名家，如蔡京、林逋、张舜民、陆游等。他们都以追求意趣为宗旨，作品各具风神气韵，构成了两宋书法的总体风貌。

宋代，由于雕版印刷技术日趋先进和普及，手抄经籍等逐渐改为雕版印刷，导致楷书使用者的数量骤减。不过，此时的小楷还较盛行，并且常常略杂行书笔意，颇具情趣，如米芾的《向太后挽词帖》。

● 苏轼，北宋文学家、书画家，在诗词、文、书领域都取得了划时代的成就。虽曾官至礼部尚书，但仕途坎坷，屡遭贬谪。苏轼擅长行书、楷书，取法于李邕、徐浩、颜真卿等人，并能自创新意。用笔上则丰腴跌宕，表现得天真烂漫，是宋元尚意书风的代表。传世书帖众多，其中《黄州寒食诗帖》最能代表其行书的艺术成就。

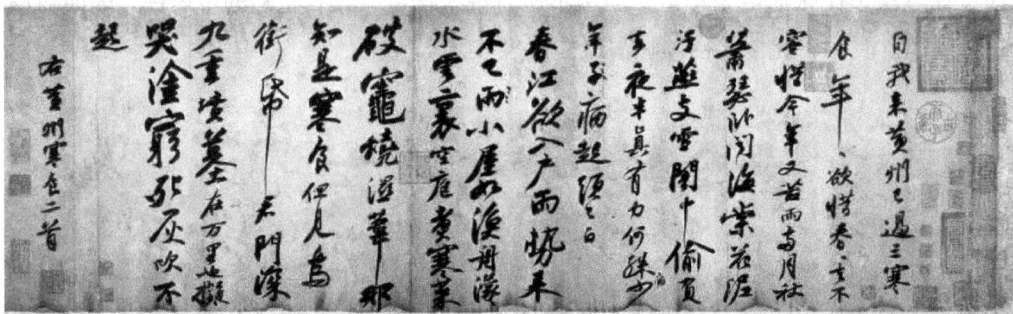

▲《黄州寒食诗帖》

《黄州寒食诗帖》的内容为苏轼自己创作的两首五言诗，后有黄庭坚大行书跋，明董其昌小行书跋，现藏台北故宫博物院。《黄州寒食诗》二首，第一首写自己被贬黄州三年的艰辛生活，愁病交加、倍觉伤感。第二首写大雨时小屋漏雨，表达孤苦伶仃、无可奈何的抑郁心绪。《黄州寒食诗帖》书法与诗相得益彰，字字含泪，笔笔有情，代表了苏轼行书的最高成就。

此帖用笔上以侧锋为主，烂漫不羁，既沉着顿挫，又跳宕突变。笔画粗壮丰满，字体由小渐大，由细渐粗，各具姿态。字与字、行与行之间，左右松紧有度，错落有致，浑然一体。布局上疏密有度，并不时透出疏朗的气息。

全帖以行书起笔，节奏缓起渐快，遂愈写愈洒脱奔放，作者的笔墨与心境起伏流转，如滔滔江河，奔涌而出，渐至佳境。正如苏轼所言"书初无意于佳乃佳尔"，黄庭坚也认为"试使东坡复为之，未必及此"。即是说书法中的杰作往往是在潜意识下写成的，是稍纵即逝的，故其大多可遇而不可求。

● 黄庭坚（1045—1105），字鲁直，号山谷道人，洪州分宁（今江西修水）人，北宋诗人、书法家。其诗与苏轼齐名，世称"苏黄"。其书法上取法怀素、颜真卿，善行书、草书，风格自成一家。存世的名作行书有《松风阁诗帖》《经伏波神祠诗》等，草书有《李白忆旧游诗卷》《诸上座帖》《花气诗帖》等。其中，以《松风阁诗帖》成就最高。

《松风阁诗帖》写于北宋徽宗崇宁元年，此时，黄庭坚以贬谪之身游于湖北鄂州市的樊山。

山中风光秀丽，松林密布，其中有一楼阁，名曰"松风阁"。他触景生情，感慨万千，于是写下了《松风阁诗帖》。黄庭坚在诗中借景抒情，表达了自己长年贬谪生活的苦闷和不满、对师友的怀念，以及不向权贵低头的决心。

▲《松风阁诗帖》

此帖中字体大如小拳，笔画如长枪大戟，是典型的辐射式书体。结体上则取斜势，长线短笔，揖让有序。特别是书法长波大撇、舒展丰润的姿态，显示出作者晚年精练成熟、得心应手的书法境界。

《松风阁诗帖》代表了黄庭坚成熟时期书法艺术的典型风格，被后人视为其毕生第一名作。在作品中，生涩的用笔、欹侧的结体，颇似诗中参天老松之高古，显示出作者久经风雨、坚韧不屈的气概。

七、元代

元代的书法承袭宋代刻帖之风，其时书法仍以行草为主。元代书法家吸取了宋人尚意轻法、导致南宋书法靡弱的教训，上法魏晋隋唐，力图重现古代书法的韵致法度。因此，篆、隶、草、楷、行，在元代得到众多书家的关注，其中尤以赵孟頫为代表。

赵孟頫在书法方面尤为精通，其楷书，师法唐楷，杂以行书笔意，于规矩法度中寓风流娴雅之致。他的行书，学于晋人，笔致柔婉秀润，章法错落有致，甚有韵致。他的章草也甚有古法，对明代章草的兴盛，具有极为重要的意义。

赵孟頫（1254—1322），字子昂，号松雪道人，吴兴（今浙江湖州）人，元代书画家。官至翰林学士承旨，封魏国公，世称"赵松雪"或"赵文敏"，精通诗文，熟谙释道，善于绘画、书法。

赵孟頫的书法以王羲之、王献之为宗，他的著名作品中楷书有《胆巴碑》《玄妙观重修三门记》《御服碑》等，行书有《洛神反卷》《事苏州诗帖》《赤壁二赋帖》《临兰亭序》，小楷有《汲答传》《度人经》等。

《胆巴碑》全名《大元敕赐龙兴寺大觉普慈广照无上帝师之碑》，写于元仁宗延祐三年。《胆巴碑》的字体，线条秀美滋润，法度严谨。用笔上婀娜而刚劲，起笔收锋，转折顿挫，皆有筋骨。落笔露锋斜切，笔画挺健厚重，又极灵动。结体上略取横势，撇捺开张，结构均匀，重心安稳，儒雅安详。行笔平顺流畅，丰润婉通，于规整中见飘逸，达到了"精奥神化"的境界。

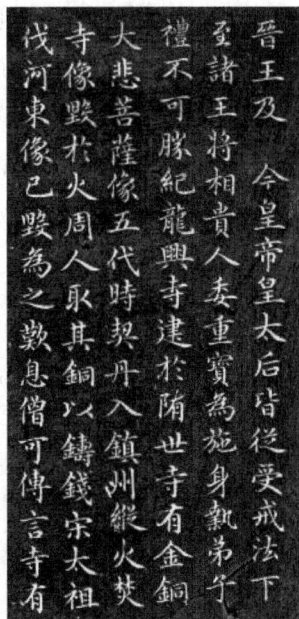

▲《胆巴碑》拓本局部

八、明清时期

明清两代虽然已不是书法的高峰期，但各种风格仍在不断发展，书坛呈现出百花竞艳的繁荣景象。具体而言，表现在以下几个方面：①篆、隶书体得到复兴，行草有新的发展；②书家、流派众多，风格各异，但没有形成主流风格；③书法与诗、文、画、印进一步融合；④帖学衰落，碑学兴起。

1. 明代书法

明朝前期出现的"台阁体"，楷法精练纯熟，多用于朝廷各类应用文书。明朝中期出现的"吴门书派"，以祝允明、文徵明、王宠等为代表。其中祝允明溯源晋唐宋元贤哲，力标高格，其草书肆意奔放，号称"明朝第一"；文徵明书画皆善，他的行书师法赵孟頫，上追二王，既有法度，又无板滞之气，学徒众多；王宠则尤擅小楷。

晚明书坛则因徐渭、张瑞图、倪元璐、黄道周、王铎、傅山等人力反传统，造就了草书的创作高潮。

2. 清代书法

清代通常被认为是中国学术的总结时期，书法亦然。《三希堂法帖》《佩文斋书画谱》等便是书法方面总结性的杰作。清代书坛对古代各个时期的书艺都有关注，因不同时期的书风不同，大致可分为以下几个方面：①延续明代的"台阁体"，越来越板滞，最终形成"千人一面"的"馆阁体"；②转向对篆隶的追求，开始对甲骨文进行研究；③或崇尚北碑，或专注碑帖，或以画意入书，各不相同。

清代楷、行、草等书体的创作都属一般，多数书家只能步趋前人，而不能别开天地，而篆、隶却成为一代之最。清代的楷书以张裕钊和赵之谦的作品最具个性，他们都是师法魏晋隋唐而取得成功的。行草则以王铎、郑板桥、何绍基、赵之谦等最有成就，他们或化魏碑入行草，或专注帖学，或极意恣肆，或尽情狂怪，各不相同。

篆、隶方面，文字学家孙星衍的篆书脱尽书家习气，伊秉绶的隶书则别成一格。后期能作篆隶的人渐多，如吴熙载、莫友芝、杨沂孙、陈介祺、徐三庚等，篆、隶遂成为清代书法代表。

4.2 绘画

导读
中国绘画简称国画，其创作方式是用毛笔蘸水、墨、彩作画于绢或纸上。题材上可分人物、山水、花鸟等，技法上可分具象和写意。国画在内容和艺术创作上，体现了古人对自然、社会及与之相关联的政治、哲学、道德、文艺等方面的认识和思考。

4.2.1 绘画概述

中国绘画无论哪种类型都显示出共同的美学原则，主要包括以下几点。

● 散点透视。中国文化中的哲学否认整个宇宙有一个固定视点，只有仰观俯察、远近游目才能味象观道。因此，国画并不是把看到的一切都画出来，而是给欣赏者留有广阔的想象空间。画家在构图上从不把"视点"固定在一个位置上，而是采用"移动透视"的方法进行处理，即所谓"散点透视"。如山水画的作者常常把高耸的山峰、涓涓的流水、曲折的山径、茂密的树林、活动的人物等，全部绘入一个画面，使欣赏者看得全面、细致，而且浮想联翩。

● 以形写神。国画往往讲究"外师造化，中得心源"，即采用"目识心记，以形写神"的方法作画。中国绘画注意画的整体和谐，所有的细节都必须符合画作的整体性。对于描绘的对象，不是做纯客观的描摹，而是需要作者通过仔细地观察找出它的法则，然后用"默写"的手段表达出来。国画在创作过程中，把自然物象与作者的艺术思维融合在一起，演变为"艺术的形象"，赋予其感情，从而使作品渗入作者的气质与品格，以达到"以形写神""形神兼备"的最高境界。

● 平面色彩。由于画面色彩的明暗是由焦点产生的光效应决定的，而散点透视导致国画中不能很好地实现这个光效应。因而，国画基本上是平面色彩，其不能像西方画那样显示出丰富的色彩变化。国画的立体性主要靠笔法的浓淡枯湿来表现，晕染法和墨分五彩等成为辅助的笔法。另外，国画还注重通过笔墨线条的运用来表现空间的深度，使得绘画产生气韵生动的立体效果。

绘画作为一门审美艺术，它既美化了人们的生活，也美化了人本身，它潜藏于人们日常生活的多个方面，人们的衣食住行也早已离不开绘画了。在中国这样一个文化古国，祖先留下的丰富多彩的优美画作，是一份宝贵的文化遗产，需要我们不断地继承和发扬。

4.2.2 绘画的发展历史

中国绘画有着悠久的历史，早在文字形成之前，绘画便已开始萌芽，史前文化以及整个中国文化的历史都与绘画艺术息息相关。中国绘画的发展历史主要经历了以下几个阶段。

1. 先秦

先秦时期的绘画主要是漆绘与帛画，漆绘往往附着于实用器物上，帛画则绘制在白色丝帛上。

● 漆器彩绘是用漆树的树脂，调制成各种颜色后涂于木或竹胎上的一种工艺。据考古发现，早在商朝人们便已开始使用漆和漆器，战国时则已具有相当的水准。这一时期的漆绘大多具有工艺品精致、细腻的特点和平面空间的绘画特质。

● 帛画方面的作品则以战国的《人物龙凤帛画》和《人物御龙图》为代表，两件作品在创作内容和手法上都很相似。其中《人物龙凤帛画》出土于湖南省长沙市东南郊楚墓，图中描绘了一长裙细腰、面容姣好的侧身女子，双手合于胸前做祈祷状，左上方则画有传说中的龙与凤。《人物御龙图》出土于湖南省长沙市子弹库一号墓，描绘一侧身男子，头戴高冠，腰佩长剑，手执缰绳，立于龙背上。巨龙首尾翘起，呈船形，龙尾上站着一只鹭鸟，左下方则画有一条鲤鱼。

▲《人物龙凤帛画》及其图形展示

这两幅画在画法上均使用了以墨线勾描、平涂设色的方法。画中无论是人物抑或龙凤等动物的形象均以流畅的线条进行勾勒，形象生动；人物头、面部和衣饰的敷彩痕迹还依稀可见。由此可知，早在战国时期，我国绘画就已初步形成了以墨线造型追求线条表现力的基本特色。

2. 秦汉

秦统一六国后，建立了中国历史上第一个中央集权制的封建帝国，而国家的统一为建筑、雕塑、绘画等艺术的发展奠定了基础。建筑上有"覆压三百余里""五步一楼，十步一阁"的阿房宫；雕塑上有大气磅礴、精妙入神、规模空前的秦始皇陵卫队雕塑群；绘画上则有内容丰富、色彩绚丽的秦宫壁画。

相关链接

《历代名画记》中记载："汉明帝雅好画图，别立画官，诏博洽之士班固、贾逵辈取诸经史事，命尚方画工图画，谓之画赞。"大意为汉明帝喜爱绘画，让一些画家在朝中为官，并请班固、贾逵等人，从经史著作中摘编故事交给画家作画，称为"画赞"。由此足见汉代统治者对绘画的重视。

秦帝国灭亡后，刘邦统一全国，建立起中央集权制的汉王朝，国家的政治、经济、文化等各方面得以恢复发展。汉代的绘画艺术十分发达，汉宫中不仅画工人数众多，还设置有管理画工的"少府"。绘画题材种类繁多，既有规模宏大的壁画，也有充满幻想色彩的神怪画；既有形象传神的肖像画，也有表彰功勋的历史画。

由于汉代人们认为"人死了，灵魂会升天"，于是，从皇帝到各级贵胄，生前就开始大规模兴建陵墓，并集中能工巧匠雕绘墓室，想象他们死后也能和生前一样享受雍容富贵的生活。而这些墓室中也给我们留下了许多珍贵的艺术品，包括壁画、帛画、漆画、画像石、画像砖等。

除汉代宫廷以外，民间也有许多名人善画。如东汉杰出的科学家张衡，东汉文学家、音乐家蔡邕等。《异物志》中记载张衡曾用脚趾画过猪身人头的神兽。《历代名画记》中记载，至唐代还能见到蔡邕的《讲学图》《小列女图》等作品。可见，汉代的绘画已日趋成熟，并具有一定的感染力。

3. 魏晋南北朝

魏晋南北朝时期，频繁的朝代更替、连年不断的战争，使得民不聊生。不过，这一时期思想上的发展却打破了汉代儒家思想的统治，加上佛教的盛行，使艺术上获得了极大的发展。

魏晋时期，人们为逃避现实的苦难，只好到佛教中去寻求精神上的慰藉，于是兴寺院、凿石窟蔚然成风。僧人们在石窟中兴造石像、作壁画，佛教壁画艺术由此得到了长足的发展。这一时期的卷轴画也得到了极大的发展，出现了一批有文化修养的士人画家，如曹不兴、张僧繇、顾恺之、卫协、张墨、顾景秀、杨子华等。画作中，尤以顾恺之的《洛神赋图》最为出名，是中国十大传世名画之一，可惜真本已佚，如今只有摹本可供观赏。

▲《洛神赋图（宋摹）》局部

南北朝时期则是中国绘画中人物画趋于成熟和独立的时期，这一时期的人物画较之汉代的绘画，其人物比例更为准确，线条更加优美，面目的表情刻画得更加细致深入。另外，由于玄学和道家思想的影响，出现了最早的山水画。

这个时期，画家们开始对传统的绘画经验进行总结，出现了我国最早的画论。较有代表性的是顾恺之的"传神论"、谢赫的"六法论"、宗炳的《山水画序》、王微的《叙画》等，这些理论对中国绘画的发展产生了极为深远的影响。

4. 隋唐

隋文帝杨坚统一全国后，国家获得了暂时的安定和统一，文化艺术得到了一定程度的发展。绘画方面，除了宗教壁画外，卷轴画十分流行。这一时期绘画方面最大的贡献在于，其实现了南北朝以来各种绘画表现方法的整合，为唐代绘画的高度繁荣奠定了基础。

唐帝国建立后，绘画也如同唐代的诗歌一样取得了辉煌的成果。题材方面，人物画高度繁荣，山水画、花鸟画迅速发展，宗教绘画也十分盛行。画家方面，名家辈出，群星璀璨，如阎立本、吴道子、李思训、王维、张萱、周昉、张璪、韩滉等都是独树一帜、彪炳千古的大家。

● 阎立本（约601—673），唐初画家，雍州万年（今西安市）人。曾官至将作大匠、中书令，其父阎毗擅长工艺、绘画。阎立本继承家学，并师法张僧繇、郑法士，他擅长人物画，所画之人的性格、神态俱佳，他的画作是唐代人物画的先驱。流传后世的作品有《步辇图》《历代帝王图》等。

《步辇图》全名《唐太宗步辇图》。此画反映的内容是吐蕃王松赞干布派遣使者禄东赞到唐长安迎娶文成公主入藏时，受到唐太宗接见的历史事件。

画卷的右边是在宫女簇拥下盘膝坐在步辇中的唐太宗，他面目俊朗，目光深邃，神态自若，雍容大度，充分展露了盛唐一代君王的风范与威仪。画中的宫女则或正或侧，或趋或行，或持宫扇，或抬辇，或举红色伞盖，她们娇小、稚嫩的面容恰好映衬出唐太宗的壮硕、深沉。

画卷的左边，穿白袍者为内官，中间为吐蕃使者禄东赞，前面则是一朱衣执笏引班的礼官。使者禄东赞着平顶小帽，团花窄袖长袍，双手合掌于胸前，彬彬有礼，诚挚谦恭，表现出迎接文成公主进藏的真诚友好的态度。

▲《步辇图》

画作未设背景，结构上自右向左由紧密而渐趋疏朗，画面重点突出、特点鲜明。作品中人物的衣着简洁纯熟，设色单纯沉着，技法有平涂、有渲染，使得整个画面线条流畅，色彩和谐，显示出阎立本精练纯熟的绘画技巧。

● 吴道子（约685—758），又名道玄，唐画家，阳翟（今河南禹州）人。初从张旭、贺知章学习书法，后转习绘画。浪迹洛阳时，被唐玄宗召入长安宫中，授以"内教博士"之称。擅长道释人物画和鸟兽、山水画。所画人物衣褶，笔势圆转，显现出迎风飘舞的姿态，人称"吴带当风"。吴道子被后世尊称为"画圣"，其画亦被列为"神品上"，传世作品有《送子天王图》。

《送子天王图》又称《释迦牟尼降生图》，画面上描绘的是释迦牟尼降生后，他的父亲净饭王抱他去拜谒天神的情形。此画分为两段，前段描绘天王召见送子之神，两位送子之神牵着瑞兽奔驰而来，天王则双手按膝，神态威严；随从侍女神态安详；武将则握剑在手，以防不测。画面后段描绘净饭王抱着初生的释迦牟尼，缓步来到神庙中，王后紧随其后，诸神见之慌忙拜迎的情形。净饭王小心翼翼的神态和诸神惊慌拜迎的动作，即有力地烘托出襁褓中婴儿的不凡之处，将画中人物的身份、心理、形态细致入微地表现了出来。

　　整幅作品描绘了人物、鬼神、瑞兽共20多个形象，天王的威严、大臣的端庄、侍女的卑躬、鬼神的张牙舞爪、瑞兽的灵活飞跃，个个生动逼真。画中以线条为基本造型手段，无论是飘举的衣带、鬼神的狰狞抑或闪烁的火光，皆勾勒得挺拔有力，准确而富有节奏感，体现出吴道子独特的线描艺术。

▲《送子天王图（摹本）》局部

　　● 王维，唐代诗人、画家，在绘画方面尤擅长水墨山水画。他将诗与画融合为一体，开文人画之先河，所谓"诗中有画，画中有诗"。他认为"画道之中，水墨最为上。肇自然之性，成造化之功"。在绘画技法上，他发明了以水渗透墨彩来渲淡的新技法，打破了线条勾勒的束缚，创作出许多精美的水墨山水画。传世作品有《雪溪图》《江山雪雾图》《辋川图》等。

　　《辋川图》是王维晚年隐居辋川时所作，此画借对蓝田惘川山水风光的描摹，抒发了他闲居恬淡的情怀。画面中亭台楼阁，古朴端庄，四面群山环抱，树林掩映。房屋周围，山环水绕，偶有舟楫过往，一派超凡脱俗的悠然意境。在王维的山水画中，尤以《辋川图》所创造的意境，最能给人以精神上的陶冶和身心上的审美愉悦。元代汤垕《画鉴》云："其画《辋川图》，世之最著也。"朱景玄则称此画"山谷郁郁盘盘，云水飞动，意出尘外，怪生笔端"。

▲《辋川图（［宋］郭忠恕 临摹）》局部

5. 宋代

宋代重文轻武的观念促使以科举入官的文人不断增多，由于人们历经宋初战乱之苦，遂渴求物质的丰富和精神的享乐。养鸟种花，游山玩水，成为士人的普遍嗜好，书画则被视为高雅的娱乐工具。宫廷沿袭前代旧制，建立了大规模的画院，文人绘画随之兴起。

在绘画的题材方面，由于佛教在唐末、五代遭到毁灭性打击，寺庙壁画逐渐衰落，而反映世俗生活的人间风俗画、山水画和花鸟画则成为当时的主流。在绘画的技巧上，宋人总结并发展了唐、五代时期的成果，使这一时期的绘画更加精妙，并形成了水墨画与重彩画并驾齐驱的形势。

在艺术功用上，绘画的审美、寄情和娱悦作用得到极大的重视。一批文人画家从诗歌中获取灵感，开创了追求诗情画意的诗画结合的新局面。著名的画家有王居正、张择端、范宽、苏汉臣、马远、阎次平、赵佶、李迪、赵大亨、刘宗道、燕文贵、杨威、米芾、米友仁、王希孟等，著名的画作则有《纺车图》《清明上河图》《秋庭戏婴图》《货郎图》《盘车图》《耕织图》《薇亭小憩图页》《千里江山图》《踏歌图》等。

宋代绘画虽不复有唐代绘画的雄健气势，但有精致的手法、多样化的题材，这使得宋人的绘画更富有人情味和抒情性。由于宋代绘画大多以卷轴画、纸和绢小品为主，这就促使整个绘画艺术的创作与欣赏出现了雅俗分流的格局，标志着我国传统绘画进入了一个崭新的创作时期。

● 张择端，生卒年不详，字正道，东武（今山东诸城）人，北宋画家。早年游学汴梁（今河南开封），后学习绘画，曾供职翰林图画院。他喜好画城市、宫殿，尤擅长舟车、市街、桥梁等，作品皆惟妙惟肖，别具一格。传世作品有《金明池争标图》《清明上河图》等，其中尤以《清明上河图》成就最高，对后世影响极大。

▲《清明上河图》局部

《清明上河图》描绘了北宋的一个清明节，首都汴京东角楼部分街区和郊外汴河沿岸一角的景象。画中的内容极为丰富，其中，人物有仕、农、商、医、卜、僧、道、胥吏、妇女、儿童、篙师、缆夫等；动物则有驴、马、牛、猪、骡、骆驼等约五六十头；各种车、轿二十余辆；大小舟船二十多只；酒店、茶馆、点心铺、城楼、河港、楼台、农舍、官府宅第等密布其间。人物的活动有赶集的、贩卖的、闲逛的、饮酒的、推舟的、拉车的、乘轿的、骑马的、问卦的、买药的、打盹的，形形色色，生动活泼。

画作从郊外画起，渐至繁华街市。郊外小桥溪水，古柳丛林，清新雅静。赶集的人群和满载货物的骡马，沿着乡间小路赶往街市。街市中汴河流淌不息，河内船只有的停靠岸边，有的正在行驶。再向前到了一座拱桥，桥上人群熙熙攘攘，络绎不绝，两侧扶栏围满了人，正在观望一只将要过河的船，只见这只船刚刚放下桅杆，船头上的船工正在齐声呐喊，准备渡河。过了拱桥便是街市的中心，街道两旁酒楼、店铺、宅府林立，人群穿梭其间，热闹非凡。

结构上，此画段落分明，繁而不乱，长而不冗。画卷将丰富多彩的内容融为一体，首尾呼应，主体突出。画中每个人物、景象都安排得合情合理，繁简动静结合，疏密有度，充分展现了画家对当时社会生活深刻而全面的洞察和高水平的画面组织能力。

技法上，此画融宏阔与精细于一体，既展现了郊外宏阔的春日风光，又描绘了各色人物、牲畜、船只、房屋、桥梁等。画作选择了那些既具有形象性、典型性而又富于诗情画意的事物、场面和情节进行描绘，并且通过细致入微的手法，将这些刻画得活灵活现。比如，船只上的物件、钉铆方式，乃至结绳系扣都清晰可见，令人叹服。

《清明上河图》展示了北宋京城具代表性的一角，既是汴京当年繁荣的见证，也是北宋城市经济繁荣的写照。它浓缩了北宋世人的审美趣味和审美理想，是中国古代绘画史上的伟大杰作。作为史料，它展现了北宋农业、手工业、交通运输、商业贸易的繁荣，以及世俗生活的兴盛。作为艺术品，它以宏阔的场面、细腻的描绘和纯熟的技巧，成为北宋风俗画的代表。

● 马远，字遥父，号饮山，祖籍河中（今山西省永济市），南宋画家，生卒年不详。祖上从曾祖开始即是画院画家，他继承家学，精于绘画，尤擅山水画。传世作品有《踏歌图》《水图》《西园雅集图》《华灯侍宴图》等。

《踏歌图》在内容上可分为两个部分，上半部分描绘了高峰削耸、宫观隐现、柳树竹林掩映的仙境，下半部分则描绘了田埂小路上，四个酒后的农夫边唱边和，愉快回家的情形。四个人中一个走在最前面，并回首与后面的农夫对唱；中间两个农夫边唱边要跨过小桥；最后一个农夫挑着酒葫芦，醉意正酣。小路前方的巨石下还有两个似是迎接他们归家的孩童，见其醉状不禁大笑，展现出一派欢乐的情景。

构图上，马远采用以局部表现整体的手法，只取某个最佳处的自然景观，形成画面上松下紧的效果。同

▲《踏歌图》

时，拉开近、中、远三景的空间距离，使三景各有照应，又融为一体。

技法上，画中的线条笔墨都恰到好处。画中描绘的农夫、孩童等人物形象，线条刚直挺健、简洁明朗，将人物愉悦的心情表现得惟妙惟肖，为作品增添了不少世俗的喜庆色彩。画中的柳树行笔瘦硬，树枝向下延展，转折处有力而不病弱。画中山石笔墨雄健苍劲，轮廓鲜明，恰似刀砍斧劈而成。

作品的上部还有南宋宁宗赵扩"御题"的诗句："宿雨清畿甸，朝阳丽帝城。丰年人乐业，垅上踏歌行。"这首诗既点明了作品的主题，也表现出宋朝皇帝对太平盛世的企盼。

6. 元代

由于元代知识分子的特殊境遇和心态，从事绘画的士大夫文人大量增加，一时名家辈出。元初以赵孟頫为代表，他推崇隋唐和北宋的画风，贬斥了南宋院体画的纤柔，得到了积极的响应。山水画方面出现了南派和北派两大派别，南派以董源、巨然为代表，北派则以李成、郭熙为宗，其后又有黄公望、吴镇、倪瓒、王蒙四位山水画家，名震一时。花鸟画和"四君子"画方面，以王渊、柯九思、李衎、王冕等成就最高。

元代绘画以卷轴画为主，材质上多以纸取代绢。为了适应纸的性能与长处，元代画家充分发挥了渴笔的功能，促使元代山水画中的笔法空前丰富，因而也更能表现出物象的多种质感。此外，元人崇尚以书法入画，强调笔情墨趣的形式感，这对中国绘画的发展具有积极意义。

黄公望（1269—1354），姓陆，名坚，平江常熟（今属江苏）人，元代画家。中年做过小吏，因受牵连而坐牢，后浪迹江湖。50岁左右开始创作山水画，师法董源、巨然等人，晚年自成一家。黄公望常常携带笔墨，在虞山、富春山之间领略当地山水风光，并随时摹记。传世作品中，《富春山居图》即是其描绘富春江两岸景色的最得意之作。

此画内容上展现了富春江两岸的景色，这里峰峦坡石，树木疏密有致地生于山间，江畔村落、平坡、亭台、渔家等散落其间，一派初秋景色。结构上此画采用平远、阔远、高远并用的构图法，将重山叠岭、坡陀沙渚、山外远景融为一体，把山川景色刻画得极为传神。在笔法上，山石多用披麻皴，以秃笔干墨，边皴边擦；竹林树木则多用横点，似平而实奇。山石树林都笼罩在初秋的氛围里，生趣盎然。

▲《富春山居图》局部

黄公望创作《富春山居图》总共花了三四年时间。画作完成后，经明代沈周、文彭、董其昌等题记，传承后世。后来传至收藏家吴洪裕手中，他极为喜爱此画，临死前下令将此画焚烧殉葬，被其侄吴真度从火中抢出。此画经此变故，分为两段，前段"剩山图"现藏于浙江博物馆，后段"无用师卷"则藏于台北故宫博物院。

7. 明代

明朝建立后，社会比较安定。绘画方面，山水花鸟画成为大宗，人物画、宗教画更加衰落，但肖像画开始发展和盛行。

明代画坛的另一大特色是画派林立，前期有以戴进为代表的浙派和以吴伟为代表的江夏派，他们兼画山水人物，笔墨奔放，气势有余而韵味不足。明代中期以后，则有以苏州为中心的一批文人画家组成的吴门画派，代表人物有沈周、文徵明、仇英、唐寅等。他们大多能诗善画，有的还工于书法，是明代后期的主要代表画家。

明代后期的另一位画家徐渭则从根本上对水墨写意花鸟画进行了变革，有力地推进了后世写意花鸟画的发展，形成的派别史称"青藤画派"。在题材方面，他大胆突破客观物象形质的局限，赋予物象以强烈的情感色彩，一反吴门画派文人闲适淡雅的意趣，直抒胸臆，有着极强的艺术感染力。

徐渭（1521—1593），字文长，号天池山人，山阴（今浙江绍兴）人，明代文学家、书画家。中年以后开始学画，擅长花鸟，兼画山水、人物，用笔放纵，水墨写意，不拘绳墨，笔简意浓，形象生动。传世作品有《墨葡萄图》《杂花图》《牡丹蕉石图》等。

徐渭的《墨葡萄图》在技法上以饱含水分的泼墨写意法点画葡萄枝叶，而葡萄藤条则纷披错落，向下低垂。葡萄珠同样纯以水墨点成，清风袭来，葡萄珠随蔓而舞，晶莹透彻，淋漓酣畅。画面的墨法不落陈套，状物不拘形似，取其神韵，故而其画意已远超葡萄本身，具有了拟人化的性质。

画上左侧有行书题诗："半生落魄已成翁，独立书斋啸晚风。笔底明珠无处卖，闲抛闲掷野藤中。"这四句题诗和垂落下的藤蔓，表现出险中求稳的构图技巧。前两句交代了此画创作的时间，后两句则表露出怀才不遇、困居书斋惆怅而烦闷的心情。可见此画状物拟人，别出心裁，是作者的自我写照。

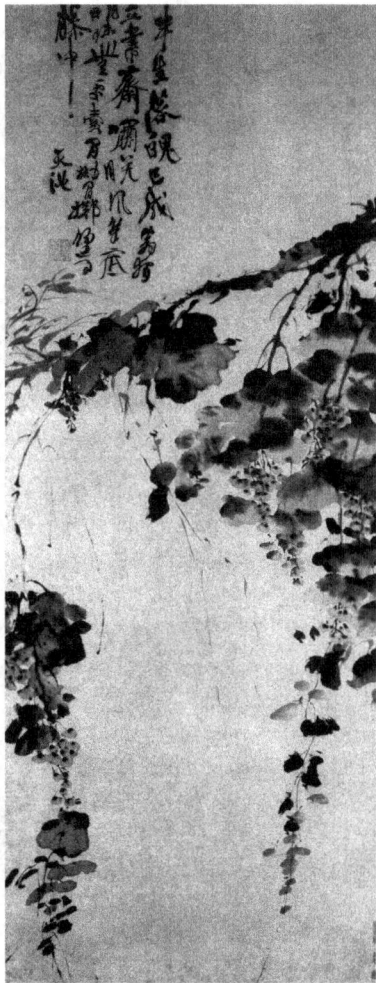

▲《墨葡萄图》

8. 清代

明末清初，社会矛盾空前尖锐，传统的思想意识受到冲击，传统艺术上则相对繁荣。绘画方面出现了陈洪绶、傅山、"四画僧"（弘仁、髡残、朱耷、石涛）、"金陵八家"（龚贤、樊圻、邹喆、吴宏、叶欣、谢荪、高岑、胡慥）和"四王"（王时敏、王翚、王鉴、王原祁）等一大批杰出的画家，形成了中国绘画史上奇峰突起的瑰丽景象。乾隆年间，扬州画派崛起，出现了金农、汪士慎、黄慎、郑板桥、郑燮、李方膺、高凤翰、高翔、华岩、罗聘等著名画家。他们大都兼工诗画，且愤世嫉俗，敢于独创。

晚清时期"上海画派"的出现，使晚清画坛大放异彩。著名的画家有赵之谦、虚谷、张熊、朱熊、任熊、任薰、蒲华、钱慧安、任颐、吴昌硕等。由于海派画家与商业的联系较为密切，雅俗合流的趋势日益明显。一部分画家还吸取了西方绘画的某些元素，这标志着中国近现代绘画的萌芽。

石涛（1642—约1715），姓朱，名若极，广西全州人，清初画家。五岁时，为避祸削发为僧，法名原济，号苦瓜和尚等。中年曾在南京、扬州两次觐见康熙皇帝。晚年定居扬州，以卖画为生。他擅长山水画，又兼工花果、兰竹、人物等。

石涛在绘画上力求独创，构图善于变化，笔墨恣肆，意境苍茫，一反当时仿古之风，对近现代中国绘画影响颇大。存世作品有《山水清音图》《山林乐事图轴》《看梅园图》《横塘曳履图》等。

《山水清音图》是最能体现石涛画技上大气磅礴的画作。这幅山水画在构图上十分新奇，有错落纵横的山岩，有突兀的松林竹木，还有一股瀑布从山头直泻而下，穿越浓密的竹林栈阁，奔流而出，动人心魄。瀑布的巨响，丛林的喧哗，松风的吟啸，在山谷间奏出了一曲山水清音。两位"高士"坐在栈阁里，默参造化，相互会心微笑。在山的正峰后面，丛林隐现，浓云密布，一场骤雨即将来临。

笔法上，此图用笔劲利沉着，用墨淋漓泼辣，多种皴法交互使用，如其中的山石即以淡墨勾皴，以浓墨、焦墨破擦，凸显出极强的节奏。在用墨上该画极富变化，浓、淡、干、湿浑然一体，形成层次鲜明的色阶。画中的线条也极具特色，遒劲的长线勾勒出山峰的轮廓和峰体，像一条条张满力量的弓将峰体绷得紧凑严实。整幅画笔与墨融会，混沌氤氲，画面萧森郁茂，苍茫幽邃，体现出一种豪情奔放的壮美。

▲《山水清音图》

活动主题："纸上得来终觉浅，绝知此事要躬行"——书法、国画创作体验。

活动形式：自由独立创作。

活动内容：统一准备宣纸、毛笔、墨汁等物品，每位同学发放一份。由教师讲解基础知识或亲身示范，各位同学根据自己的喜好自由创作一幅书法或国画作品。在创作中体悟中国传统书画艺术的魅力。

4.3 音乐、舞蹈

导读 📖 中国传统音乐历史悠久，有文献记载的可追溯到黄帝时期；内容丰富，西周时期的雅乐即是歌、乐、舞"三位一体"的原始乐舞。音乐的发展也促进了乐器的发展，打击乐器、吹奏乐器、拉弦乐器……琳琅满目，异彩纷呈。

4.3.1 中国传统音乐

中国传统音乐的发展伴随着朝代的演进而有所不同，其中每一个时期音乐的发展也还伴随着乐器的进步。具体而言，中国传统音乐大致经历了以下几个发展阶段。

1. 上古时期的音乐

上古文献中有关音乐的史料有很多，《吕氏春秋·仲夏记·古乐篇》记载："黄帝令伶伦作音律……听凤凰之鸣，以别十二律。"《吕氏春秋·音初篇》则记载了一首迄今所知最早又最短的四言情歌"候人兮猗"，意为等候人。相传是大禹因治水巡视南方而不能与恋人涂山氏女相会，涂山氏女为了抒发对大禹急切期待的感情，便深情地吟唱出这首恋歌。

上古时期出土了不少乐器，如龙山文化遗址中出土的一只鼍鼓，是目前我国发现的年代最早的打击乐器。在河南舞阳县贾湖发现的骨笛中，保存完整的可吹出各种曲调。河姆渡遗址中出土的160件骨哨，多开有2~3孔，也能吹出各种较简单的音调。

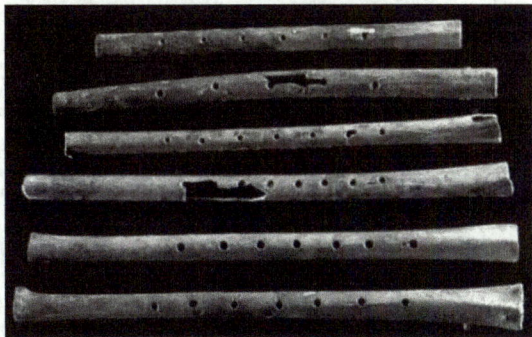

▲ 贾湖骨笛

相关链接

骨笛、骨哨均属于远古先民最早使用的吹奏乐器，同时也是先民狩猎劳动中诱捕动物的工具。其中，骨哨用兽禽肢骨制成，开1~3孔，用它模拟兽禽的鸣叫能引诱动物进而帮助捕猎。

2. 夏商周时期的音乐

夏代的代表性乐舞是《大夏》，主要内容是歌颂夏禹治水的事迹。此外，夏代的乐舞还有《九招》和《九歌》。

商代社会尤为尊事鬼神，因而在祭祀时往往伴以歌舞。"桑林"便是这样一种流行于后代的祭祀所用的乐舞。商代的乐器中，对后世影响较为深远的是钟和磬。商钟用青铜铸造，其横截面呈橄榄形，其主体则是两个弧形的板片，类似于瓦，故而又称"合瓦形"。磬则是用石块打制而成的，其上钻有一孔，可将其悬挂起来敲击发声。

周代建立了我国第一个宫廷雅乐体系，雅乐在风格上"大乐必易，大礼必简"（《乐记》）。雅乐的特点是以齐奏为主，典雅庄严，节拍缓慢，多呈现肃穆、安静与和谐的气氛。周代的代表性乐舞有《武》和《象》，内容上多是歌颂统治者的功德。周代的乐器，有记载的就有近70种，按乐器制造的材料又可分为金、石、土、革、丝、木、匏、竹八种，即"八音"。

3. 春秋至魏晋时期的音乐

夏商周之后，春秋战国时期涌现出大量的宫廷和民间音乐家，如《列子·汤问》记载的薛谭学讴和韩娥的歌声"余音绕梁，三日不绝"；《乐府题解》记载"伯牙学琴，三年而成"等。

到了秦汉时期，统治阶级为实现其对音乐文化的控制，专门设置乐府进行管理。乐府里会聚了一千多名来自全国各地的优秀音乐家，他们专门从事民间音乐的收集整理、依曲填词、创作改编曲调、编配器乐伴奏和歌唱器乐表演等一系列音乐工作。

秦汉时期，最主要的音乐样式是鼓吹乐与相和歌。鼓吹乐是一种用打击乐器和吹奏乐器配合演奏的音乐形式。打击乐器以鼓、铙为主；吹奏乐器则以排箫、横笛、胡笳、角为主。相和歌原是汉代的歌曲，后来成为汉乐府流传后世最有影响的音乐样式。相和歌以丝竹类乐器伴奏，由一人手执"节"敲着节拍歌唱。相和歌中伴奏用的丝竹类乐器，通常有排箫、笛、笙、瑟、琴、筝、节、琵琶、筌篌等，通常每次使用其中的2～4种。

▲ 汉代乐舞杂技陶俑

魏晋南北朝时期，清商乐成为占据主导地位的一种音乐。清商乐是从相和歌直接继承和发展而来的，是相和歌与"吴声""西曲"相互结合的产物。这一时期，琴曲也获得了较大的发展，当时的许多名士如魏晋时期的阮籍、嵇康，南北朝时期的戴颙、戴逵等，都以琴闻名于世。南北朝时期的寺院也是一个重要的音乐活动场所，这对于佛曲的俗化和俗乐的佛化起到了促进作用，并最终成为隋唐燕乐的一个重要组成部分。这一时期，各民族的融合、外来音乐的传入，也为隋唐燕乐的高度繁荣奠定了基础。

4. 隋唐时期的音乐

燕乐在隋唐前本是一种宴请宾客时专用的宫廷音乐，后来这一称呼包括的音乐内容和品种越来越多。最终，其逐渐成为宫廷中与雅乐有别的、在宴饮、游乐等场合演奏的俗乐的总称。

燕乐的内容丰富多彩，其以歌舞音乐为主体，包括各种声乐、器乐、舞蹈、散乐百戏等诸多体裁和样式，是当时汉族和少数民族音乐的大融合。隋文帝时期，燕乐按音乐来源和乐队编制分为七种，称为"七部乐"，分别是国伎、清商伎、高丽伎、天竺伎、龟兹伎、安国伎、文康伎。后来，"七部乐"调整为"九部乐"，包括清乐、西凉乐、龟兹乐、天竺乐、疏勒乐、康国乐、高丽乐、安国乐、礼毕（文康乐）。唐代又在"九部乐"的基础上增设高昌乐，合称"十部乐"。

"燕乐大曲"是唐代燕乐艺术成就最高的形式，其主要由"散序""歌""破"三部分组成。"散序"即为序曲或引子，一般是用乐器演奏的纯器乐曲。"歌"则是歌唱，速度较慢，用乐器伴奏，有时也加入舞蹈，是大曲的主体。"破"就是繁音急拍的结束部，以舞蹈为主，用乐器伴奏，有时也加入歌唱。

燕乐大曲作品非常丰富，著名的有《霓裳羽衣曲》《破阵乐》《绿腰》《凉州》《泛龙舟》《玉树后庭花》等。

除"十部乐"外，唐代音乐还有扶南、百济、突厥、新罗、楼国、南诏和属于鼓吹乐系统的鲜卑、吐谷浑、部落稽等多种音乐。

在隋唐时期，乐器也有了很大的发展。魏晋以来，陆续从边疆和国外传入的许多新乐器，如曲颈琵琶、五弦琵琶、方响、锣、钹、腰鼓等，它们大多成了燕乐中的常用乐器。

唐朝还设立了庞大的音乐机构，如大乐署、鼓吹署、教坊和梨园等，统领着各色音乐人员，总人数达数万人。

5. 宋元时期的音乐

隋唐时期的曲子在宋代逐步成了一种广泛流行的歌曲形式，它直接促成了宋词创作的繁荣，并最终形成了宋元时期音乐以南北曲为中心的格局。鼓子词和诸宫调便是宋元时期和曲子有较多联系的说唱音乐。

相关链接

"月儿弯弯照九州，几家欢乐几家愁，几家夫妇同罗帐，几家飘零在外头？"这首《月儿弯弯照九州》出现于宋代，盛行于明清时期，其委婉伤感的音调和富于人情味的内容不知感动了多少人。明叶盛在《水东日记》中说："吴人耕作或舟行之劳，多作讴歌以自遣，名'唱山歌'。"其后便附录了这首小调歌词。可见，这首"山歌"小调在明清时代便已家喻户晓、广为流传了。

鼓子词是用同一首曲子反复咏唱，中间插入散文、讲说等说白的一种说唱音乐。鼓子词因用鼓作为重要的节拍乐器而得名，其代表作品有北宋欧阳修的《十二月鼓子词》和赵令畤的《元微之崔莺莺商调蝶恋花词》。

诸宫调是用同一宫调的若干首曲子联成一个套数，把不同宫调的若干套数或单曲联结起来，用以说唱长篇故事的一种说唱音乐。这种演唱形式由艺人孔三传始创于北宋熙宁至元祐年间，迄今能见到的早期诸宫调作品，有金人董解元所作的《西厢记诸宫调》和元代王伯成所作《天宝遗事诸宫调》残篇等。董解元所作的《西厢记诸宫调》，是现存最完整的一部诸宫调作品。

宋元时期的乐器也有很大的发展，弹弦乐器中心三弦，在宋、金时代即开始流行；在元代，胡琴已成为一种相当流行的乐器。

6. 明清时期的音乐

明清时期的小调、山歌、时调、俚曲等，常可互换称谓。又因此类歌曲内容丰富，且反映民间世俗生活并且通俗易唱，故而有时也泛称"俗曲"。

明清俗曲小调是在宋元词调小曲的基础上直接继承和发展而来的，其曲调丰富、内容庞杂、流传广泛，远超宋元时期同类型民歌。明代的俗曲小调有记载的如《锁南枝》《山坡羊》《打枣竿》等；清代的俗曲小调则有《闹五更》《寄生草》《银纽丝》《剪靛花》《王大娘》《满江红》《鲜花调》等。此外，民间流传的曲目更是数不胜数、记不胜记。

明清时期音乐的另一大特点是说唱音乐新曲种和地方戏曲新声腔的大量涌现。明清说唱音乐曲种名目繁多，称呼各异，大致可分为弹词、鼓词、牌子曲、琴书、道情等几大类。

明清戏曲音乐在发展过程中，因与地方民间音乐有较多的融合，逐渐形成了许多新声腔。如南戏在流传过程中，就不断派生出多种南方的戏曲声腔，包括"海盐腔"（浙江）、"余姚腔"（浙江）、"弋阳腔"（江西）、"昆山腔"（江苏）等。其中出现较早的是"海盐腔"，"昆山腔"则成为明代戏曲声腔中成就最高、影响最广的一种。这些新声腔的产生，促进了大量地方新剧种的出现。到了明末清初，以"昆山腔"闻名于世的杂剧等剧种由盛转衰，渐渐被各类新剧种所取代。

▲ 清《紫光阁赐宴图》中的蒙古乐队

音乐理论方面，明人朱载堉著《乐律全书》，他通过精密计算，首创"十二平均律"，远早于西方音乐界。明清时期，乐器也得到了进一步的发展。现存北京的"管乐"、西安的"鼓乐"等都还保留着明清以来的遗制。

乐器方面，琵琶已不是权威的乐器。笙及古琴，因为流传已久故而仍占有重要的地位。胡琴、唢呐及芦簧类乐器则有较大的发展，胡琴的种类增加，出现了四弦的四胡、京胡、三弦胡琴、马头琴等；唢呐在明朝时已有记载，最初只用于军乐及在戏曲音乐中伴奏唱腔。

4.3.2 中国古代著名乐曲

中国古代名曲繁多，其中最为著名的十大名曲包括《高山流水》《广陵散》《平沙落雁》《梅花三弄》《十面埋伏》《夕阳箫鼓》《渔樵问答》《胡笳十八拍》《汉宫秋月》《阳春白雪》。这里主要介绍以下几首。

1.《高山流水》

《高山流水》相传为伯牙所作的古琴曲，后来分为《高山》《流水》二曲。有关"高山流水"的典故最早见于《列子·汤问》，该篇中记载："伯牙善鼓琴，钟子期善听。伯牙鼓琴，志在高山。钟子期曰：'善哉！峨峨兮若泰山！'志在流水，钟子期曰：'善哉！洋洋兮若江河！'伯牙所念，钟子期必得之。"

这里是说，伯牙是一位有名的琴师，他的琴术很高明，钟子期则善于欣赏音乐。伯牙弹琴的时候，内心向往登临高山。钟子期就赞叹道："弹得真好，我仿佛看见了一座巍峨的泰山！"伯牙又转而心向滔滔流水，钟子期又说："弹得真好，我仿佛看到了浩浩荡荡的长江大河！"凡是伯牙弹琴时心中所想的，钟子期都能从琴声中领会到。伯牙与钟子期便是如此心心相通的知己，钟子期死后，伯牙"破琴绝弦，终身不复鼓"。

后世也以"高山流水"比喻知己或知音，或比喻乐曲高妙。1977年8月22日，《高山流水》被录入金唱片，由旅行者1号携带到太空，向广阔的宇宙传播中华民族的智慧和文明。

▲ 元《伯牙鼓琴图》

2.《广陵散》

《广陵散》又名《广陵止息》，曲谱收录于明代古琴曲集《神奇秘谱》中。全曲分"开指""小序""大序""正声""乱声""后序"等部分，共45段，有"取韩""发怒""冲冠""投剑"等分段标题，与聂政刺韩王的故事情节一致。

据《琴操》中记载，战国时期韩国人聂政之父，因为韩王铸剑误期而被杀。为报父仇，聂政上泰山经过十年刻苦学琴终于成功后，改变音容，回到韩国。为接近韩王，他在宫廷附近弹琴，高超的技艺让人流连忘返。韩王得知后，便将其召入宫中演奏，聂政趁韩王不备，从琴腹抽出匕首将韩王刺死，之后毁容自尽。

魏晋时期的文学家、古琴家嵇康，就因善弹《广陵散》而闻名于世。《琴议》记载，嵇康非常喜爱弹奏《广陵散》，吸引了许多人前来求教，但嵇康概不传授。死前嵇康一边弹奏此曲，一边慨然长叹："《广陵散》如今绝矣。"

3.《阳春》《白雪》

战国时期，宋玉的《对楚王问》中记载，"客有歌于郢中者，其始曰《下里》《巴人》，国中属而和者数千人。其为《阳阿》《薤露》，国中属而和者数百人。其为《阳春》《白雪》，国中有属而和者，不过数十人。"可见《阳春》《白雪》在当时是极为高妙的琴曲。

相传，《阳春》《白雪》均为春秋时期晋国的乐师师旷或齐国的刘涓子所作的琵琶曲。明《神奇秘谱》中记载："《阳春》取万物知春，和风淡荡之意；《白雪》取凛然清洁，雪竹琳琅之音。"这里是说，《阳春》一曲表现了冬去春来，大地复苏、春风荡漾之景，而《白雪》则表现出雪的"凛然清洁"。曲子清新流畅的旋律、活泼轻快的节奏，展现出万物欣欣向荣、生机勃勃的景象。

《阳春》历来有"大阳春"和"小阳春"两种，前者是指李芳园、沈浩初整理的10段与12段的乐谱；后者是近代琵琶家汪昱庭所传，全曲只有7个乐段，可划分为起承转合4个部分，是一首具有循环元素的变奏体的乐曲。

4.《十面埋伏》

《十面埋伏》又名《淮阳平楚》，是以历史上的楚汉相争为题材，描绘了刘邦和项羽在垓下决战的情景。乐曲主要歌颂了楚汉相争的胜利者刘邦，刻画出了"得胜之师"的威武雄姿，全曲气势恢宏，充斥着金戈铁马的肃杀之声。

明代王猷定所著的《四照堂集·汤琵琶传》中记载，琵琶家汤应曾演奏过此曲。"楚汉一曲。当其两军决战时，声动天地，瓦屋若飞坠。徐而察之，有金声、鼓声、剑声、弩声、人马辟易声，俄而无声……使闻者始而奋，既而怒，终而涕泪之无从也。其感人如此。"从中可见，此曲所描绘的战斗场景之激烈，音乐格调之高昂。

《十面埋伏》的曲谱最早见于《华秋苹琵琶谱》，其所表现出的波澜壮阔的史诗场面，将古代琵琶的表演艺术发挥到登峰造极的地步。直到今天，《十面埋伏》依然是琵琶演奏艺术领域最具代表性的传统名作。

4.3.3 中国传统舞蹈

中国古代舞蹈同样有着悠久的历史，其经过多个重要的发展和演变阶段后，逐渐形成了今天具有独特形态和神韵的东方舞蹈艺术。

1. 先秦舞蹈

周代的图腾舞和祭祀舞，已具备了作为艺术的舞蹈的架构。西周时期，统治者加强了对前代乐舞的整理、继承和发展，形成了以汉族乐舞为主体，融合其他少数民族乐舞的中国传统乐舞。周代统治者还极力强化了乐舞的政治意义和教化作用，将传统乐舞和当时新创制的乐舞加工整理，形成了气势恢宏的"六代乐舞"。

"六代乐舞"整理、继承和发展了从原始时代到西周初年的那些歌颂杰出的氏族或氏族联盟首领的代表性乐舞。"六代乐舞"是古代乐舞的正统，其内容包括黄帝时代的"云门"（祭祀天神）、唐尧时代的"大章"（祭祀地神）、虞舜时代的"大韶"（祭祀日月星海四方神）、夏禹时代的"大夏"（祭祀山川）、商汤时代的"大镬"（祭祀先批，即女性祖先）以及周代的"大武"（歌颂周武王伐纣的乐舞，祭祀先祖）。前四种属文舞，后两种属武舞，所谓"文以昭德""武以象功"，即通过乐舞可达到表现一个国家的文化和武功的作用。"六代乐舞"由大司乐掌管，主要用于教育贵族子弟，一般要到加冠成为成年人时才能学习。

2. 汉代舞蹈

周朝雅乐经过儒家的乐舞教育，代代相传，至西汉初年，独尊儒术，这些庙堂乐舞更以法定的地位流传发展，因而汉代成了中国舞蹈极为繁盛的时代。与此同时，汉代的世俗乐舞也得到了极大的发展，出现了举国上下"鸣竽调瑟，郑舞赵讴"的歌舞热潮。

汉代还出现了许多著名的舞蹈人物。汉高祖宠爱的戚夫人，不仅会鼓琴、唱歌，更精于舞蹈，擅长"翘袖折腰之舞"；汉武帝宠爱的李夫人，出身歌舞世家，妙丽善舞；汉成帝的皇后赵飞燕，"身轻若燕，能作掌上舞"。

赵飞燕是一个出身卑贱的女子，她之所以能一跃成为皇后，主要就是凭借她精美绝伦的舞蹈技艺。她身轻如燕，传说有一次，赵飞燕在宫中一高榭上迎风起舞，若不是被人及时扯住，恐怕早就被大风刮走了。汉成帝唯恐哪一天她真的会被风吹走，于是特地为其修筑了一座七宝避风台，并且还为她打造了一个水晶盘，让宫人托盘，赵飞燕则在盘上表演舞蹈。

东汉张衡所著的《七盘舞赋》中还记载了一种难度极高的舞蹈，即"历七盘而屣蹑"的"盘

▲ [东汉] 七盘舞画像砖

鼓舞"。这种舞蹈在表演时，先在地上摆好盘和鼓，舞者脚步踏在鼓上或盘上从容起舞。飘舞的长袖轻盈的步法，和着咚咚的鼓声，构成一种特殊的舞蹈节奏。

无论是赵飞燕高超的舞艺，抑或难度极高的"盘鼓舞"，从中都可以看出汉朝的舞蹈艺术水平已达到相当的高度。又因汉代舞受幻术、角抵、俳优的影响，其表演难度也更高，传情达意的手段更为丰富，舞蹈的表现力也不断增强，从而形成了中国舞蹈技艺并重的特点。

3. 魏晋舞蹈

魏晋南北朝时期，由于少数民族文化的融入，中国舞蹈有了新的发展。这一时期，胡舞和宗教舞蹈极为繁荣，其中最为我们所熟知的就是敦煌壁画上的飞天舞。飞天舞源于敦煌壁画中的飞天，属敦煌舞中古典舞的分支。它丰富多彩，纤细秀丽，千姿百态，千变万化。

清商乐舞是魏晋南北朝时期最流行的乐舞，包含各种各样的"杂舞"，其中《白纻舞》是较为著名的舞蹈，因舞蹈者穿着白纻制成的舞衣故而有此名。

《白纻舞》起源于汉末，开始时可能在巫女降神时进行表演，是充分抒情的舞蹈。从晋朝起不少文人开始为《白纻舞》填写歌词，《乐府诗集》中便收录了编写的歌词。从中我们可以看出《白纻舞》极强的表现力，如"双心一意俱回翔，吐情寄君君莫忘""为君娇凝复迁延，流目送笑不敢言"表现男女间的爱情；"流叹不寝泪如丝，与君之别终何如""琴瑟未调心已悲，任罗胜绮强自持"表现伤离惜别之情；"佳期不待岁欲阑，念此迟暮独无欢，鸣弦流管增长叹""时冉冉，近桑榆，但当饮酒为欢娱"表现及时行乐的感慨；"琴音乘云飞上天""仙仙欲动何盈盈"表现脱离尘世的神仙理想。

4. 唐代舞蹈

唐代舞蹈光芒四射，统治阶级设置太常寺等乐舞管理机构，把各种乐制和舞制的名称、化妆、曲名、乐器等都做了规范和整理。各部乐舞中都包含制式化的舞蹈节目。

唐代还在官内设置内教坊，在京城设立左右教坊，负责乐舞的训练和演出。唐玄宗还专门为自己设立了从事排练和歌舞演出的"梨园"。按照风格特色的不同，唐朝人把流传在宫廷、豪门和民间的舞蹈分为健舞和软舞两大类。健舞动作矫健，节奏明快；软舞则优美婉柔，节奏舒缓。健舞中，最著名的是从西域传来的"胡旋""胡腾""拓枝"等；软舞则以"绿腰""春莺转"最具代表。

唐代的宫廷乐舞中，有许多是由外国进献的。比较有影响的是贞元年间的"南诏奉圣乐"和"骠国乐"。贞元十六年，在剑南节度使韦皋的主持下，"南诏奉圣乐"来到长安献演。唐德宗亲自观看后，命人将"南诏奉圣乐"的曲目保留在宫中，并让"太常工人"传习演奏，后来，"南诏奉圣乐"成了宫廷里的保留节目。

大曲是唐代宫廷里最为盛行的歌舞形式，唐代大曲内容丰富，主要可分为"雅乐大曲""燕乐大曲""道调法曲"三大类。其中，燕乐大曲和道调法曲的艺术水平较高。雅乐大曲用于郊庙祭祀和重大典礼，燕乐大曲用于宴享，道调法曲源于宗教。

《霓裳羽衣舞》是唐代法曲中最为著名的舞蹈，是根据《霓裳羽衣曲》这一古曲的意境编排出来的。唐朝诗人白居易曾于元和年间在宫中观看过《霓裳羽衣舞》的演出。他非常喜爱这部乐舞，曾赞叹道："千歌万舞不可数，就中最爱霓裳舞。"他在杭州和苏州做官时，还亲自教导和训练当地的艺伎表演这部乐舞。白居易所写《霓裳羽衣舞歌和微之》一诗是研究这部乐舞的较为可靠的文献。

诗中说："案前舞者颜如玉，不著人家俗衣服。虹裳霞帔步摇冠，钿璎累累佩珊珊。娉婷似不任罗绮，顾听乐悬行复止。"舞蹈者上身穿着云霞般的披肩，下身穿着虹霓般的裙裾。头上戴的是"步摇冠"，上边插着一串串的珠玉随步摇曳。脖子上挂着镶金边的项链，浑身上下佩戴着珠翠。那婷婷袅袅的苗条身姿，似乎承担不起身上那薄薄的罗衣的分量。此华服并非普遍之人的装束，穿上简直像是天上的仙女美丽绰约。

但之后发生的安史之乱从根本上动摇了唐朝的政权。白居易在《长恨歌》中写道："渔阳鼙鼓动地来，惊破《霓裳羽衣曲》。"从此，唐王朝气势恢宏的乐舞便一去不复返了。

▲《霓裳羽衣舞》

5. 宋代舞蹈

宋朝建立后，大兴乐舞。宋代舞蹈继承了唐代的大曲，并加以发展，宫廷中也重新出现歌舞大曲。宋代大曲的基本结构与唐代大曲相似，不过与唐代大曲相比，宋代大曲从队伍的组织到演出的方式等方面都有不少的革新。宋代大曲演出，以队舞为基本方式。宋代宫廷队舞的设计安排极为精巧，演出的程序有一定格式，并喜欢表现故事情节。

宋代的宫廷队舞有两种基本队伍，即"小儿队"和"女弟子队"。小儿队由72人组成，女弟子队由153人组成，两支舞队都有十项基本节目。宋代队舞的成员有严密的分工，队舞有一名指挥者，称"竹竿子"。因为他照例要拿着一根特制的指挥棒——五彩装饰的竹竿，故有此名。为队舞伴奏的乐队，称"后行"。队舞的主体是"歌舞队"。队舞中有5个演员引舞，他们

▲《佳人剪牡丹》

的位置往往在队形的核心，所以称"花心"。

宋代的队舞当时很流行，而且传至朝鲜。一直到清代，朝鲜还有记录乐舞制度的《进馔仪轨》，从中我们可以约略窥知宋代队舞的编排形式和队形变化。例如，传说唐玄宗在沉香亭畔观赏牡丹，命李白作"清平乐"词，梨园弟子则为之配乐；杨贵妃领唱的《佳人剪牡丹》，是宋代队舞中"女弟子队"的重要节目。《宋史·乐志》中记载，队舞的化妆是"衣红生色砌衣，戴金冠，剪牡丹花"。这个队舞传到朝鲜后，变为"设牡丹花樽于盘，女伎12人环立于樽边，各取樽花一枝，进退旋转而舞（《进馔仪轨》）"，并且提供了唱词和场记图。

6. 元代舞蹈

蒙古族是能歌善舞的民族，入主中原后，除本民族的歌舞流传外，元朝宫廷还接受了宋、金的宫廷和民间乐舞。

元朝的蒙古族统治者信奉藏传佛教，同时，也信奉萨满教、道教和伊斯兰教。因而，元朝的宫廷舞蹈也带有浓厚的宗教色彩。由于舞蹈演员多要扮演神佛鬼怪等，所以多戴面具，如孔雀明王面具、毗沙神面具、龙王面具，以及红发青面面具等，充满着神秘的气氛。在元朝宫廷丰富多彩的舞蹈中，以《十六天魔舞》最为著名。

《十六天魔舞》源自西域，唐代已在长安宫廷中流传。到了元朝末年，经元顺帝倡导，由宫廷艺术家加工整理，融合汉蒙舞蹈，成了艺术性很高的乐舞。元顺帝时，宫女中有不少优秀的舞蹈家，其中最为杰出的分别是三圣奴、妙乐奴和文殊奴。而这一时期的《十六天魔舞》，也就是以她们三人为核心的乐舞。

这部舞蹈的用意主要是"赞佛"，但实际上则是供皇帝欣赏的。表演时，由16个宫廷舞伎扮成菩萨模样，她们头上梳着很多发辫，戴着象牙佛冠。身上披着用丝线串珠做成的"璎珞"，穿着大红绡金长裙、金杂袄、云肩和合袖天衣。束着绶带，踏着云鞋。每人手里拿着一种道具，有的拿昙花，有的拿铜铃，有的拿"加巴剌般"（法器名）。空着的手，背翻莲掌，变化多端。她们踏着河西参佛的曲子起舞。舞女们双臂左右开合，上下翻舞，好像有千万只手臂在舞动，由此塑造出佛菩萨的各种姿态。舞蹈充满了藏传佛教的神秘氛围，婀娜多姿，十分迷人。朱有炖《元宫词》描述："背翻莲掌舞天魔，二八年华赛月娥。本是河西参佛曲，把来宫苑席前歌。"

《十六天魔舞》的乐队也很华丽，由11个宫女组成。她们梳着椎髻，勒着头帕，穿着窄衫，戴着唐帽。所用的乐器有龙笛、头管、小鼓、笙、筝、胡琴、琵琶、响板、拍板等。这部乐舞在宫中赞佛的时候表演，属于宫廷专用乐舞。宫中的官员必须是受过密戒的人，才可入内观看，一般人无缘观赏。

7. 明清舞蹈

明清时，汉族地区普遍有灯节或迎神赛会的歌舞活动，这种活动承袭了宋代以来"社火"的传统。但是，表演的技艺有所精进，表演的项目也不断创新。

明清年代民间社火的节目很多，这些节目中有些属于杂技，而天平、旱船、小车、地秧歌、花钹、狮子、高跷、胯鼓等，则是流传至今的民间舞蹈。

明代，中国戏曲出现了又一个黄金时代，即"传奇"剧的大繁荣。明朝人演戏，也喜欢安插一些舞蹈场面。在吴世美的《惊鸿记》中，就安排了梅妃跳《惊鸿舞》。阮大铖的《春灯谜》描写元宵节观灯的情景时，插入了社火表演。

经过元明清各代艺人的千锤百炼，到清中叶乾隆年间，戏曲表演艺术逐步达到成熟。舞蹈越来越成为戏曲艺术的有机组成部分，成为表现人物、描写环境、表现主题思想不可或缺的艺术手段。凡是成功的戏曲演出，都要求演员具备扎实的舞蹈功底。昆曲《林冲夜奔》表现林冲"一心投水浒，回首望天朝"的矛盾心情，演员一步一景，一步一唱，载歌载舞。

4.4 建筑

> **导读**
> 中国传统建筑丰富多彩，以汉族的建筑数量最多、分布最广，其他各少数民族的建筑则各具特色。从宫殿到城市，再到宗教建筑、园林、民居等，历史上都曾出现过许多著名的建筑，它们是古代劳动人民智慧的结晶，反映了中国古代建筑的高度成就。

4.4.1 宫殿与城市建筑

宫殿与城市是传统建筑中的一个重要的类型，我们现在所知最早的宫殿，是商代初期的偃师市（今河南省偃师市）的二里头宫殿。从残存的宫室遗址可以看出，当时筑有夯土台基，台上有建筑，四周有回廊，还有广阔的庭院。

商代建都于殷，后世也将商代的宫室遗址称为"殷墟"。从遗址可以看出，商代的建筑群已形成沿南北轴线，按祭祀、施政、居住功能由南向北分三区布置的模式。这种模式一直为后来历代宫室所采用。

秦始皇统一六国后，营建咸阳（今陕西咸阳）城，建造了规模宏大的阿房宫。汉代则在秦咸阳兴乐宫的基础上建立都城长安，建造了长乐宫、未央宫、建章宫，同时在洛阳建北宫、南宫，分别组成规模庞大的帝王宫苑。

隋都和唐都长安是当时世界上最大的城市，隋仁寿宫、唐大明宫、兴庆宫都是气势宏伟的建筑。宋代建都东京（今河南开封）并修筑大内，元代附会《周礼》建立大都（今北京市），其宫殿更加豪华壮丽。在改朝换代中，前代宫殿多被付之一炬或拆毁重建。现在保存比较完整的只有两处，一是北京的明、清故宫，二是沈阳的清故宫。

明、清故宫又称紫禁城，始建于明永乐年间，历时14年建造而成，是明成祖朱棣于1403年夺得帝位后，任命陈珪和吴中负责规划建造的。当时，在皇城和宫殿建筑的建造上，明朝不但有大批技术成熟的能工巧匠，他们有营造房屋的经验，而且有一批能设计和组织施工的著名工匠，这为建造紫禁城提供了人力基础。

而建造皇城的另一项工作就是准备材料，这是一项非常庞大而耗时的工程。例如，宫殿建筑所需的木料，不但需求量大，而且质量要求也高。它们大多需要从浙江、江西、湖南、湖北一带采集，从产地伐木，趁夏季发水时期将木料由江河转入长江，再由运河运至北京，这个过程有时需要三四年。

准备工作大约进行了10年，所有材料备齐后，明朝廷又面向全国征集了10万工匠，进行施工。明永乐十八年，一座金碧辉煌的紫禁城终于建造完成。整座紫禁城占地72万平方米，房屋共有1 000余幢9 000余间，建筑面积约有16万平方米。

紫禁城中的建筑有上千幢，这里主要介绍处于中轴线上的宫殿和大门，从中可以略窥这一庞大宫殿建筑群的雄伟面貌。

1. 午门

午门通高37.95米，东西北三面城台相连，环抱一个方形广场。午门是紫禁城的正门，是皇帝发布诏令、接受战俘举行受降仪式的地方。明代对触犯王法的官吏实行杖刑，这也是在午门外广场上执行的。威严的午门是古代大门的最高等级，宛如三峦环抱、五峰突起，气势雄伟。

2. 太和门

太和门是紫禁城内最大的宫门，它坐落在一层石台基上，大门前左右各有一只铜狮子蹲于石座上，昂首注视前方。狮子俗称"兽中之王"，将它放在建筑大门的两旁可以增加建筑的气势。门左边为雄狮，脚踏一彩球；右边为母狮，足踩一幼狮。太和门的左右两翼各有一侧门，它们与太和门一起组成一组气势宏伟的入口。清朝入关的第一位皇帝顺治进入紫禁城后下达第一项诏令的仪式，就是在太和门里举行的。进入太和门之后，内部是更大的庭院，其东西宽200米，南北深约190米，足以容纳近万人的仪仗队伍。广庭中是外朝三大殿：太和殿、中和殿和保和殿。

3. 太和殿

太和殿俗称"金銮殿"，是明清两代紫禁城内最高大的建筑，位于紫禁城的中轴线上。其中包括三层，高35.05米的须弥座，加上正吻总高37.44米，每层都是须弥座形式，周围是白玉石栏杆，栏杆上有望柱头，下有吐水的螭首，每根望柱头上都有装饰。大殿的屋顶为重檐庑殿式屋顶，即殷商时的"四阿重屋"，为"至尊"形制。屋顶的角兽和斗栱出跳数目也最多。御路和栏杆上的雕刻，殿内彩画及藻井图案均使用代表皇权的龙、凤题材，月台上的日晷、嘉量、铜龟、铜鹤等只有在这里才能陈设。殿内的金漆雕龙"宝座"，更是皇权的象征。太和殿是皇帝举行登基大典、庆典及接受文武百官朝贺的地方，如遇有将帅受命出征，也要在太和殿受印。在明代，殿试及元旦赐宴亦在太和殿举行。

▲ 太和殿

4. 乾清宫

乾清宫是紫禁城后三宫的主要大殿，外形为面阔九开间，重檐庑殿式屋顶，左右还有昭仁殿和弘德殿。两尽间为穿堂，可通交泰殿、坤宁宫。乾清宫原是供皇帝和皇后居住的宫殿，平时皇帝除居住外，也经常在这里召见官臣，批阅奏章，处理一些日常政务。清代雍正皇帝即位后，将寝宫迁至养心殿，乾清宫便成了皇帝办公的专用宫殿，平时接见大臣、商议朝政大事、会见外国使臣等都在这里进行，所以殿内设有比较讲究的宝座。宝座上方挂有一块"正大光明"的横匾。

5. 御花园

御花园位于紫禁城中轴线的北端，是专供皇帝游玩的宫中花园，里面建有许多亭台楼阁。园内遍植古柏老槐，除了北方的树木花卉外，还会随季节变化布置一些南方的盆景花卉。还有从全国各地进贡的奇石玉座、金麟铜像、盆花桩景等，呈现出别具一格的园林景观。御花园地面用各色卵石镶拼成福、禄、寿的图案，丰富多彩。著名的堆秀山是宫中重阳节登高的地方，此处叠石独特，磴道盘曲，下有石雕蟠龙喷水，上筑御景亭，可眺望四周景色。

6. 养心殿

养心殿位于乾清宫西侧，是一座独立的院落，南北长约63米，东西宽约80米，占地5 000平方米。养心殿是工字形建筑，分为前朝和后寝，中间以穿堂相连。养心殿原来是皇太后居住的地方，清雍正后成为皇帝的寝宫。养心殿的东暖阁是皇帝与大臣议事的地方，也是慈禧太后"垂帘听政"的地方。

园林建筑

中国自古以来就有崇尚自然、热爱自然、亲近自然的传统。在这种传统文化的影响下，"师法自然"并讲究诗情画意的园林建筑得以产生、发展，成为中国建筑中又一重要组成部分。

1. 汉代园林

汉代以前的园林主要是供帝王、贵族游猎苑囿的。商代的鹿台，周代的灵囿、灵台和灵沼，都是以狩猎为主的游乐场所，很少对景观进行艺术加工。其后园林中修筑了"高台榭，美宫室"，但仍以自然风貌为主，如吴王阖闾的姑苏台。而在汉武帝时期所建的"上林苑"，已经成为集居住、娱乐、休息等多种功能于一身的综合性园林。苑中建一池，池中筑一岛，岛上造一台榭，以此比拟东海蓬莱、瀛洲和方丈三座仙山，象征仙境的"一池三山"，在自然景物中融入了人的心灵和意识追求。

▲ 明《上林图卷》

2. 魏晋南北朝园林

私家山水园林起源于魏晋南北朝时期，从这一时期开始，中国园林建筑就逐渐分出皇家园林和私家园林两个方向。由于私家园林主要为士大夫所兴建，他们代表着封建时代文化的最高水平，因而私家园林也往往成为古代文化精神的缩影。

魏晋南北朝时期，由于政治动荡，统治者之间相互吞并残杀，连年争战不息。士族阶层大多常叹生死无常，贵贱骤变，于是，他们隐逸江湖、寄情山水，大自然成了文人士大夫情感的归宿。那些富于自然情趣的私家山水园林开始大量兴建起来，园林里大多堆筑小山、培植花木以陶冶他们的性情，寄托他们的感情。

这一时期的园林极为注重对自然的发掘，追求再现自然，并赋予自然以至善至美的人格，于是园林变成了真正的建筑艺术。例如，私家园林中的人工堆山，开始着意于再现山林意境，种植的松柏形态倔强不屈，梅花则傲立春寒，竹则挺拔纯洁，极受人们喜爱。另外，这些园林中还多开池堆山，修筑亭台楼阁，创造出优美的自然环境。

3. 唐代园林

唐代国力强盛，经济繁荣，山水园林也进入一个全面发展的时期。士大夫的山水园林兴造更加繁荣，且多集中于长安、洛阳两地。这一时期的园林日趋小型化，与日常生活的结合也更加紧密。

白居易在洛阳履道坊精心营造的宅园，是这一时期山水园林的代表。这座宅园总共占地17亩（1亩约为666.67平方米），其中屋室占1/3，水占1/5，竹林占1/9。该园的布局以池为中心，池中有三岛，岛上有小亭，有小桥与岛相通。池内种有白莲、紫菱及菖蒲，池岸则有小路曲折蜿蜒环绕，并掩映于茂林修竹间。池西岸有亭台楼阁，供宴饮、观赏之用；池北设有书库，供读书之用；池东则是粟仓，用于贮粮；池南和住宅相接。园内还堆筑有用于观赏的太湖石、天竺石和用于坐卧的青石。整座宅园意境高远，情趣典雅，堪称一绝。

4. 宋代园林

两宋时期，国家政治稳定，文化活动繁荣，园林建筑兴造深入到地方城市和富裕的士族阶层。从京都到地方，从贵族到平民，造园的地区和规模都得到了扩大。朝廷方面，在京都汴梁，建造的官苑就多达九处，其中最著名的是宋徽宗时所建的艮岳。为了建造这座帝王园林，统治者还专门设立了应奉局，负责搜集南方奇花异石。每当发现合适的花木山石往往强夺运往汴梁，为此还引起了极大的民怨。当时运输这些花石的船成群结队，被称为"花石纲"。民间的园林建造也极为繁荣，在汴梁，贵族的私园就有一二百处之多。并且一些酒楼为招揽生意，也在店内兴建园林、修筑亭榭，有的甚至挖池沼、设画舫，让宾客在池中船上饮酒作乐。北宋文学家李格非于绍圣二年（公元1095年）撰成《洛阳名园记》一文，其中详细介绍了富郑公园、环溪、湖园和苗帅园等19处著名园林。

▲ 环溪 王开府宅园

两宋时期的园林风格更多地融入了人们的日常生活元素，形成了细致精巧的特点，促进了造园在技术和艺术方面的发展。园林造山由用土堆山转为用石堆山，模仿自然中的屏嶂、石壁、峰岫、瀑布等，有的还设计有山间磴道、栈道。园林中所栽培的植物极为丰富，栽培技术有很大发展，洛阳的园林中使用驯化、嫁接技术的花木多达上千种，其中牡丹、芍药的品种就达到了百余种。南方的一些名花如紫兰、茉莉和山茶花等也都被引入洛阳种植。

5. 明清园林

明、清时期的造园活动主要集中于以北京为中心的北方和以苏州为主的江南。这一时期，园林建筑在理论与技术上渐趋成熟，出现了一批从事园林建筑的专家，如计成、李渔等。专家在园林建筑的设计技巧上善于运用对比统一的手法，通过以少总多、小中见大、主次相成、虚实相生的技巧，形成步移景异的艺术效果，体现了极高的艺术追求。

4.4.3 宗教建筑

宗教建筑是传统建筑的又一重要类型。我国历史上曾出现过多种宗教，其中，影响较大的主要有佛教、道教和伊斯兰教。尤其是佛教，其对我国古代传统文化的影响较为深远，因而佛教建筑在中国传统建筑中占据着极为重要的位置。

1. 佛教建筑

史籍中记载的最早的佛教建筑，是东汉明帝时所建造的洛阳白马寺，它由官府改建而成。其后的魏晋南北朝时期，佛教在中国的广泛传播，促进了佛教建筑的发展。不过，这一时期无论是佛寺还是佛塔，佛教建筑受印度佛教建筑的影响都较大。如佛寺的布局方式是以塔为中心，四周环绕着僧房而形成独立的院落。这种建筑的特点是突出了中间的佛塔，与印度佛寺在布局上是一脉相承的。《魏书·释老志》中就说："自洛中构白马寺，盛饰佛图，画迹甚妙，为四方式。凡宫塔制度犹依天竺旧状，而重构之。"

▲ 南普陀寺

不过，这一时期的佛教建筑也明显出现了与中国传统建筑互相融合的趋势，如佛塔前或佛塔后加筑大殿，构成"前塔后殿""前殿后塔"式的廊院式寺院，北魏洛阳的永宁寺等就体现了这一点。

从隋代至宋代，佛教逐步进入鼎盛时期，这一时期的佛教建筑也逐步完成了其中国化的进程。这一时期的佛教建筑主要有以下几个特点。

（1）寺庙的布局上逐渐向宫室建筑形制转变，并在建筑群中引入了中国传统建筑中轴线的概念和手法，建筑群的向心布置演变成沿南北轴线展开的布局。

（2）原来作为整个寺院中心的佛塔被供奉的佛像所取代，形成了以大殿为主，左右各置一座配殿的三合院或四合院的形式。这种排列形式体现了中国传统建筑充分利用空间环境，重视群体组合的特点。

（3）这一时期还出现了许多大型的佛像，从而推动了多层楼阁的兴建。佛塔也由木结构变为砖石结构，外观和平面形式也更加丰富。

元、明、清时期，藏传佛教的兴盛使得佛教建筑出现了许多新的样式。此外，由于藏传佛教的寺院多建于山区，依山就势、布局自由、规模宏大、气势恢宏，显现出与以往佛教寺院的极大不同。寺院经堂的室内空间巨大，但光线却较为昏暗，这就增加了寺院的神秘氛围，与充满人间世俗情趣的传统寺院建筑形成了较大反差。这些不同风格的佛教建筑，为中国传统建筑增添了不少新意。

2. 道教建筑

道教是中国本土的宗教，道教建筑相比佛教建筑有着许多不同的特点。道教认为通过修行可以成为长生不老的神仙。据《史记·封禅书》记载，汉代方士公孙卿说过："仙人好楼居"，所以楼阁成了道教建筑的特点之一，道教称之为"观"。到了唐代，不少皇帝崇信道教，将"观"改名为"宫"，以表示尊重，后来，人们就以"宫""观"来称呼道教建筑。明代在湖北武当山、清代在四川青城山都有过较大规模的道教建筑修建活动。

道教建筑和其他类型的中国传统建筑一样，是木构架建筑体系。在建筑布置上采取中轴规整的形式，主要建筑居中，左右对称，前后则修有几重院落，形成一定的秩序。在建筑装饰上，既有道教的标志——八卦太极，表示长生不老的鹤、鹿、龟、灵芝、仙草等动植物，也有象征吉祥的暗八仙。在位置上，道教宫观多建于名山大川之间，体现出道教崇尚自然、追求清静脱俗的精神内涵。现今青城山、武当山的一些道观就是依据地形，依山就势建造的。

▲ 青羊宫

4.4.4 民居

民居是传统建筑的重要类型之一，由于我国不同地区、不同民族居住的自然条件和文化传统方面都存在差异，因而我国的民居也出现了多种风格迥异的类型。

一、汉族民居

汉族民居以木结构为主，从北到南，随地形和气候的变化而千差万别。一般北方的民居墙体和屋顶较厚，院落宽敞，造型粗犷质朴。南方的民居屋檐较深，天井狭小，造型秀丽轻盈。

1. 北方汉族民居

北方的汉族民居以四合院为代表，由于它的基本形式是由放置于东西南北四面的几幢单独的建筑连接而成的一个方形院落，故称"四合院"。其中，又以北京的四合院最具代表性。

北京的四合院在布局上严格区别内外尊卑，其讲究对称，并自有天地。四合院的大门一般位于住宅东南。进入院内向西是前院，前院主要用作门房、客房、客厅，外人也只可进到前院。过前院后便进入内院，内院由正房、耳房和两侧厢房组成。正房为长辈居住，耳房多用于放置杂物，厢房则为儿女晚辈使用。另外，正房以北是后罩房，主要有厨房、储藏室和仆役居住室等。这种内外有别、尊卑有序、等级分明的布局方式，主要是受到传统宗法观念、伦理观念和风水观念的影响而形成的。

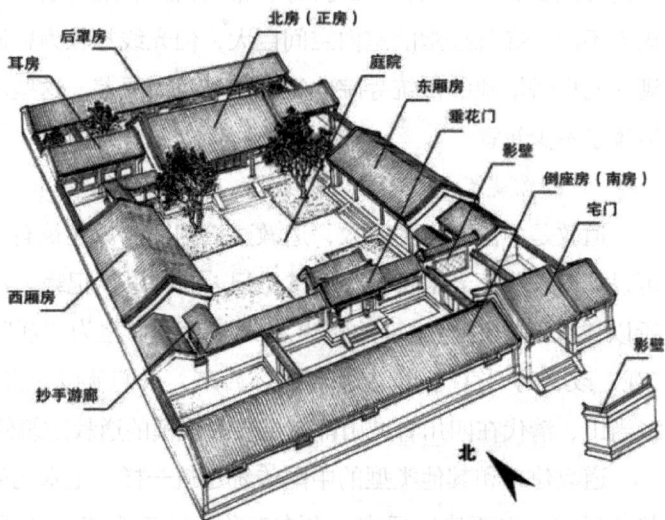

▲ 四合院

2. 南方汉族民居

南方的汉族民居以江、浙民居为代表，这些民居在风格与布局上往往体现出与自然的完美结合。

江、浙的民居多依水而建，房屋沿河道两岸伸展，河道两旁设有码头连接水陆交通，它们共同组成了独特的江南小镇风光。小镇以河流为主线，沿河道形成蜿蜒的长街，街道两边则排列着宗祠、作坊、茶馆、店铺和酒肆等。这里的店铺临水面街，货物从河中运入店铺，人则在街巷中穿行。这些街巷大多狭窄而曲折，犹如园林小径，行走其间，让人感到无比惬意。在商贩的吆喝声、行人的喧闹声中，店铺、茶馆、酒肆、街道渐渐融合，呈现在人们面前的是一派安静闲适、其乐融融的生活情境。

🐟 相关链接

江浙小镇的街道极为热闹，而其背后的河流两岸则一派宁静。河流中矗立着形态各异的桥梁，泛舟河中，从一座座桥下穿过，别有韵味。河岸边汲水的男子，堤旁浣洗的妇女，树荫下嬉戏的儿童，组成了一幅生机勃勃的画面。登上河岸，两边的青瓦屋顶鳞次栉比，抬头望去，头上的天空也显得又低又窄。轻扣房门，出现在眼前的是一座被白色墙壁所包围的小院，身处其间，仿佛与世隔绝。蓝天白云下，暖人的阳光，满院的春意，令人回味无穷。

二、少数民族民居

各少数民族地区的民居也因地域、民风等不同而有所不同。它们包括北方草原蒙古族的"帐幕式住房"、新疆维吾尔族的"拱廊式平顶民居"、藏族的"厚壁台阶式平顶民居"、云南地区的"干栏式民居"和福建客家的"土楼"等。

1. 北方少数民族民居

北方草原的蒙古族、哈萨克族和塔吉克族等民族多使用帐幕式住房，主要是因为这类住房可装可卸，方便这些民族进行迁移。这类民居的平面多为圆形，骨架枝条用皮条绑扎，形成一个网架，外面则用羊皮或毛毡覆盖，再用绳索束紧。架设时，先铲去地面的草皮，略加平整，铺上沙土、皮垫、毛毡即可。

新疆维吾尔族的民居则多为拱廊式平顶民居，其特点是有庭院，采用壁炉、火墙等取暖，屋顶开窗。房屋内部清洁整齐，并注重装饰。壁挂地毯都十分精美，色彩清丽，与维吾尔族人民热情好客的性格一样，给人以深刻的印象。

居住在西藏、四川南部、青海等地的藏族民居则多为厚壁台阶式平顶民居，这些民居主要以石块构筑，大多分为三层。底层是牲畜房和仓库；中间一层用于居住；第三层则有经堂、晒台及厕所。黄土、青石、红木，藏族民居将这些材料的本色完全显露出来，形成了朴拙而又协调的风格。

2. 南方少数民族民居

生活在云南的少数民族众多，有傣族、侗族、水族和景颇族等，他们大多生活在潮湿的热带丛林中，因而这里的民居多为干栏式民居。这些房屋用支柱架离地面，房屋下则用于饲养家禽及作为仓库之用。这种形式有利于防水、防虫蛇毒害。

"客家土楼"是客家人为了防卫而建造的一种对外封闭、对内开放的民居建筑。其中，以福建龙岩、上杭、永定一带的土楼最为有名。这种土楼，或方或圆，圆形平面的直径最长可达70余米，共3环，以夯土墙承重，墙厚达1米，高达5层，其间有300余间房屋，形成聚族而居的堡垒式建筑。"客家土楼"造型独特，历史悠久，给人留下了深刻的印象。

▲ 客家土楼

📝 活动设计

活动主题：**本地民居调查。**

活动形式：**社会考察。**

活动内容：**各位同学分组考察自己家乡或学校所在地的典型民居，了解当地民居的特点，并尝试探究民居的设计思想、各部分功能以及对当地居民生活的影响。**

4.5 雕塑

导读

雕塑较之绘画更为立体，具有非常出色的艺术表现力。中国雕塑历史悠久，丰富多彩，即不乏开山裂石而就的巨大摩崖造像，也多有精雕细琢，极尽小巧精美之能事的微雕名作，是中华传统艺术的重要组成部分。

4.5.1 陵墓雕塑

陵墓雕塑主要包括明器雕塑和陵墓表饰雕塑两类，其中明器雕塑又包括人俑、家畜、鸟兽模型和建筑、车船模型等。陵墓表饰雕塑则主要包括陵墓周围建造的石兽、石人等仪卫性雕塑。陵墓雕塑从产生、发展到衰落，主要经历了以下几个阶段。

1. 春秋至秦汉时期

最早的明器雕塑应是产生于新石器时代，在春秋战国得到了进一步的发展，秦汉时代秦陵兵马俑的出现，缔造了明器雕塑史上第一个高峰。

兵马俑的制作采用模塑、手塑相结合的方法，先用陶土烧制，分段成型，整体焙烧，烧制成型后又用颜料加以彩饰。在艺术设计上，兵马俑的制作尤为注重写实性和丰富性，如武士俑的形象与北方农民相似，微微上翘的胡子，束起的发髻上的发缕，战袍上的甲钉，浅帮鞋上系着的鞋带等，身体各部位都被细致入微地刻画出来。整个兵马俑军队阵容整齐、装备完善、威风凛凛，是秦朝军队的艺术再现，极具艺术感染力。

汉代提倡厚葬，墓室中的明器雕塑在题材上更加广泛。为了使死者在阴间也能够享受生前的富贵生活，大量陶制的粮仓、锅灶、房屋，以及鸡、鸭、狗等动物作为陪葬物品便出现在墓葬中。

▲ 兵马俑

早期的陵墓表饰雕塑遗迹也出现于汉代，西汉霍去病墓至今存有十余件杰出的动物石雕，"马踏匈奴"便是其中最为出色的作品。该作品塑造了一匹高大的骏马，四蹄之间封锁住一个"匈奴武士"，隐喻霍去病抗击匈奴屡立战功的事迹。整个雕塑高1.9米，由一整体石块雕刻而成，雕塑浑然一体，体现出雄浑的气魄。

2. 唐宋时期

唐代进入了陵墓雕塑的又一个高峰，当时的政府机构中还专门设置了陵墓石刻及明器制作的管理部门。明器的制作进一步制度化，风格也更为集中统一。这一时期，陵墓雕塑的题材上以人物、动物最多。人物雕塑以贵妇形象的女俑、威猛强悍的镇墓力士像和手舞足蹈的俳优俑居多；动物雕塑则以马和骆驼较为常见。唐人还发明了以黄、绿、褐三色为基色并夹有蓝、白等色的三彩，这使得雕塑显得更加灿烂华美。

唐代帝陵都以山为陵墓主体，陵前有动物或人物雕塑。如高祖李渊的献陵前就有体积巨大的石虎、石犀。唐高宗李治与武则天的合葬墓乾陵，同样有众多刻画得相当真实的陵墓石雕，如蹲坐的石狮、长有双翼的马等。唐太宗李世民的昭陵前则雕刻有"昭陵六骏"和十四个"藩王"像。

相关链接

"昭陵六骏"这一浮雕作品的制作，主要是为纪念李世民麾下在开国战争中立下功劳的6匹战马。该作品的图形由著名画家阎立本设计描绘，然后由雕刻师凿于石上，具有极高的艺术价值。

宋、金墓室砖雕，是宋代新出现的一种雕塑，其逐渐取代了墓室壁画。但总体上，宋代雕塑已开始衰落，陵墓雕塑也随之逐步走向衰落。宋代之后，随着丧葬习俗的变化，纸扎明器开始流行，随葬雕塑则日益减少，但陵墓表饰雕塑仍较受重视。石狮成为陵墓仪卫雕塑中最基本的题材，其雕刻的手法则进一步向写实方向发展，但早已没有了唐代的雄浑气魄。

3. 明清时期

明清时期，封建君主专制的加强，以及社会经济的不断发展，促进了皇帝陵墓的大规模兴建。如以明太祖朱元璋的孝陵和明成祖朱棣的长陵为中心的明十三陵，清代的东陵、西陵等。

这些陵墓的雕塑在写实性与装饰性的结合，整体感与局部刻画的协调，造型结构与露天放置的永久性相适应等方面都表现得恰到好处。但是与汉唐时期相比，这些雕刻又缺乏生气和力度，有些甚至显得呆板僵硬。

随着封建专制制度的没落和衰亡，陵墓雕塑每况愈下，最终结束了它在封建社会中漫长的发展历程。

4.5.2 宗教雕塑

中国传统宗教雕塑又以佛教雕塑成就最高。中国的佛教雕塑最早由印度传入，主要由石窟造像和寺庙造像两部分组成，形式上有石雕和彩塑两种。

一、石窟造像

石窟造像中，甘肃敦煌莫高窟，山西大同云冈石窟，河南洛阳龙门石窟，四川的广元、巴中、乐山等地的摩崖石刻等都较为有名。

1. 敦煌莫高窟

甘肃敦煌莫高窟始凿于366年，至今仍保留着历朝历代所开凿的石窟492个。由于莫高窟岩质不适于雕刻，故其中的造像多以泥塑为主。现存有彩塑2 400余身，大的有高达33米的巨型弥勒佛坐像，小的则有只有几厘米高的影塑千佛。

南北朝时期，莫高窟中主像一般是释迦牟尼或弥勒，两侧多为胁侍菩萨。其早期的弥勒面相方正庄严，衣纹线条朴拙，四肢姿态较僵硬，有一定的宗教威严感。中期的佛像头顶有高大的肉髻，面相清秀。菩萨长颈细腰，与佛一样，具有同一时期绘画作品中"秀骨清像"的特点。后期的造像更趋于亲切自然。

隋唐时代的敦煌彩塑代表着彩塑佛像的最高成就。隋代塑像扬弃了"秀骨清像"的特点，呈现出丰硕壮实之貌，但隋代以前的造像有头重脚轻、肩宽腿短的比例不合宜现象。唐代出现一佛、二弟子、二菩萨、二天王或二力士的组合，在人体比例上相当合度。此时的佛像有着较多的人间气息，菩萨被塑为美艳动人的女子形象，丰满的肌肤和轻薄的衣料具有唐代仕女画特征。宋代以后，敦煌石窟艺术逐步衰退。

▲ 莫高窟中的雕像

2. 云冈石窟

山西大同的云冈石窟，绵延1 000多米，大小石窟千余个，规模庞大。云冈石窟的开凿年代在北魏时期，佛像为石雕，大多体型巨大，形象庄严。

云冈石窟的第一期作品，其主佛高达13.7米，高鼻深目，具有典型的西域佛像特征。第二期造像在尺寸上明显比第一期偏小，并且更加注重形象和人物情态的刻画。第三期造像无论从人物形象，还是衣饰装扮上都已完全中国化。

3. 龙门石窟

河南洛阳的龙门石窟开凿于北魏迁都洛阳之前，其中宾阳三洞和奉先寺洞中的造像成就较高。宾阳三洞中有11尊大佛像，主像为释迦牟尼，其高鼻大眼、体态端庄，左右两边则侍立有弟子、菩萨，佛和菩萨的面相都较清瘦，衣纹刻画周密，带有明显的西域特色。

奉先寺洞则是唐代开凿的最大的一个石窟，长宽各30余米。洞中有9尊造像，包括卢舍那大佛、二弟子、二菩萨、二天王和二力士。其中，卢舍那佛坐像身高17.14米，头高4米，耳朵长1.9米，是龙门石窟中最大的佛像。该佛像造型丰满，表情动人，衣纹流畅，体现出唐代雕塑雍容典雅的风采。

4. 摩崖石刻

摩崖石刻大多散布于四川的广元、巴中、通江以及川南的邛崃、乐山、夹江等地。其中，乐山大佛是最为世人所瞩目的摩崖石刻，它高71米，是世界上最大的古代佛像，总共用了90年才雕琢完成。乐山大佛是借用整个山体开凿的，该佛像呈坐姿，比例合度，面部表情安详、沉稳，脚下奔涌着三江汇合的激流，堪称巧夺天工之作。

▲ 乐山大佛

二、寺庙造像

寺庙造像产生的年代与石窟造像基本相同，但早期的寺庙造像很少被保存下来。唐代的一些寺庙遗址中出土的石雕造像与同时期的石窟造像一样，大多具有饱满瑰丽的特征。宋代寺庙的雕像以木雕、泥塑为主，题材上以罗汉像和菩萨像最为常见。以山西晋城青莲寺和苏州保圣寺的罗汉群像最具特色。元代寺庙雕塑的代表则是北京西郊卧佛寺的铜铸卧佛。

明代的寺庙造像无论是题材还是表现手法上都日趋世俗化、民间化。如山西平遥双林寺现存的明代造像中，既有金刚力士像、渡海观音像、罗汉像，也有众多的供养人像。并且，这些供养人像大多具有很好的写实风格，充分表现了人物的性格和精神状态。

清代的寺庙造像也十分发达，但精神气质则远不及前代。这一时期的代表作品主要有昆明筇竹寺内彩塑的五百罗汉，河北承德避暑山庄中一尊高20多米的千手千眼佛像，北京雍和宫中一尊18米高的白檀木雕弥勒佛等。

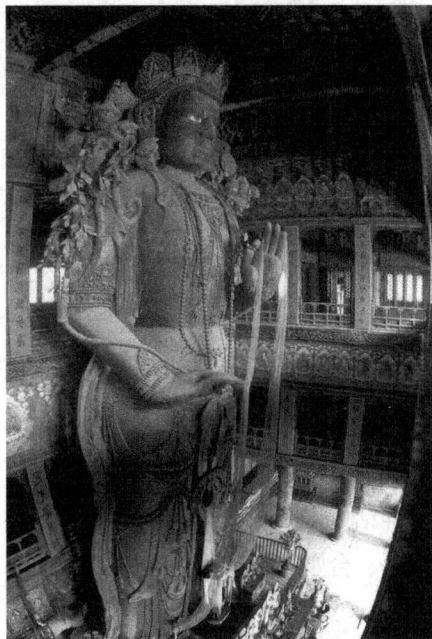

▲ 雍和宫白檀木弥勒大佛

4.5.3 建筑雕塑

建筑中使用的配件或装饰称为建筑雕塑，建筑雕塑的材料大多为石、木、陶和砖等。秦代的空心陶砖、瓦当和汉代的瓦当大多会被精心装饰，是这一时期建筑雕塑的代表。秦代的空心陶砖多饰有龙、凤或狩猎、农耕等图案，瓦当则多饰以卷云纹和动物图纹。这些图纹大多飞跃灵动，具有极高的艺术性。汉代瓦当上则多为青龙、白虎、朱雀和玄武四灵兽的浮雕，或刻上"延年益寿""长乐未央"等吉祥语。

隋唐时代的建筑雕塑也十分繁荣，如建于隋代的河北赵县安济桥，其栏板所刻的龙图案，姿态万千，造型生动，极具雄健的气势。山西永济市蒲津大桥遗址发掘出的唐代巨型铁牛，其雕刻朴拙而富有神韵，给人以力大无比、虎虎生威之感，显示出精湛的雕刻技法。

宋代之后，建筑雕塑中出现了大量镂雕和圆雕作品。宋金建筑中还常常砌有雕饰丰富的砖块，如屋顶塑有形态各异的小型脊兽，门口则塑以守门的石狮。建于金代的卢沟桥的雕刻具有很高的艺术价值，尤其是桥上栏柱顶端所雕刻的几百个石狮，它们大小不等，神气十足，与造型壮观的桥身结合在一起，构成了一处绝美的建筑景观。故宫中则有一道"九龙壁"，上面以浮雕手法制成9条蟠龙，或瞪目张颔，或弓身弩背，或昂首收腹，神动形移，似欲破壁而出。

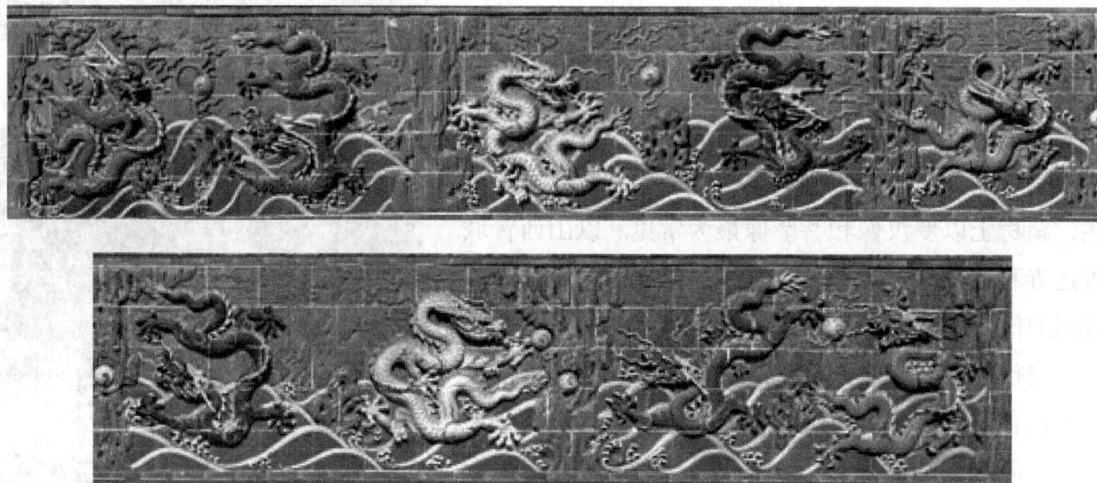

▲ 故宫九龙壁

至今尚有许多明清建筑被保存下来，这些建筑中同样存在大量的装饰雕刻。雕刻内容主要有神话传说、历史故事和动植物图案等，并且大多以屋脊、房檐、墙体、窗隔、门扇、斗拱、梁架、台座等位置作为装饰部位。

4.5.4 纪念雕塑

纪念雕塑是为纪念祖先和历史上的圣贤人物而塑造的雕像。纪念雕塑大多位于宗庙和祠堂内，如关公祠、武侯祠、三苏祠等处的塑像均为人们所熟知的纪念雕塑。

纪念雕塑以山西晋祠的宋代彩塑最具代表性，这组人物彩塑主要是为纪念唐叔虞之母邑姜而建。大殿正中幔帐内为圣母邑姜像，两侧分列44尊神态各异的侍从像。这些侍从像中的侍女像年龄、职务、性格都不相同，个个造型圆润俏丽，生动活泼，气质风韵极佳。另外，位于四川的前蜀皇帝王建的雕像也较有代表性，据推论，这一石质雕像应为其生前所雕，神态写实，反映了北宋早期的雕塑艺术风格。

4.6 民间工艺

导读 民间工艺是劳动人民就地取材用手工制作的工艺，往往极富民族传统特色。民间工艺并不追求珍奇华贵，而重在表现劳动人民真实的生活和抒发劳动人民质朴的感情，因而受到广大人民的喜爱。

4.6.1 陶瓷

民间工艺中，陶瓷工艺的发展经历了一个极为漫长的时期，其中石器时代彩陶工艺的发明，标志着中国古代生产和艺术方面的极大进步，为我国传统工艺美术的发展奠定了基础。

1. 石器时代

彩陶是一种绘有黑色、红色花纹的陶器，主要流行于仰韶文化时期的黄河上、中游地区。彩陶的形制样式很多，包括烹煮食物的鼎、鬲；蒸煮食物的甑、甗；盛放食物的盆、钵、盘等，造型大多圆浑丰满。彩陶的绘饰，大多是陶坯打磨后用毛笔蘸红色、黑色颜料绘制。绘饰的内容，主要是形形色色的几何形纹和造型生动的动物、植物、人物纹样。这些绘饰大多表现了新石器时代先民的劳动、生活，充满了文明初萌时期质朴的艺术特质。

2. 商周至春秋战国

白陶和釉陶是商周时期陶器的最高成就。白陶是以高岭土为原料，经高温烧制而成的陶器，商代制作的白陶主要有鬶、爵、豆、壶等。这一时期的白陶泥质大多洗练精细，造型工整富丽，雕饰花纹繁茂优雅，极为珍贵。

釉陶则是以某些天然矿物和植物涂抹在陶坯上经烧制而成的陶器。这种陶器胎质灰白、坚硬质密，表面挂有一层透明的青釉。釉陶在商周和春秋战国时期的遗址中发现较多，造型以尊、豆、盂、壶为主。釉陶的出现实现了陶器从素烧发展到彩绘，从无釉发展到有釉的转变，标志着我国古代制陶技术的极大进步。

3. 两汉至魏晋南北朝

两汉是我国制陶技术由陶到瓷、由原始瓷到瓷器的过渡最终完成的时期。陶器和瓷器的主要区别在于所使用的原材料和烧成温度的不同，陶器使用一般黏土即可制坯，烧成温度在800～1 100℃；瓷器则必须使用高岭土，烧成温度在1 200～1 400℃。由于瓷器

▲ [西汉] 原始瓷青釉划花双系罐

胎体硬度高，且耐腐蚀、易清洗、造型美观，所以随着魏晋时期瓷器的发展，它很快便成为人们日常饮食起居中最重要的生活用品。

南北朝以后，"南青北白"成为当时瓷器生产的一大趋势。"南青"是指南方以浙江为中心的瓷窑所烧制的青瓷；"北白"则是指河南、河北一带的瓷窑烧制的白瓷。

4. 隋唐时代

隋唐是我国瓷器发展的高峰时期，这一时期的瓷器造型丰富，装饰多样。这一时期，烧制精良陶瓷的窑场也极为众多。据陆羽《茶经》记载，唐时闻名天下的窑场有越窑（今浙江绍兴、上虞、余姚一带）、邢窑（今河北内邱）、岳州窑（今湖南湘阴）、鼎州窑（今陕西富平）、洪州窑（今江西南昌）、婺州窑（今浙江金华）等。

另据考古发现，唐代长沙窑（今湖南长沙）、邛窑（今四川邛崃）、鲁山窑（今河南鲁山）、巩县窑（今河南巩义）所烧制的釉下彩、三彩、青釉瓷、花釉瓷等也体现出相当高的技术水平。

5. 宋元时代

宋代同样是我国陶瓷发展史上极为兴盛的时期，这一时期的陶瓷装饰丰富，各种胎刻独具风格。当时的制陶名窑遍布南北，其中的五大窑场最为著名，分别是定窑（今河北曲阳，以印花、刻花、划花白瓷闻名）、汝窑（今河南宝丰，以青釉瓷闻名）、哥窑（今浙江龙泉，以冰裂纹片瓷器闻名）、钧窑（今河南禹县，以窑变色釉瓷器闻名）和官窑（北宋官窑在今河南开封，南宋官窑在今杭州，专门烧制官廷用瓷器）。

与五大名窑并称的则是八大瓷系，分别是定窑系、磁州窑系、耀州窑系、钧窑系、景德镇窑系、龙泉窑系、越窑系和建窑系。这些名窑和窑系，促进了宋代瓷器工艺的极大发展，陶瓷制作在这一时期异彩纷呈，享誉世界。

▲ ［元］青花鱼莲纹罐

元代在瓷器工艺上最大的成就是白瓷制作水平的极大提高，青花瓷的制作也发展到一个新的水平。另外，这一时期还出现了青白瓷、釉里红瓷、红釉瓷等瓷器。

6. 明清时代

明代的陶瓷工艺在釉彩、纹样、造型方面都较宋元时期有大幅度的提高，各种色釉器、青花器、五彩器竞相出现。由于明代明令禁止民间使用五彩器，加上青花瓷器美观大方、经久耐用，故而明代各地的民窑大都以烧制青花瓷为主。这些青花瓷的装饰题材极为广泛，有花卉（牡丹、折枝莲、变形菊花等）、人物故事、仙山楼阁等，其大多风格爽朗，充满生活情趣。

明代民间陶瓷业的另一大成就是紫砂陶的兴盛。这种陶瓷由紫砂泥制成，是一种质地坚硬，外部不施釉，但外观朴雅的陶瓷。使用紫砂陶茶具泡茶具有不走味、夏季不易变质、耐冷热等特点，因而颇受文人雅士喜爱。

相传供春是制作紫砂陶最早的工艺家，小时他在一个大官僚家做家童，后来跟金沙寺的和尚学习制陶，经过一番刻苦钻研，终于学得一手烧制紫砂陶的好本领。他做的陶壶，泥质细密，造型精巧，极受人们喜爱。供春之后，当时著名的匠师董翰、赵梁、李仲芳、徐友泉、时大彬、李茂林等对紫砂陶的制作技术进行了发展。他们所制作的紫砂陶形制新颖，品色丰富，四海皆知。不过，紫砂陶器多为文人雅士使用，民间流行不多。

清代的陶瓷在工艺、品种方面较之明代又有不少提高和创新。清代陶瓷的特点是重在色彩艳丽的"斗彩"和"粉彩"。"斗彩"是指以釉下青料绘出花纹轮廓，然后用多种釉上彩料填充成纹饰；"粉彩"则是先在花纹下敷上铅粉，然后依纹饰浓淡施以五彩。另外，由于清代对民窑的限制不如明代严苛，因此不论官窑民窑，均以烧制彩瓷为主。

清代民间瓷器多以碗盘瓶罐为主，讲究实用大方。装饰题材上，既有人们喜爱的婴戏图、八仙庆寿等，也有戏曲故事画、耕织图等。另外，花草竹木、瓜果蔬菜、飞禽走兽和山水树石仍是基本的题材。有的甚至以少数民族、西洋妇孺作为瓷器的装饰，这些都反映出清代文化的发展和中外文化交流给人们带来的新观念。

▲ ［清］釉彩大瓶

4.6.2 剪纸

剪纸是用剪刀剪成花卉、鸟兽、人物或其他图案的艺术，也包括用刀刻镂的刻纸。剪纸在我国农村广泛流行，它的发展同样有着悠久的历史。

1. 西汉时期剪纸

纸的发明是在西汉时期，因此剪纸艺术也在这一时期之后兴起。这一时期虽然没有发现剪纸作品，但运用薄片材料，通过镂空雕刻的方法制成的工艺品是大量存在的。相传汉武帝时期，他的宠妃李夫人死后，方士李少翁为了让汉武帝重见李夫人，就让汉武帝坐于帷帐中看他施"方术"。果然，不过一会儿，李少翁施术的帷帐中就出现了李夫人的倩影，时坐时行。其实，李少翁的"方术"，很可能就是用皮革或其他材料雕刻成李夫人像，同时以皮影戏的方式展现出来的。

2. 魏晋时期剪纸

魏晋时期，随着宗教活动和民俗活动的发展，剪纸得以兴起。东晋时期，民间流行剪通草花献佛；在农历七月十五盂兰盆会，佛教徒也往往剪彩为花叶作为佛前装饰。目前我国发现的最早的剪纸作品，是新疆吐鲁番南北朝墓葬中出土的五幅团花剪纸。这些剪纸中有三幅为四面均齐的几何形团花，另外两幅则是对马团花和对猴团花，造型复杂生动。而如此精巧的剪纸，必然经历了一个漫长的发展过程才能达到如此成就。

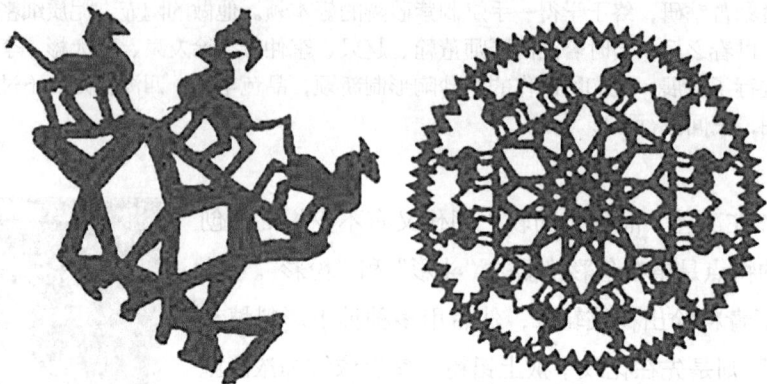

▲［北朝］对马团花剪纸

3. 唐代剪纸

唐代以后，"镂金剪彩"的风俗仍然盛行。每逢立春人们便会剪出各式各样的"幡"（用丝织品剪成的小幡，又叫春幡）和"胜"（妇女用的一种首饰，人形的叫"人胜"，几何形的叫"方胜"），或作为节日的礼物，或簪在头上，或系于屏风，以作为庆贺。诗人李商隐所作《人日即事》一诗中，"镂金作胜传荆俗，翦彩为人起晋风"一句即是对此风俗的反映。

现在日本正仓院中还保留着唐代的"华胜"的实物，这是一种罗和金箔做成的饰物，其中心是一儿童在林下戏犬，下边则有金箔和红绿萝花叶作为装饰。该饰物上还写有吉语"令节佳晨，福庆惟新，变和万载，寿保千春"，意思是庆贺佳节，祝愿人们在新年获得更多的幸福，永远长寿。

当然，这种华贵的华胜剪彩，无疑是贵族士大夫使用的，劳动人民则往往以纸剪花代之。新疆吐鲁番阿斯塔那唐墓中曾出土一件排列成行的7个人形的剪纸，这便是当时随葬的"人胜"，即人形剪纸。可见，在贵族士大夫使用"镂金剪彩"的同时，广大劳动人民则发展了纸剪花艺术。

4. 宋元剪纸

宋元时期，随着手工业和商业的繁荣发展，剪纸艺术进入蓬勃发展时期。当时，除了立春以外，人日、元旦、端午、七夕、重阳等节日也有剪纸活动。人们往往剪"春幡春胜""钗头彩胜"做成艾叶、花朵、仙佛、影戏、虫鱼、禽鸟等形状，簪戴悬挂以求平安。

这一时期，一些城市还出现了专门从事剪纸生意的小手工业，城市居民除了把剪纸作为节日的幡胜外，还往往将其作为礼品的点缀；甚至当民间苦于久雨不晴时，也会剪出手持扫帚的妇女形象以祈求天气转晴，其被称为"扫晴娘"。可见，宋元时期随着剪纸艺术的普及，剪纸工艺在民间的应用越来越广泛，这也为后来剪纸艺术的发展奠定了基础。

5. 明清剪纸

明清时代是民间剪纸艺术的高度繁荣时期。这一时期，民间工艺剪纸得到了极大普及，出现了丰富的品种，主要包括以下几种。

● 窗花。窗花是贴在窗户上的剪纸，多在春节、吉庆的日子使用，题材多为花卉、鸟兽、吉语或戏曲故事。

● 墙花。墙花是贴在炕围或灶头的剪纸，题材多为戏曲故事、民间故事或吉语。

● 顶棚花。顶棚花是贴在屋顶棚上的花，多用于装饰结婚新房。

● 鞋花、枕头花、衣袖花、背带花、荷包花等。多是鞋面、鞋底、枕顶、衣袖、背带、荷包等装饰刺绣的底样剪纸。

● 灯笼花。灯笼花是贴在灯笼纸上或装饰在走马灯上的剪纸，题材形式多样。

● 喜庆花。喜庆花包括"喜花""礼花""供花""烛台花"等。其中，"喜花"又称"嫁妆花"，婚礼时用于装饰妆奁、箱厨等，多用红纸剪刻而成，内容则有"喜上眉梢""富贵有余"等。

● 门笺。门笺是由幡演变来的剪纸。门笺的图案多是带有吉语的图形，一般在春节时与春联同时使用。

▲ ［清］剪纸作品 鹊桥相会

4.6.3 花灯

花灯又叫"灯彩"，是我国著名的民间工艺品。古时每逢元宵佳节，人们在街头巷尾挂起各式各样的灯彩，往来其间，踏月观灯，气氛格外热闹。

1. 汉代灯彩

汉代宫中已有正月十五"垒灯为山"的习俗。相传汉文帝为庆祝周勃于正月十五戡平诸吕之乱，规定每年正月十五举行纪念活动，在此日他出宫游玩，与民同乐。又因正月十五古称"上元"，而"宵"又是晚上的意思，故文帝就将正月十五定为"元宵节"。佛教传入中国后，每年正月十五便会"燃灯表佛"，弘扬佛法。后来，元宵节放灯逐渐成为我国城乡每年最重要的活动之一。

2. 隋唐灯彩

隋唐时期，元宵节放灯已成为城乡人民的娱乐活动。唐代把正月十五定为"灯节"，后又改为自上元"放夜"（放花灯）三天。崔液《上元夜六首·其一》中写道"谁家见月能闲坐？何处闻灯不看来"，从此，每年灯节便成为人们欢乐的节日。

据文献资料记载，隋唐时期的灯彩，名目繁多。除了龙灯、鱼灯、灯影外，还有很多大型的豪华灯彩。张鷟《朝野佥载》中记载，唐睿宗时，长安安福门外制作了一个巨轮灯，高达20丈，上面缠绕着五颜六色的绸缎，燃灯5万盏，如同霞光万道的花树，极为壮观。

3. 宋代灯彩

宋代灯彩的制作工艺得到了较大发展。宫廷每逢春节之前的几个月，都城开封便会开始搭山棚做准备。开封所制作的"灯山"，点燃之后，灯火通明。殿前的龙灯，用草扎结，布幔包裹，其间暗置上万盏灯烛，远远望去如双龙飞走。

民间的灯彩，同样花样繁多。民间每到正月十五之前，各街市便会预先制作或到灯市去购买灯彩。当时，民间的灯彩品种主要有"万眼灯""无骨灯""白玉灯""丝灯""珠子灯""走马灯""罗帛灯""细竹丝灯"等。这些灯彩，既有画人物、山水、鸟虫的，也有写诗词藏灯谜的，制作得十分精致。

4. 明清灯彩

▲ 走马灯

明代，太祖朱元璋建都南京后，曾招徕天下富商，放灯十日，庆贺元宵节。金陵城内遍搭彩楼，秦淮河上燃放水灯上万只，极为壮观。明成祖迁都北京后，在东华门辟二里长灯市，从正月初八到正月十七放灯，期间灯火通明，鼓乐杂耍热闹无比。明代的灯彩品种也极为丰富，有老子、美人、钟馗打鬼等人物灯；有栀子、葡萄、杨梅等花果灯；有鹿、鹤、鱼、虾等禽虫灯；有琉璃、云母屏、水晶帘等奇巧灯，五光十色，争奇斗艳。

清代，当时的北京如《燕京岁时记》中描绘的："每到灯节，内廷筵宴，放烟火，市肆张灯。"各色纱灯、玻璃灯、明角灯形状各异，灯上所绘古今故事，使人流连忘返；冰灯、盒子灯等，如水晶火树，照得夜晚如同白昼。

📖 **延伸阅读**

诗与画相合的园林——辋川别业

蓝田地处关中平原东部，秦岭北麓的黄河流域。蓝田东南部，有尧山，辋川河蜿蜒其间，两岸风景优美，留下了大量历史遗迹和人文景观，王维的辋川别业就是其中的佼佼者。

中唐，诗人王维购得了宋之问的蓝田山庄，着手对庄园及其附近的天然山水、地形和植被稍加整饬，在以山林湖水取胜的天然山谷区营建了自己的私家园林，即辋川别业。

王维本身精擅诗画，在园林造景上尤其注重布局与意境，具《辋川集》记载，王维以植物、山川、滩涂、泉石及人工建筑景点所形成的景物题名，并在可居处、可观处、可歇处、可借景处，因地制宜筑屋、建亭、设馆，形成了20余处景致，包括孟城坳、华子岗、文杏馆、斤竹岭、鹿柴、茱萸沜、宫槐陌、临湖亭、欹湖、辛夷坞等。建立了既富自然之趣，又有诗情画意的自然山水园林。

辋川别业为王维提供了一个放松身心、远离尘世喧嚣的休憩处，其优美的自然风光也成了王维的灵感来源。在隐居辋川别业期间，王维完成了很多山水田园诗歌以及山水画，其中最令人称道的便是《辋川图》与《辋川别业》，《辋川别业》诗云"不到东山向一年，归来才及种春田。雨中草色绿堪染，水上桃花红欲然。优娄比丘经论学，伛偻丈人乡里贤。披衣倒屣且相见，相欢语笑衡门前。"美丽的春色、淳朴亲密的人际关系，何等畅快的田园生活。

虽然辋川别业早已淹没在历史之中，但一直被人们传唱在各个领域。《辋川图》被赵孟頫、商琦、仇英、文徵明等后世大家争相描摹；明代钱秀峰将自己的园林命名为小辋川，"一切台阁亭榭，悉颜以辋川诸胜，遂即以名其园。"；五代时期，尼姑梵正曾以《辋川图》做风景冷盘而声名远扬；宋代的秦观更是在《书辋川图后》中说自己阅《辋川图》而病愈。辋川别业已经不再是一座园林，而成为一个醒目的文化符号，烙印在中华文化中。

☼ | 启发 |

诗歌、绘画、园林……中华传统文化中的种种艺术并不是孤立的，而是相互联系、互为表里的，哪怕今天辋川别业已经作古，我们依然能够从古诗、古画之中，领略辋川别业的风景，畅想王维在其中的生活，这正是中华传统艺术的独特魅力。

实践练习

练习一：单选题

1. "天下第一行书"指的是（　　）。

    A.《雁塔圣教序》　　B.《玄秘塔碑》　　　C.《寒食帖》　　　　D.《兰亭序》

2. 宋代绘画的代表作是（　　）。

    A.《辋川图》　　　　B.《清明上河图》　　C.《步辇图》　　　　D.《洛神赋图》

3. 唐代法曲中最著名的舞蹈是（　　）。

    A.《霓裳羽衣舞》　　B.《白纻舞》　　　　C.《十六天魔舞》　　D.《惊鸿舞》

4. 明清两代紫禁城内最高大的建筑，俗称"金銮殿"的（　　）。

    A. 午门　　　　　　B.九龙壁　　　　　　C. 乾清宫　　　　　　D. 太和殿

5. 下列属于建筑雕像的是（　　）。

    A. 兵马俑　　　　　B. 唐三彩　　　　　　C. 云冈石窟　　　　　D. 九龙壁

6. 宋代，以青釉瓷闻名的名窑是（　　）。

    A. 定窑　　　　　　B. 哥窑　　　　　　　C. 汝窑　　　　　　　D. 钧窑

练习二： 讨论与分享

请对以下事例，谈谈你的看法，并与同学讨论和分享。

1. 中国古代文人向来"书画"并举，很多创业者都"工书法、擅丹青"，同时精通书法和绘画两种技艺，为什么中国会出现这种独特的文化现象？

2. 中国古代园林往往追求"一步一景，移步换景"以及"四时之景不同"，收集相关资料，谈谈你如何理解这种理念，这种理念体现了中华传统文化的何种艺术思想和美学观念？

练习三： 案例分析

顾恺之的"传神论"

顾恺之是一位划时代的艺术大师，有着"画家之祖"的美誉，其卓著贡献之一便是提出了"传神论"，是后世绘画家的不易之典。顾恺之的"传神论"，即主张绘画应表现人物的精神状态和性格特征，重视对象的体验、观察，将自己主观的艺术情愫"迁"入所绘之物中，将自身想表达的融入艺术创作中。由此，中国绘画得以从"形似"升华到"神似"的境界，"传神"也成了中国绘画，乃至所有中国传统艺术品创作的最高艺术追求。今天，人们仍使用"传神"一词来表达"生动、形象、逼真"的意思。

💡 **思考**

1. 你如何理解中华传统艺术中的"形似"与"神似"？二者有什么具体表现，又有哪些联系与区别？

2. 为什么中国的传统艺术家往往以"传神"为追求？选择一件优秀的艺术品，分析其是如何做到"传神"的。

第三篇

社会与生活

第 5 章 多彩的生活：中国传统民俗

民俗是民间所流行的习俗和风尚，它既是对各民族不同政治、经济、文化的反映，也是对人们日常生活和心态的写照。我国历史悠久，传统民风习俗形式多样，内容丰富，如传统服饰和传统节日，历朝历代不同的服饰打扮往往都能够反映出人们不同的风俗习惯；传统节日更是汇集了各种各样的民俗活动，集中表现出了我国传统民俗的丰富多彩。

★ **知识目标**

1. 了解中国传统节日的内容和相关的习俗。
2. 了解历朝历代服饰的变化。

◎ **能力目标**

1. 正确认识中国传统节日与其相关习俗。
2. 能够根据历朝历代的服饰变化理解其思想风尚和文化特点。

▤ **素养目标**

能体会中国传统的民族习俗和文化风格，开阔视野，培养自身的人文素养。

宋代女子头饰

宋代周密《武林旧事》中记载："元夕节物，妇人皆戴珠翠、闹蛾、玉梅、雪柳、菩提叶、灯球、销金合、蝉貂袖、项帕，而衣多尚白，盖月下所宜也。"诗中所呈之景，即宋代上元节时，女子都会精心打扮，佩戴闹蛾、玉梅、雪柳等各种漂亮的头饰，观游上元灯会。

闹蛾又名"夜蛾""蛾儿"，是用丝绸或乌金纸做成花或草虫的形状，并绘上彩色的须子和翅膀。宋代女子常常在上元节佩戴这种头饰，出门观灯赏月，取"飞蛾戏火"之意。宋代康与之《瑞鹤仙·上元应制》中就说："花影乱，笑声喧。闹蛾儿满路，成团打块，簇著冠儿斗转。"明代刘若愚《酌中志·饮食好尚纪略》中也记载："自岁莫正旦，咸头戴闹蛾，乃乌金纸裁成，画颜色装就者；亦有用草虫、蝴蝶者。"

除此之外，宋代女子也常在上元节佩戴一种名为"玉梅"的头饰，这是一种由人工制作而成的白绢梅花。每到上元节，街头巷陌，都能看到摊贩们争相出售此物。宋代李邴《女冠子》中也记载："东来西往谁家女，买玉梅争戴，缓步香风度。"

"雪柳"同样是上元节女子喜爱佩戴的头饰，这是一种可以插戴的由绢或纸制成的头花。《宣和遗事》中记载："少刻，京师民有似雪浪，尽头上戴着玉梅、雪柳、闹蛾儿。"

讨论

古代女子的发饰十分丰富，发饰不仅是女子装扮必备之物，也是女子身份和地位的象征，身份越尊贵，发饰就越精致华丽。你了解哪些古代女子的典型发饰吗？试着分析宋代女子发饰的特点。

引申

中国素有"衣冠王国"的美称，中国服饰文化的发展源远流长，早在《易·系辞》中就曾有记载："黄帝尧舜垂衣裳而天下治。"服饰文化是中华民族礼仪的一种表现形式。在不同的场合，穿戴不同的服饰，这种习俗延续至今，仍在影响着当代人的生活，研究服饰文化对提升个人的文化修养、审美情趣，提升个人的气质和内在素质，具有十分重要的意义。

5.1 中国传统节日

导读 我国传统节日主要采用中国传统的历法和二十四节气来确定，如元宵节、中秋节采用历法确定，清明节采用节气确定等。我国传统节日反映着我国的传统民俗，是中华民族优秀传统文化的重要组成部分。

5.1.1 春节

每年农历正月初一是我国传统节日中最隆重的节日——春节，古时又称元旦、元日、元朔、正旦、新正、新春、新年等，俗称"过年"。

一、春节的来历

古代春节又称元旦，《说文解字》记载："元，始也。从一从兀。""旦，明也。从日见一上。一，地也。"元旦，也就是一年中的第一个早晨。公历的1月1日称为"元旦"，而农历的正月初一则称为"春节"。

"春节"在民间俗称"过年"，"年"最初的意思是指收获谷物，殷商卜辞中常有"有年""大有年"的记载，也就是"丰收"或"大丰收"的意思。商代也将每年谷物成熟的时间视为旧的一年的结束和新的一年的开始。因此，"过年"也就是为了庆祝这一年的丰收，同时期盼来年有更好的收成。

关于"年"的来历，民间流传着一个古老的神话传说。相传，远古时期有一种凶猛的怪兽，人们称之为"年"。每年冬天，"年"都会闯入村庄，袭击人畜。偶然一次，人们发现凶猛的"年"害怕鲜艳的红色、火光和声响，于是在自家门上纷纷涂抹上鲜艳的红色，门口则燃起熊熊大火。入夜后，人们四处敲打，并往火堆里放入大量竹子，竹子燃烧时发出了噼噼啪啪的声响。"年"看到四处红红的火光，响声不绝于耳，顿时感到惊恐万分，逃回了山中。第二天清晨，人们欢聚在一起，共同庆祝战胜了"年"，度过平安之夜。从此，每到冬天，人们都会用红色、火光和声响作为驱赶"年"的武器。后来，人们保留了"过年"这一习俗。

二、春节的习俗

春节的习俗有很多，其中较为重要的包括燃放爆竹和拜年贺岁。

1. 燃放爆竹

春节燃放爆竹这一习俗，同样有着一个神话传说。相传古时候，山林里生活着一种叫作"山魈"的怪物，人们一遇到它，就会染上怪病。后来，人们发现山魈害怕声响。于是，进山时就会砍一些竹子，扔进火堆中。竹子燃烧时，会发出噼噼啪啪的声响。山魈听到后，便会逃到山林深处，这样人们就不会与它相遇，也就不会染上怪病了。因此，在春节时燃放爆竹，也就有了驱除瘟疫、岁岁平安的寓意。

北宋时期，火药的发明和广泛使用，使人们制造出了真正意义上的火药爆竹。由于火药爆竹声响巨大，故又称为"炮仗""爆竹"。南宋时期，制作爆竹的工匠们又用"药引"将许多爆竹连成一串，形似鞭子，称之为"编炮""鞭炮"。从此，燃放装有火药的"鞭炮"就成为人们欢度春节的一种重要的活动形式。潘荣陛的《帝京岁时纪胜》就记载，清代的北京城，每逢春节午夜时分，全城都会"闻爆竹声如击浪轰雷，遍乎朝野，彻夜无停"。

▲［清］姚文瀚岁朝欢庆图（局部）

2．拜年贺岁

拜年贺岁也是春节期间一项重要的民俗活动。在民间，每逢春节，家族成员都要齐聚祠堂，在祭拜祖先的同时，又相互祝贺，称为"团拜"。古代，"过年"一般是从初一到十五。这段时间，人们走亲访友、登门拜年，不论亲疏、尊卑，都会受到热情的招待，各家各户都散发着浓浓的亲情、友情。

从宋代开始，人们在春节期间，为了表示节日的问候和祝福，常常向亲朋好友送上"贺年名帖"。这种"贺年名帖"是由祝贺人在名帖上亲笔书写被祝贺人的姓名或字号，以及一些节日的祝福语，再交由弟子或仆人送到被祝贺人的家里。宋代周密的《癸辛杂识》中就记载："节序交贺之礼，不能亲至者，每以束刺金（鉴）名于上，使一仆遍投之，俗为以常。"

明代以后，贺年名帖简称"贺年帖"。这一时期的贺年帖一般用长约3寸、宽约2寸的笺纸裁制而成，一般在帖的中央写上一些贺词，在帖的右上和左下方分别写上被祝贺者和祝贺者的姓名。清代时，已有许多商家出售用红色的硬纸制作的贺年帖。这些贺年帖上面都印有吉祥如意的祝福语，装帧精美，有的还配有精致的锦盒，称为"拜盒"。由于这种贺年帖比较精致小巧，故而又称"贺年片"。过年互赠贺年帖的拜年方式，充分体现了中华民族重情重义的品格，因此也成了中国古代社会的一种风俗和时尚。

▲民国时期的贺年片

5.1.2 清明节

清明节是以二十四节气命名的我国传统节日。《淮南子·天文训》记载："（春分）加十五日指乙，则清明风至。"由于这个节日正是处于仲春与暮春之交，万物复苏的时期，人们纷纷出门扫墓、踏青，因此这一节日又称"踏青节"。

一、清明节的来历

在古代，清明节的前两三天还有一个"寒食节"。唐宋时期的诗词作品中还常看到"寒食"一词。后来，这个节日逐渐淡化，并入清明节。

寒食节主要是为纪念春秋时期晋国的介子推而设立的，桓谭《新论》记载："太原郡民，以隆冬不火食五日，虽有疾病缓急，犹不敢触犯，为介子推故也。"寒食节期间，一般会禁止用火，食用冷饭冷菜。

汉代时，时任并州（今山西太原）刺史的周举不忍见此情状，遂到介子推庙祭告，"言盛冬去火，残损民命，非贤者之意，以宣示愚民，使还温食。于是众惑稍解，风俗颇革。"（《后汉书·左周黄列传》）。

由于寒食禁火的习俗对老幼病弱者影响极大，且与清明节相邻近，宋代以后，便将寒食节与清明节合并。

二、清明节的习俗

清明节的传统习俗有很多，其中最主要的是扫墓祭祖和郊游踏青。

1. 扫墓祭祖

扫墓祭祖的习俗古已有之，先秦时，人们往往在宗庙内祭祀祖先，没有固定的时间，祭祀活动也比较频繁。汉代时，扫墓祭祖的时间依然不固定，一年中往往要扫10多次。直至唐玄宗时期，才对寒食节的扫墓祭祖进行了规定，《许士庶寒食上墓诏》中记载："宜许上墓拜扫，申礼于茔，南门外奠祭，撤馔讫泣辞。食馔任于他处，不得作乐。仍编入《五礼》，永为常式。"唐玄宗的这一规定，使扫墓祭祖成为一种庄重的活动。随着寒食节逐渐被淡忘，其扫墓祭祖的习俗也被移入清明节。

清明扫墓，是对祖先的"思时之敬"。明代刘侗、于奕正撰写的《帝京景物略》就详细记载了清明扫墓的情况，"三月清明日，男女扫墓，担提尊榼，轿马后挂楮锭，粲粲然满道也。拜者、酹者、哭者、为墓除草添土者，焚楮锭次，以纸钱置坟头。望中无纸钱，则孤坟矣。"可见，当时清明扫墓是极受人们重视的。

2. 郊游踏青

到了清代，清明上坟扫墓与春游踏青结合在了一起。踏青又叫春游，古时叫探春、寻春等。四月清明，春回大地，正是外出郊游的好时机。

面对大好春光，人们扫墓之后，常常"不归也，趋芳树，择园圃，列坐尽醉"（《帝京景物略》）。贪玩的孩童，还常常不满足于仅在清明举行一次踏青，诗人王维《寒食城东即事》一诗就说道："少年分日作遨游，不用清明兼上巳。"唐代时期，清明踏青即已相当流行，杜甫《清明》中就说道："著处繁花务是日，长沙千人万人出。"

到了宋代，清明时节踏青更是"四野如市"。吴自牧所著的《梦粱录》中，就描绘了宋代杭州清明春游踏青的盛况。书中记载："宴于郊者，则就名园方圃、奇花异卉之处；宴于湖者，则彩舟画舫，款款撑驾，随处行乐。此日又有龙舟可观，都人不论贫富，倾城而出，笙歌鼎沸，鼓吹喧天。"

古时踏青，人们除了四处散步之外，还常在一起采集百草、野餐、斗鸡、拔河、荡秋千、放风筝。此外，人们还常将采回的百草插于门上或头上，其中，尤以插戴柳枝最为流行。北宋吕原明的《岁时杂记》记载："家家折柳插门上，唯江淮间尤盛，无一家不插者。"清代顾禄所著的《清嘉录》也记载："清明日，满街叫卖杨柳，人家买之插于门上，农人以插柳日晴雨占水旱，若雨，主水。"

无论是清明时节扫墓祭祖还是外出踏青郊游，作为清明节里最为重要的两项活动，都表达了人们对祖先和大自然的感恩之情。

▲祭扫

▲放风筝

▲踏青

5.1.3 端午节

每年农历五月初五，是我国传统的端午节。"端"即"最初"的意思，"端五"，即为第一个五日。一年中的每个月的初五日，都可以称为"端五"。古人为了区别五月与其他月的初五，便根据干支纪月的方法，用五月的天干"午"替代"五"。由于"五"与"午"谐音，"端午"也就更明确地指出了五月初五这一时间。

一、端午节的来历

关于端午节的由来，最为人们所熟知的就是为了纪念战国时期的楚国人屈原。屈原是战国时期楚国的贵族，曾担任左徒，专门谏议国政。其时，西边的秦国日渐强盛，屈原向楚怀王谏言，希望联合齐国抗秦。然而，楚怀王却听信谗言，将屈原流放汉北。其后，秦昭王以会盟为由，欲逼楚国臣服，屈原极力劝阻楚怀王。但楚怀王不听，最终被软禁于秦国。楚顷襄王即位后，屈原再次上书，希望朝廷加强军事。然而，楚顷襄王同样没有听取屈原的意见，反而将其流放外地。

后来，楚顷襄王二十一年，秦将白起统领大军攻打楚国，楚军大败，楚顷襄王狼狈逃至淮阳。屈原则在流放期间，写下了《离骚》《天问》等不朽诗篇，表达了自己对祖国前途的担忧和对人民的热爱。在看到祖国山河破碎、人民流离失所，而自己又无力挽救的情况后，屈原决定以自己的生命去唤醒楚顷襄王。五月初五，满腔悲愤的屈原怀抱巨石跳入汨罗江中。百姓们得知后，纷纷划船到江中搭救，端午节的龙舟竞渡即由此而来。屈原以身殉国的爱国精神成了中华民族的优良传统，于是，人们都在端午节这一天通过划龙舟、吃粽子等方式纪念这位爱国诗人。

二、端午节的习俗

传统端午节的习俗有赛龙舟，吃粽子，悬挂菖蒲、艾草，备牲醴，佩香囊，贴午叶符，比武，击球，给小孩涂雄黄，大人饮用雄黄酒、菖蒲酒，吃五毒饼、咸蛋等。其中，最主要的是赛龙舟和吃粽子。

1. 赛龙舟

"龙舟"一词，最早出自先秦古书《穆天子传》卷五："天子乘鸟舟、龙舟浮于大沼。"现代的龙舟则是在船上画上龙的形状或将船头做成龙的形状，赛龙舟是我国民间传统的水上体育项目，多在喜庆的节日举行。其中，端午节赛龙舟最为著名。

过去，人们在开始赛龙舟之前，一般先要以各种方式请龙、祭神。如在广东，一般是将龙舟从水下起出，祭过南海神庙中的南海神后，再安上龙头、龙尾，然后竞渡。

自唐代开始，历代的帝王都有临水观看龙舟比赛的记载。《旧唐书》中记载了穆宗、敬宗，均有"观竞渡"之事。《东京梦华录》记载了北宋皇帝在临水殿观看金明池内龙舟竞渡之事，以及各式各样的船只，包括彩船、乐船、画舫、小龙船、虎头船，还有长40丈的大龙船等。

▲龙舟竞渡图

2. 吃粽子

吃粽子是端午节特有的节日习俗，最早始于西晋时期。开始时，粽子并不叫粽子，而是被称为"角黍""筒粽"。据记载，春秋时期，人们用菰叶将黍米包成牛角状，称为"角黍"，而用竹筒包装并密封烤熟的粽子则称为"筒粽"。东汉末年，人们用草木灰水浸泡黍米，然后，用菰叶将其包成四角形，因草木灰水含碱，故称为"碱水粽"。

自晋代开始，粽子被正式定为端午节的食品，当时，包粽子的原料除糯米外，还添加了中药益智仁，称为"益智粽"。南北朝时期，粽子的品种开始增多，人们开始在糯米中加入肉类、红枣、板栗等原料。

唐宋时期，粽子出现了锥形和菱形两种形状，并且还出现了"蜜饯粽"。元明时期，粽子的包裹材料除了菰叶外，还出现了使用箬叶和芦苇叶包裹的粽子。包裹的原料方面，则出现了豆沙、猪肉、枣子、胡桃、松子仁等。

现在，每年的五月初五，中国百姓家家或购买或自己制作粽子，在端午节前后全家人共同享用。而且吃粽子的风俗不仅在中国盛行不衰，甚至流传到了朝鲜、日本等国，深受人们的喜爱。

▲粽子

5.1.4 中秋节

中国传统历法将农历七月、八月、九月定为秋季，八月是秋季中间的一个月，而十五日又位于八月的中间，因此，人们将每年农历的八月十五称为"中秋节"。

一、中秋节的来历

有关中秋节的来历，一直流传着一个美丽动人的神话传说，即"嫦娥奔月"。相传，远古时候天上有10个太阳，被一个叫后羿的英雄射下了9个太阳，解救了身处水深火热中的百姓，西王母赐了他一枚不老仙药，据说服下此药，便可飞天成仙。但后羿舍不得离开美丽的妻子，于是，就将仙药交给嫦娥保管。此事被后羿门徒蓬蒙得知，于是，他便觊觎起这枚仙药来。一天，蓬蒙趁后羿外出打猎，持剑闯入后羿家中，逼迫嫦娥交出仙药，嫦娥情急之下吞下了仙药，身子立时飘离地面，飞入空中。嫦娥成仙后，仍舍不得后羿，便居住在了离地球最近的月宫中。后羿回家后也是心痛不止，便于每年农历八月十五摆下宴席，对着月亮与嫦娥团聚。

二、中秋节的习俗

拜团圆月、吃月饼是中秋节的一项重要习俗，每逢秋高气爽的中秋之夜，皓月当空，家家户户都会在庭院、楼台或地坪上，摆放果品、食物，用于供祭月神。全家人都会围坐在一起，赏月叙谈，庆祝团圆。

因各地风俗的差异，拜团圆月的习俗亦各具地方特色。如江苏地区的习俗是"方形香斗供庭前，三角旗儿色倍鲜。檀木香排书吉语，合家罗拜庆团圆"（《海虞风俗竹枝词》）。广州潮州地区的习俗是"皓魄当头酒醒时，中秋不厌月来迟。堆盘熟芋寻常物，怪底人呼剥鬼皮"（龚澄轩《潮州四时竹枝词》）。京城的习俗则是"蟾宫桂殿净无尘，剪纸团如月满轮。别有无知小儿女，烧香罗拜兔儿神"（张朝墉《燕京岁时杂咏》）。

▲月饼

"月饼"出现在明代以后，因其形圆如月亮，故称为"月饼"。早期的月饼主要是用麦粉、藕粉、桂圆等制作而成。清代以后，月饼的花色、品种逐渐增多，市场上还出现了专门销售月饼的店铺。

月饼圆圆的形状传达了圆满、团圆的寓意，中秋节也被人们视为阖家团聚的节日。这一天，人们全家团圆，一边赏月一边品尝月饼，其乐融融，这不仅仅是欢度了一个节日，更是对中华传统文化的传承。

📝 活动设计

活动主题：我国各地的端午节习俗。

活动形式：调查研究。

活动内容：我国传统节日传承至今，各地、各民族欢庆节日的风俗习惯都存在一些差异。通过调研的方式，了解不同地区的端午节习俗，分析其异同。

5.2 中国传统服饰

导读

我国传统服饰风格的演变，从先秦的狐裘冕服，到魏晋南北朝的峨冠博带、盛唐的胡风胡韵，再到两宋的风流淡雅和明清的精致典雅，这些无不将中华民族的风俗尽显于服饰之上，体现出古人对美的追求。

5.2.1 中国传统服饰的发展历史

服饰作为人类所特有的文化，其在漫长的发展历程中，早已成为反映人们日常生活习俗的标志性事物。我国传统服饰历史悠久，各个时期的服饰往往是对当时社会风俗的写照，因而呈现出很大的不同。我国传统服饰主要经历了以下8个发展阶段。

一、夏、商、周时期的服饰

夏代和商代的服饰，其特点是"上衣下裳，束发右衽"。到了周初制礼作乐，才对贵族和平民的服饰做了详细规定。统治者以严格的服饰制度来显示自己的尊贵和威严，深衣和冕服就是诞生在这一时期的两种服饰。

1. 深衣

《礼记·深衣》中孔颖达记载："所以称深衣者，以余服则，上衣下裳不相连，此深衣衣裳相连，被休深邃，故谓之深衣。"在当时，深衣可以在很多场合穿，如可以在担任傧相时穿，也可以在治理军队时穿，可以当作文服穿，也可以当作武服穿。深衣法度完善、俭省，是仅次于祭服和朝服的服饰。这种服饰缝制简单，穿着方便，紧紧包裹身体，可以完美地展现出人的曼妙身姿。

▲深衣

2. 冕服

冕服是由冕冠和礼服组成的服饰，是古代天子、诸侯和大夫穿的礼服。冕服制度确立于周代，其后为历代王朝所推崇。冕服一直使用十二章纹作为装饰，帝王们穿着这种"肩挑日月，背负星辰"的冕服，也表现了他们通过十二章纹获得神力、君临天下的渴望。十二章纹也因此成为我国古代乃至东亚文化圈同一时期里，最为尊贵的服饰纹样。

十二章纹，是冕服上绘绣的12种纹饰，分别为日、月、星辰、群山、龙、华虫、宗彝、藻、火、粉米、黼、黻。十二章纹各自有各自的内涵，其中，日、月、星辰代表照临之意，群山代表稳重、镇定，龙代表神异、变幻，华虫代表有文采，宗彝代表供奉，藻代表洁净，火代表明亮，粉米代表供养，黼代表果断，黻代表明察善恶。

二、春秋战国时期的服饰

春秋战国时期，人们大多崇尚简易方便，因而深衣得到广泛流行，再加上受赵武灵王"胡服骑射"的影响，胡服开始出现在汉族服饰中。春秋时期，深衣成为真正意义上的全民服装，它既是士大夫阶层的居家便服，也是庶民百姓的礼服。深衣一直流行到秦汉时代，直至魏晋南北朝之后，纯粹意义上的深衣才渐渐消失。

胡服是指我国北方游牧民族的服装，他们为了方便游牧骑马，多穿窄袖短衣、长裤和靴子。赵武灵王在与胡人交战的过程中，发现了这一优势，于是，便在军中大力推行"胡服骑射"。后来，胡服逐渐从军旅走向民间，人们在日常生产劳动中频繁穿着，在历史上长久不衰。

三、汉代服饰

汉代染织工艺、刺绣工艺和金属工艺的迅速发展，推动了服饰的发展变化。汉代服饰仍以深衣为主，款式方面则主要是直裾和曲裾两类。另外，汉代服饰以衣襟分类，可分为直裾禅衣和曲裾禅衣。直裾禅衣是开襟从领向下垂直的，曲裾禅衣的开襟则是从领曲斜至腋下。后来，直裾渐渐成了主流，这种服饰既长又宽，从原料和颜色上，即可明显区分出官民的不同。

除了衣制外，汉代冠制同样有所发展。冠是一种戴在头顶上，用以束缚发髻的小罩子。古人非常重视冠，把它视为礼制中极为重要的一项内容。古代男子成年时，都要举行冠礼。汉代的冠帽主要有冕冠、通天冠、进贤冠、长冠、武冠和法冠等。

四、魏晋南北朝服饰

魏晋南北朝时期，服饰主要有承袭秦汉遗制的汉族服饰和少数民族服饰。汉族服饰改变了古人在袍衫外罩衣裳的习惯，直接以袍衫作为外服；少数民族服饰则是承袭北方习俗，其中胡服最为流行。

魏晋时期的服装日趋宽博，上至王公贵族，下至黎民百姓，都崇尚宽衫大袖、褒衣博带。魏晋时期汉族女性的服饰仍然沿袭秦汉时期的风格，有衫、裤、裙、襦等形制。此外，还出现了一种叫杂裾垂髾的服饰。如晋代画家顾恺之的《洛神赋图》中，洛水女神所穿的就是这种服饰。

▲身着杂裾垂髾的洛水女神

五、隋唐服饰

隋唐时期是中国历史上极为繁荣辉煌的时代，国家的政治、经济、文化都有很大的发展，服饰文化同样也有了极大的进步。隋朝建立后，隋炀帝用服色来区分等级贵贱，并初步规定了不同等级的人的衣着。他规定五品以上官员穿紫袍，六品以下官员穿绯袍或绿袍，胥吏穿青袍，庶民穿白袍，屠夫、商人穿黑袍，士卒穿黄袍。到了唐代，这一规定被沿袭，并形成了一种衣着制度，称为"品色衣"制度，成为我国官服制度的一大特色。黄袍成为唐代以后历代帝王的专用服装。

隋唐男子的服饰大致可分成礼服（冠服）和便服（常服）两类，其中，礼服主要是高冠革履、褒衣博带，它的穿着有着明确的法律规定，一般只在重要的场合穿着。常服则主要由幞头、衫袍、靴带组成，其中，"幞头"是一种包裹头部的纱罗软巾，其前身可追溯到汉魏时代的幅巾和巾帻。由于幞头方便时尚，在隋唐时期又有所改造，因而得到各阶层人士的喜爱，成为当时的一种时尚。

唐代的女装在传承前代汉族服饰传统的基础上，又吸取了西域乃至中亚地区的胡服文化，有了较大的创新和改造。初唐的女装始终保持着襦裙的基本样式，盛唐时期，女扮男装盛行一时，使唐代女装更富魅力。中晚唐时期的主流女装，则是经过改制的宽大袖襦裙装。除此以外，唐代女装还有新奇高耸的帷帽、潇洒方便的胡服和轻巧袒露的薄纱衣裙等。

盛极一时的唐诗中也有对唐代女装的描绘，如"荷叶罗裙一色裁""上仙初着翠霞裙""两人抬起隐花裙""新换霓裳月色裙"等。虽然这些仅仅是对裙装的描绘，却足以看出唐代女子服饰的丰富华丽、异彩纷呈。

▲《捣练图》中的唐代女装

六、宋代服饰

宋代是汉族与辽、金、蒙古、西夏等多个少数民族政权纷争融合的时代，这一时期的服饰也反映出了丰富多彩的民族特色。宋代的服饰大体沿袭唐制，基本上没有多大的变化，且由于受理学思想的影响，宋代服饰总体趋于拘谨和保守。

宋代时，幞头依然深受人们的喜爱，不过相比唐代的幞头，宋代的幞头有了一些改进，宋人称为"幞头帽子"。这种幞头内衬木骨、外罩漆纱，可以随意脱戴。不同地位的人所戴的幞头在样式上也有所不同，如皇帝和高官所戴的展脚幞头，两脚向两侧平直伸出，可达数尺，而身份低微的公差、仆役等戴的多是无脚幞头。当时，民间还流行一种送"罗花幞头"的风俗，即男女结婚的前三日，女方会给男方送"罗花幞头"，以答谢男方的聘礼。

宋代女装款式多样，夏天女子多穿衫，冬天则穿袄，总体的特点是上淡下艳。服色方面，宋代女子上衣服色以淡绿、粉紫、葱白、银灰等为主，下裙服色则以青、绿、碧、蓝、杏黄等为主，给人以质朴纯净、清秀雅致的美感。

▲《韩熙载夜宴图》中的服饰

七、明代服饰

明代是一个思想活跃且富于变化的时代，其服饰在形制、纹彩、衣料、裁制等方面都远超以往各时期。明代徐充的《暖姝由笔》就说道："国朝创制器物，前代所无者，儒巾、襕衫、折扇、围屏、风领、酒盘、四方头巾、网巾、水火炉。"

明代官服恢复唐制，同时也有所发展。这一时期的官服主要有祭服、朝服、公服和常服等。祭服只在祭祀时穿着；朝服是在大祀、庆成、正旦等国家大典时穿着；公服是在早晚朝奏事、伺班、谢恩等场合穿着；常服则是日常办公时穿着。常服一般为盘领大袍，胸前、背后各缀一块方形补子，上面所绘的动物图案因官职不同而有所不同。明代张岱所著的《夜航船》就记载："（文官）一二仙鹤与锦鸡，三四孔雀云雁飞，五品白鹇惟一样，六七鸳鸯宜，八九品官并杂职，鹌鹑练雀与黄鹂……（武官）一二绣狮子，三四虎豹优，五品熊罴俊，六七定为彪，八九是海马，花样有犀牛。"

明代服装工艺的提高，也促进了民间服饰的发展。男子的便服一般是袍衫，总体特点是右衽、大襟、宽袖、下长过膝。女子服饰则主要有衫、袄、褙子、霞帔、裙子等，其中，裙子的样式就有很多，包括色彩淡雅的"月华裙"、婀娜多姿的"百褶裙"、精工细作的"凤尾裙"，以及从朝鲜传入的"马尾裙"等。

八、清代服饰

清代对传统服饰在以往各时期的基础上进行了较大的变革，在服饰的形制上以庞杂、繁缛、琐细为主要特征，对于冠服制度的规定也比前代更多。

清代男子的服饰遵循清代新制，女子服饰则依照明代旧制；平民服饰遵循清代新制，优伶服饰则依照明代旧制。清代服饰既保留了汉族传统服饰制度中的某些特点，同时又吸收了满族的风俗习惯。

清代将流行了两千多年的宽衣大袖的汉族袍服，改为满族的长袍马褂。清初统治者严禁满族及蒙古族妇女仿效汉族妇女服饰，嘉庆十一年就曾下谕："倘各旗满洲、蒙古秀女内有衣袖宽大，一经查出，即将其父兄指名参奏治罪。"因此，清代满族妇女皆穿着旗装。

▲乾隆后妃香妃的旗装

5.2.2 中国传统服饰与传统礼制

古代时期的中国是一个礼制文化极为发达的国家，传统伦理道德对人们的束缚和限制也极为严格，服饰作为社会风尚的体现，同样受礼制文化的约束。按照古代礼制，人们的穿戴必须与其地位、身份，以及身处的场合相符。

一、冠礼中的传统服饰

冠礼是古人极为重视的一个仪式，在举行冠礼时，对人们的服饰穿着有着极为严格的规定。

1. 冠礼的由来

冠礼最初只是有一定社会地位的贵族子弟在年满20岁时所举行的结发加冠的仪式，后来，平民百姓也开始举行这种加冠礼。冠礼是从氏族社会的"成丁礼"发展而来的，古人将其作为"五礼"中嘉礼的一种。《礼记》记载："冠者，礼之始也。"认为礼起始于冠礼。男子在冠礼之后，就进入成年，要对自己、家庭和社会承担责任，因此，冠礼对于古代男子极为重要。冠礼一般在祖庙中举行，根据身份的不同而有所区别，一般"天子冠于始祖之庙，诸侯冠于太祖之庙，士冠于祢庙"。

2. 冠礼的步骤

冠礼大致可以分为占卜、挽髻和加冠3个步骤，每一步都有严格的规定。

（1）占卜

古人但凡遇到具有重要意义的事情都要进行占卜，冠礼也是如此。《礼记·冠义》记载："古者冠礼，筮日筮宾，所以敬冠事。"占卜的地点一般是在宗庙，一方面，是为了乞求祖先赐福；另一方面，则是希望得到天地神灵的庇佑。

（2）挽髻

占卜之后，就要在选定的日子里举行冠礼。一般先由受冠者的父亲在其祖庙阼阶偏北的位置设好受冠者的席位；然后，由辅助加冠的来宾将受冠者从东房接到受冠席上；最后，由来宾为受冠者梳头、挽髻（将受冠者的头发挽成发髻）、加簪和著笄。

（3）加冠

挽髻完成后，由来宾中德高望重的人给受冠者加冠，加冠一般是三次。

第一冠是加缁布冠，缁布冠是用黑色的麻布做成的帽子。加缁布的目的是要受冠者加强自身修养，"尚质重古，永不忘本"。

第二冠是加皮弁冠，皮弁冠是用白鹿皮做成的帽子，冠上一般缀有珠宝玉石。皮弁冠所用鹿皮的块数，一般因受冠者的地位、等级的不同而有所区别。加皮弁冠的目的主要是希望受冠者能勤政爱民，或希望受冠者能顺利进入仕途。

第三冠是加爵弁冠，爵弁冠是仅次于冕的一种帽子。加此冠的目的是希望受冠者能够重视礼仪，敬事神明。

三次加冠之后再以酒祝福受冠礼青年，即完成了冠礼。当然，上述三次加冠的冠礼一般是士人的冠礼，称为"三加"，一般百姓只需加一次缁布冠即可。

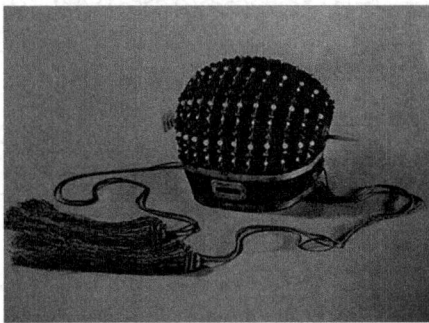

▲缁布冠

二、婚礼中的传统服饰

中国传统服饰在几千年的发展过程中，在各个朝代都有所变化，婚礼服饰也随之不断发展。自周代礼服的出现，婚礼服饰应运而生。其后，经过秦汉的发展，在唐宋时期达到一个高峰，明清时期又出现了一次较大的演变。婚礼服饰是中国传统服饰中一个不可忽视的部分，其中又以女性婚礼服饰最为光彩夺目。总体而言，古代汉族女子的婚礼服饰主要有3种，包括"纯衣纁袡""钗钿礼衣""凤冠霞帔"。

1. 玄纁制度

周代婚礼制度崇尚典雅端庄，有着浓郁的神圣感和象征意义。周代婚礼服饰的色彩采用"玄纁二色"，《说文解字》中解释为"黑而有赤色者为玄"。《易经》中则说："乾为天，其色玄；坤为地，其色黄。但土无正位，托位于南方。（南方）火色赤，赤与黄（合），即是纁色。"因此，玄纁之色乃是天地间最高贵的色彩。这一时期新娘的服饰大多是穿玄色纯衣纁袡礼服，以"纚"束发，还有一尺二长的笄。

2. 钿钗礼衣

唐代婚礼服饰一般体现为男服绯红，女服青绿。唐代的新娘服饰主要是钿钗礼衣。史书记载："钿钗礼衣者，内命妇常参、外命妇朝参、辞见、礼会之服也。制同翟衣，加双佩、一品九钿，二品八钿，三品七钿，四品六钿，五品五钿。"钿钗礼衣本为宫廷命妇的礼服，因穿着这种礼服，要在头发上簪上金翠花钿，故而得名。钿钗礼衣是在花钗大袖襦裙或连裳的基础上发展而来的，日本古代著名的宫廷和服"十二单"也是从此款礼衣演变而来的。后来，钿钗礼衣成为唐代通用的归嫁礼服。

3. 凤冠霞帔

明代至近代的数百年间，男子娶妻俗称"小登科"，可以穿青绿色的九品幞头官服，新娘则可以穿凤冠霞帔。

"凤冠霞帔"一般是富家女子出嫁时的装束，明代白话短篇小说集《醒世恒言》中记载："花烛之下，乌纱绛袍，凤冠霞帔，好不气象。""凤冠"是古代贵族妇女所戴的礼冠，明清时期开始在一般女子婚礼中出现。霞帔，又叫"霞披""披帛"，以其艳丽如彩霞而得名，是古代妇女的一种披肩。宋代开始定为命妇冠服，非恩赐不得用此服。明代进一步发展为命妇品级服饰，自公侯一品至九品命妇，都采用不同绣纹的霞帔。一般来说，一、二品命妇霞帔为蹙金绣云霞翟纹，三、四品为金绣云霞孔雀纹，五品绣云霞鸳鸯纹，六、七品绣云霞练鹊纹，而八、九品绣缠枝花纹。

▲唐代钿钗礼衣

我国传统服饰丰富多样，服饰礼制也极为完备，在漫长的历史发展过程中，其已成为我国民间风俗的完美写照，是中华传统文化的重要组成部分。

📝 活动设计

活动主题：古今婚礼的异同。

活动形式：调查分析。

活动内容：古人认为，黄昏乃吉时，故在黄昏行娶妻之礼。古时结婚需经纳采、问名、纳吉、纳征、请期、亲迎"六礼"，体现了古人对婚礼的庄敬。请你搜集资料，了解古代婚礼中的六礼，并将其与当代婚礼流程进行对比。

📖 延伸阅读

我国古代的"五礼"

《礼记》中说："凡人之所以为人者，礼也。"在我国古代的传统六艺"礼、乐、射、御、书、数"中，"礼"也是排在首位，可见我国古人对礼仪的重视。

我国古代的"五礼"包括吉、凶、军、宾、嘉五类。早在周代，人们就根据这五种礼仪确立了相应的礼节及着装。

吉礼是"五礼"之首，是祭祀之礼，主要包括对天神、地祇、人鬼的祭祀典礼，行吉礼时，要穿冕服。

凶礼是对丧葬和对天灾人祸的哀悼之礼，包括先人亡故之礼，国家发生灾祸时实行之礼，对同盟国或挚友的灾祸、死丧进行吊唁慰问之礼，同盟国被敌国侵犯时实行的筹集财货、偿其所失之礼，以及邻国遭受外侮或内乱时给予的援助之礼。行凶礼，特别是丧葬之礼时，需要穿戴丧服。

宾礼是朝见、诸侯间会盟之礼，也是接待宾客之礼，主要包括朝、宗、觐、遇、会、同、问、视八项，我国古代行宾礼要穿朝服，现今也需要正式着装，表达对宾客的重视和尊重。

军礼是师旅操演、征伐之礼，在我国古代，无论是军队征伐、军事检阅、天子狩猎，以及兴建城邑、宫殿、河渠等大规模土木工程、树立界碑等，都需要遵循一定的礼仪，穿军服等特定的服装。

嘉礼是饮食、婚冠、宾射、贺庆等所行之礼，是人们日常生活、人际沟通的常见之礼，行嘉礼时往往需要穿着特定的服装，如行婚冠之礼时，需着婚服、加冠等。

☼ | 启发 |

我国古代对礼仪十分重视，礼仪不仅是古人信仰的载体，也是实施礼教的得力工具之一。与古时相比，现代的吉、凶、宾、嘉等礼仪的形式和意义虽然已经发生了一些变化，但仍然在国家政治、人民生活中发挥着重要的作用。

实践练习

练习一：单选题

1. 古时民间，每逢春节，家族成员齐聚祠堂，祭拜祖先，相互祝贺，称为（　　）。

   A. 团拜　　　　　　B. 拜年　　　　　　C. 祭祖　　　　　　D. 贺友

2. "龙舟"一词，最早出自（　　）。

   A.《旧唐书》　　　B.《穆天子传》　　　C.《东京梦华录》　　D.《礼记》

3. 明代官员常服上所绘动物图案因官职不同而不同，一品官员通常可绘（　　）。

   A. 仙鹤　　　　　　B. 孔雀　　　　　　C. 黄鹂　　　　　　D. 云雁

4. 周代婚礼服饰的色彩采用（　　）。

   A. 红青二色　　　　B. 玄赤二色　　　　C. 白黑二色　　　　D. 玄纁二色

5.《礼记》记载："（　　），礼之始也。"

   A. 婚者　　　　　　B. 冠者　　　　　　C. 吉者　　　　　　D. 宾者

练习二：讨论与分享

请针对以下现象，谈谈你的看法。

1. 一份调查显示，65.4%的受访者表示喜欢汉服，44.0%的受访者在日常生活中穿过汉服。现如今，在日常生活中穿着汉服并不是一件新鲜事，你是如何看待"汉服热"现象的？你认为这种现象背后有什么意义？

2. 2018年11月11日，安徽黄山西递古村举行了一场盛大的传统集体婚礼。新人所着婚服以玄色为主，婚礼场景以传统中国红为主，婚礼行周制婚礼礼节。你如何看待这样的婚礼形式？谈一谈你对古代婚礼的认识。

练习三：案例分析

元宵节的来历与习俗

农历正月十五——元宵节，中华民族的传统节日，又称上元节、元夜、灯节。

元宵节早在两千多年前就已是一项重大节日。相传，汉文帝为庆祝周勃于正月十五勘平诸吕之乱，在该日与民同庆。古时，正月又称元月，夜同宵，故正月十五又称作元宵，意味"上元节的晚上"。后司马迁创建《太初历》，将元宵节列为重大节日。

隋、唐、宋以来，元宵节盛极一时，节日名称、节俗活动等也随之发生变化，并得到丰富。元宵节在早期，常称正月十五、正月半或月望，隋以后称元夕或元夜，唐初称上元，唐末偶称元宵节，自宋以后称灯夕，清朝称灯节。在元宵节这一夜，大街小巷张灯结彩，人们出门赏灯、猜灯谜、吃元宵，清朝还加入了舞狮、扭秧歌、踩高跷、跑旱船等"百戏"内容。

因元宵节彻夜燃灯，蔚为壮观，著名诗人辛弃疾曾著诗称："东风夜放花千树，更吹落，星如雨。宝马雕车香满路，凤箫声动，玉壶光转，一夜鱼龙舞。蛾儿雪柳黄金缕，笑语盈盈暗香去。众里寻他千百度，蓦然回首，那人却在，灯火阑珊处。"

☲ | 思考 |

1. 你读过关于元宵节的诗歌吗？诗中描写了哪些元宵节的风物景致和人文习俗？

2. 你的家乡有什么元宵节习俗，你知道这些习俗的寓意吗？

第6章 惬意的生活：中国传统饮食

饮食文化是人类在不断开拓食源和制造食品的实践过程中发展起来的。饮食文化是一种广谱文化，上至国家的大政方针，下至平民百姓的日常生活，都离不开饮食文化。中国传统饮食文化正是建立在广泛的饮食实践基础上的文化，它是对古人漫长的生存和发展历史的重要反映，与古人丰富的物质生活和精神生活息息相关。尽管历经千年岁月，中国传统饮食文化仍以其独特的魅力展现在世人眼前。

★ 知识目标

1. 了解中国传统饮食文化的发展历程及文化特色。
2. 了解中国茶文化的起源。

◎ 能力目标

对中国传统饮食文化发展、饮食文化特色形成清楚的认知，能够理解中国传统饮食文化中体现的生活情趣及文化内涵。

▤ 素养目标

从中国传统饮食文化中感受哲学思想、美学意蕴、人文情怀，体会中国传统饮食文化的博大精深和源远流长。

我国饮食文化的内涵

　　我国历史悠久、幅员辽阔、地大物博，各地气候、物产、风俗习惯的不同促成我国饮食习俗在民族和地区上的显著差异，我国的饮食文化繁荣至今，仍以其精美、丰富、情礼周全而著称于世。

　　我国古代素有"五谷为养，五果为助，五畜为益，五菜为充"的饮膳传统，讲究养助益充（素食为主，重视健康和进补）和色、香、味、形、名（菜名）、器（器具）、境（环境）、趣（情趣）。在我国古典文学小说《红楼梦》中，作者曹雪芹用了将近三分之一的篇幅，描述了众多人物丰富多彩的饮食文化活动。其中描绘的珍馐异馔花样繁多，各类宴席应有尽有，令人目不暇接。饮食器皿也各有讲究，精美绝伦。这无不体现着我国饮食文化的精美细致和品位情趣。

　　当然，除了对食物形象和品质的追求，我国饮膳传统在情礼中的意义也反映出饮食文化在礼仪、社交和情感方面的功能，《礼记》中的"夫礼之初，始诸饮食"，更将饮食活动中的行为规范认作礼制的发端。"饮德食和、万邦同乐"的哲学思想也体现出我国饮食文化在食德、食和上的文化魅力，以及中华民族历时几千年绵延不断的精神内核。

讨论

中华民族的饮食文化与"礼"可谓紧密相连，旦逢生丧嫁娶，都会遵循特殊的饮食习俗。请你结合日常生活，谈谈你理解的饮食文化背后的意义。

引申

我国先民在几千年的生息繁衍中创立的饮食文化，是我们宝贵的精神遗产，值得我们去发扬和传承。在全球化进程不断加快的今天，中餐馆得以遍布世界各地，对中华民族的饮食思想和饮食文化进行传播，也得益于我国饮食文化悠久而丰富的内涵。

6.1 食文化

导读 中华民族是一个重视饮食、讲究饮食的民族，中国传统饮食文化也是各类传统文化中最具特色的文化现象之一。独特的饮食文化是古人丰富多彩的生活体验的反映，是古人热爱生活的人生观和积极向上的进取心的体现。

6.1.1 中国传统饮食文化的发展历程

我国的饮食文化有着十分悠久的历史，原始社会时期人们就已开始利用火来烹饪食物。西周王室出现的"八珍"，表明当时我国的烹饪技术已达到一个极高的水平。后来，我国的饮食文化在食材和烹饪技术等各个方面不断发展，最终赢得了"食在中国"的美誉。总的来说，我国传统饮食文化的发展主要经历了以下几个阶段。

1. 石器时代的饮食

我国最早的饮食历史，可以追溯到旧石器时代。当时人们还不懂得人工取火，过着茹毛饮血的生活。后来，燧人氏发明钻木取火，从此我国的先民开始利用火来加热食物，饮食也进入石烹时代。

伏羲氏"结网罟以教佃渔，养牺牲以充庖厨"，进一步地丰富了人们的食材。神农氏发明耒耜（一种翻土农具），教民稼穑，成为中国农业的开创者。

新石器时代，陶器的发明使人们第一次拥有了炊具和容器，并先后发明了陶釜、鼎等炊具。后来，黄帝发明了灶，加快了烹饪食物的速度。

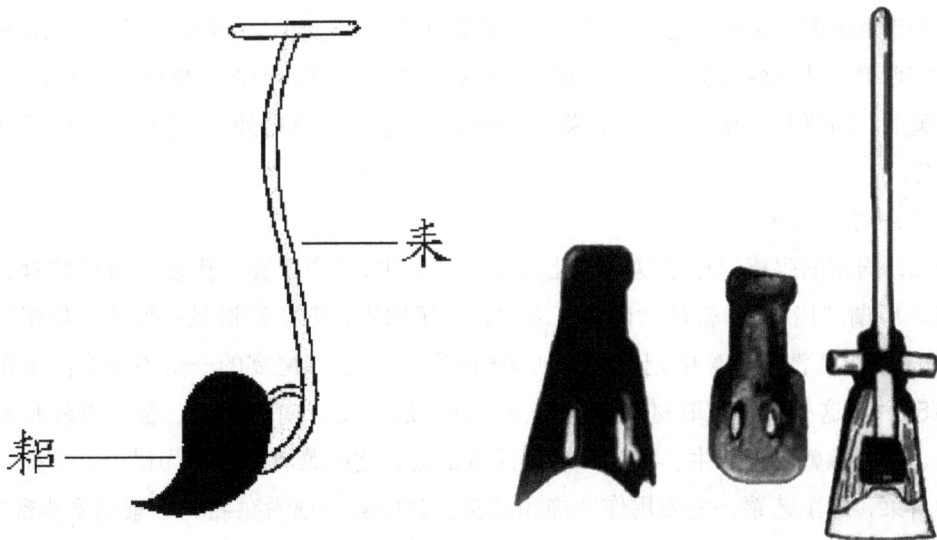

▲ 耒耜

2. 夏、商、周时期的饮食文化

从新石器时代到殷商时期，人们多使用碾盘、碾棒、杵臼等工具对谷物进行粗加工，因而难以提供大量去壳净米来满足饭食需要。周代时，石磨的出现，促成了谷物加工方法上一次质的飞跃。

在烹饪方法上，夏商两代的烹饪方法都很稀少。到了周代，随着生产力的快速发展，烹饪方法逐渐多样化，出现了煮、蒸、炒、烤、炙、炸等多种方法。其中，蒸就是利用蒸气来烹饪食物的一种方法，我国因此也成了世界上最早使用蒸气烹饪食物的国家。

周代已对饭（主食）、菜（副食）和汤饮进行了明显的区分，这标志着我国传统烹饪方法的初步定型。周代宫廷"八珍"的出现也显示出周人精湛的烹饪技艺。

3. 秦汉时期的饮食文化

春秋战国至秦代是我国传统的"四大菜系"逐步形成的时期。春秋战国时期，北方的古齐鲁大地历史文化悠久，烹饪技术发达，为我国最早的地方风味菜——"鲁菜"的形成奠定了基础。在东南方，楚人占据东南半壁江山，这里土壤肥沃、气候适宜，一年四季里"春有刀鲚，夏有鲥，秋有肥鸭，冬有蔬"。这些丰富的食材促进了这一地区烹饪技术的发展，形成了"苏菜"的雏形。在西南方，秦国在占领古代的巴、蜀两国之后，派遣李冰治理水患，造就了美丽富饶的"天府之国"，再加上大量汉中移民的进入，在饮食上逐步形成了"川菜"的雏形。秦国一统天下后，将中原地区先进的烹饪技术和器具引入岭南，与当地的饮食资源相互融合，最终形成了"粤菜"的雏形。鲁菜、苏菜、川菜、粤菜也被后世称为"四大菜系"。

这一时期，我国传统的谷物菜蔬都已出现，人们常说的"五谷"就包括稻、稷、黍、豆、麦五种粮食。

汉代，中国的传统饮食更为丰富，淮南王刘安发明的豆腐，可以做出多种美味的菜肴。东汉时期，发明了新的烹饪用油——植物油，改变了一直使用动物油的传统。强大的汉王室不仅拥有自身丰富的饮食文化，还加强了与外界的饮食交流。《史记》《汉书》记载，西汉时期张骞等人出使西域，就从西域引进了大量食物，包括石榴、芝麻、葡萄、胡桃（即核桃）、甜瓜、西瓜、黄瓜、胡萝卜、菠菜、扁豆、葛笋、大葱、大蒜等。这些外来食物，大大丰富了汉代的饮食文化。

4. 唐宋时期的饮食文化

唐代，国家的强盛促进了饮食文化的发展。其中，"烧尾宴"代表了唐代饮食文化的极高成就。所谓"烧尾"，就是大臣上任之初，为了感恩，向皇帝进献的盛馔。烧尾宴规模庞大、奢华无比，《清异录》中记载的唐朝宰相韦巨源所设烧尾宴的一份不完全的食单中就列有菜点58种。这些菜肴在取材上既有北方的熊、鹿，又有南方的虾、蟹、青蛙和鳖，还有鱼、鸡、鸭、鹌鹑、猪、牛、羊等。在烹饪方法上，这些菜肴也是极为讲究，例如，宴席中有一种看菜，即工艺菜，主要用作装饰和观赏。其中有一道看菜名为"素蒸音声部"，是用素菜和蒸面做成一群蓬莱仙子般的歌女、舞女，一共有70人，而这70人的服饰、姿态和面部表情都不相同。一道工艺菜，就得花费如此众多的时间与精力，其他的糕点、菜肴、羹汤等，其精致、讲究也就可想而知了。

▲烧尾宴

随着对外交流的扩大，更多的外来饮食进入中国，尤以"胡食"居多。其中，毕罗、胡饼等都是有名的"胡食"。除了"胡食"外，西域的名酒及其制作方法也在唐代传入中国，唐太宗就曾亲自监制，用高昌引入的酿酒法酿出了八种色泽的葡萄酒。

宋代，"四大菜系"已经发展得相当成熟，宫廷饮食则以穷奢极欲著称于世。宋代饮食还形成了一些习俗，如每逢重阳节时，人们往往登高宴聚，喝菊花酒，或以糕搭在儿童头上，寓意"百事皆高"。

5. 元、明、清时期的饮食文化

元代，在忽必烈的推崇下诞生了涮羊肉；至今闻名全国的名菜——烤全羊，也是这一时期出现的，并且元代还是有史可考的第一家烤鸭店的发源时期。

明清时期的饮食文化呈现出满蒙汉交融的特点，这一时期的饮食不仅继承和发展了唐宋时期的食俗，还混入了满蒙饮食的特点，在一定程度上改变了传统的饮食结构。此外，明代蔬菜种植技术的提高，以及马铃薯、甘薯的大规模引进，蔬菜成了主要的菜肴。这一时期的肉食，也以人工饲养的畜禽为主要来源。

清代，浙、闽、湘、徽等地方菜进一步发展，并自成派系，加上传统的"四大菜系"，逐渐形成"八大菜系"。后又增加京、沪等地方菜，形成"十大菜系"。清代地方风味菜中的名菜有上千种之多，它们大多选料考究，制作精细，讲究色、香、味俱全，其中，清代的满汉全席就代表了清代饮食文化的最高水平。满汉全席在选材上，无论飞禽走兽、山珍海味，尽皆选用，其规模之盛大、程式之复杂，堪称"中国古代宴席之最"。

▲满汉全席

6.1.2 中国传统饮食文化特色

我国地域宽广，民族众多，传统的饮食文化在漫长的发展过程中，逐渐形成了其自身的特色。

一、选材上讲究"四性分明""五味调和"

中国传统饮食在食材的选择上，通常讲究"四性分明""五味调和"。其中，"四性"是指寒、热、温、凉，"五味"则是指甜、酸、苦、辣、咸。要做到"四性分明""五味调和"，在主料、辅料和调料选择上就需要实现数量、口味、质地和形状上的配合。

1. 荤、素搭配

素食主要是指粗粮、蔬菜等植物性食品，荤食则主要是指动物性食品。现代科学观点认为：荤、素搭配且以素为主，可使人体获得丰富的维生素、无机盐等有益物质，从而提高蛋白质的利用率，保证人体对各种营养物质的吸收。

2. 粗、细搭配

粗粮和细粮搭配既可以提高食物蛋白质的利用率，还可以增进食欲。另外，经常进食少量的粗粮，还可以帮助增强消化系统的功能。

3. 干、稀搭配

如果只吃干食品，如米、馍等，或者只喝稀汤，都不符合营养卫生的要求。只有干、稀搭配，才可以使蛋白质得到互补。

二、制作上讲究色、香、味俱全

中国传统饮食在制作方法上通常讲究色、香、味俱全，其中"色"是指食品的色泽要鲜艳；

"香"是指食品闻起来要香气浓郁；"味"是指食品的味道要回味无穷。

中国的先哲们为了使各种各样的食品色泽鲜艳、香气浓郁、回味无穷，同时又具有营养保健的优良效果，对食物的原料品种与质量进行了严格的筛选，对各种食品的加工和烹调方法进行了精细的设计和操作，表现出了他们高超的智慧和独特的创造力。

三、功效上讲究营养、保健有机结合

人类赖以生存并提高生活质量的根本保证是食品的营养和保健，而中国传统饮食文化也一直把营养和保健的有机结合视作其重要的组成部分。

《黄帝内经》中说："上古之人，其知道者，法于阴阳，和于术数，食饮有节，起居有常，不妄作劳，故能形与神俱，而尽终其天年，度百岁乃去。"意思是说，上古的人，懂得天地之间运行的道理，因此能取法于天地阴阳，遵循自然界的变化规律，饮食有节制，作息有常规，且不胡乱耗费，因此往往能保持形神的协调，从而长命百岁。

古人认为维持人类生命活动的物质都来源于大自然，并且主要蕴藏于人类日常所需的食物中，中国传统饮食文化的核心正是通过饮食的卫生和饮食调节，起到对人体的营养与保健的辅助作用。

6.1.3 八大菜系

"八大菜系"是公认的我国主要菜肴流派，由于它们所产生的地域不同，在选材、制作方法和味道等各个方面都有很大不同。

1. 川菜

川菜历来享有"一菜一格，百菜百味"的美誉。它以辣椒、胡椒、花椒、豆瓣酱等为主要调味品，做出了麻辣、酸辣、椒麻、蒜泥、麻酱、芥末、红油、糖醋、鱼香、怪味等各种味型。每道菜肴无不厚实醇浓，脍炙人口。

川菜历来还有"七滋八味"之说，"七滋"是指酸、甜、苦、辣、麻、香、咸；"八味"是指酸辣、椒麻、麻辣、怪味、红油、姜汁、鱼香、家常，著名的川菜有鱼香肉丝、宫保鸡丁、水煮肉片、水煮鱼、麻婆豆腐、回锅肉、东坡肘子等。

川菜的风味主要囊括了重庆、成都、乐山、内江和自贡等地方菜的特色，其所选用的调味品复杂多样，且富有特色，包括花椒、胡椒、辣椒、葱、姜、蒜、郫县豆瓣酱、保宁食醋等。这些调味品的使用极为频繁，而且是某些口味如鱼香、怪味等菜肴所必不可少的。

川菜由筵席菜、家常菜、三蒸九扣菜、大众

▲麻婆豆腐

便餐菜、风味小吃五类菜肴组成了完整的风味体系。其风味以麻辣著称，同时，又融入清、鲜、醇、浓的口味。现在，川菜已遍及全国，在海内外都享有盛誉。

2. 鲁菜

鲁菜又叫山东菜，主要包括胶东菜和济南菜两个菜系，口味鲜咸，风味独特，制作精细，既有堪称"阳春白雪"的孔府菜，也有星罗棋布的各种地方菜和风味小吃。

胶东菜的口味以鲜为主，偏于清淡，食材多为明虾、鲍鱼、海螺、蛎黄、海带等海鲜，烹饪方法上以爆、炸、蒸、熘、扒为主。胶东菜的名菜有扒原壳鲍鱼、芙蓉干贝、烤大虾、烧海参、炸蛎黄等。

济南菜以汤著称，辅以爆、炒、炸、烧等烹调方法，口味上清、鲜、脆、嫩。济南菜的名菜有清鲜淡雅的清汤什锦、奶汤蒲菜，有脆嫩爽口的油爆双脆，还有外焦里嫩的糖醋黄河鲤鱼，大多风格独特，味道鲜美。

济南菜中还有一道开创于清代光绪年间的名菜，称为"九转大肠"，因此菜在制作过程中如道家"九炼金丹"一般精工细作，文人雅士遂将其取名为"九转大肠"。

▲九转大肠

3. 苏菜

江苏菜简称苏菜，其主要囊括了苏州、南京、扬州、淮安、徐州、海州六种地方菜。由于苏菜和浙菜相近，因此苏菜和浙菜又统称为"江浙菜系"。

苏菜由淮扬、苏锡、徐海三大地方风味菜肴组成，其中，又以淮扬菜为主体。淮扬菜的特点是色调淡雅、造型新颖、咸甜适中、口味平和。淮扬菜在选料上也极为严谨，烹调技艺上，则以炖、焖、煨、焐为主，注重刀工和火工，强调本味，突出主料。

苏锡菜中以虾蟹莼鲈、糕团船点味冠全省，苏锡菜浓而不腻，淡而不薄，在烹调上讲究造型美观，色调绚丽，白汁清炖独具一格，同时又兼有糟鲜红曲之味。

徐海菜风味原与鲁菜相近，菜肴色调浓重，食材上既有五畜肉食，亦有各类水产海味，烹调方法上则以煮、煎、炸为主。

苏菜的口味清鲜，烹调方法上擅长炖、焖、蒸、炒，重视调汤。苏菜的名菜众多，有扬州的三套鸭、溜子鸡、清炖甲鱼、大煮干丝、糖醋鳜鱼、文思豆腐、双皮刀鱼、清炖狮子头；有南京的金陵盐水鸭、板鸭、松子肉、凤尾虾、蛋烧卖；有苏州的松鼠鳜鱼、三虾豆腐、莼菜塘鱼片、胭脂鹅、八宝船鸭、雪花蟹汁、油爆大虾；有靖江的肉脯，宜兴的汽锅鸡；有淮安的长鱼席，常熟的叫花子鸡；有无锡的镜箱豆腐、樱桃肉，徐州的狗肉，板浦的荷花铁雀等，名目繁

▲松鼠鳜鱼

多，享誉国内外。

4．浙菜

浙江菜简称浙菜，其品种丰富、小巧玲珑的菜式，鲜美滑嫩、脆软清爽的菜品，以及清、鲜、香、脆、嫩、爽的风味，在我国众多的地方菜中占据着重要的地位。浙菜主要囊括了杭州、宁波、绍兴、温州四个菜系，且各自又带有其浓厚的地方特色。

杭州菜，清鲜爽脆，淡雅典丽，品种多样，工艺精细，是浙菜的主流。在烹调方法上，杭州菜以爆、炒、炸、烩为主，制作极为讲究。杭州菜的名菜有西湖醋鱼、东坡肉、油焖春笋、龙井虾仁、西湖莼菜汤等，都反映出了杭州菜的风味特色。

宁波菜，特色是"鲜咸合一"，讲究嫩、软、滑的口感。烹调方法上以蒸、烤、炖为主，注重保持菜品的原汁原味。宁波菜的名菜有雪菜大汤黄鱼、苔菜拖黄鱼、冰糖甲鱼、墨鱼大烤、宁波烧鹅、溜黄青蟹等。

▲西湖醋鱼

绍兴菜，大多香酥绵糯、汁浓味重、香味浓烈，作料以鱼虾河鲜和鸡鸭家禽、豆类、笋类为主，常用鲜料配腌腊食品同蒸或炖，且多用绍酒烹制。著名的菜肴有糟溜虾仁、干菜焖肉、头肚醋鱼、清蒸鳜鱼、绍虾球等。

温州菜在食材上以海鲜为主，烹调方法上讲究"二轻一重"，即轻油、轻芡、重刀工。温州菜的代表名菜有双味蝤蛑、三丝敲鱼、爆墨鱼花、橘络鱼脑和蒜子鱼皮等。

5．粤菜

粤菜即广东地方风味菜，广州历来被作为通商口岸城市，因而吸收了许多外来的烹饪原料和烹饪技艺。再加上海外华侨也常把欧美、东南亚的烹调技术带回家乡，从而极大地丰富了粤菜的内容，改进了粤菜的烹调方法。

粤菜杂食之风，常常令一些外人瞠目结舌。唐代韩愈被贬到潮州时，看到当地百姓常以蚝、鳖、蛇、青蛙、章鱼等几十种异物为食，就惊叹道"臊腥始发越，咀吞面汗骍"。现在，鲍、参等都已成为许多地方菜的上品。

粤菜由广州菜、潮州菜、东江菜组成，其中又以广州菜最具代表性。广州菜注重色、香、味、形俱全，口味上以清、鲜、嫩、脆为主，讲究清而不淡、鲜而不俗、嫩而不生、油而不腻。广州菜在用料上极为广博而精细，品种多样又富于变化。在烹调方法上则以炒、煎、炸、焖、煲、炖等为主，讲究火候。较为常见的广州菜有白切鸡、白灼海虾、挂炉烤鸭、蛇羹、油泡虾仁、清蒸海鲜等。

潮州菜，以烹制海鲜、汤类和甜菜为有名。其风味尚清鲜，郁而不腻，常配以鱼露、沙茶酱、梅糕酱、红醋等调味品，风味独特。潮州菜注重刀工和造型，在烹调方法上以焖、炖、炸、烧、蒸、炒等方法见长。著名的菜肴有烧雁鹅、清汤蟹丸、护国菜、油泡螺球、太极芋泥等。

东江菜，又叫客家菜，以客家饮食为代表。东江菜的菜品多为肉类，下油重，味偏咸，以砂锅菜见长。著名的菜肴有黄道鸭、梅菜扣肉、海参酥丸、牛肉丸等。

6. 闽菜

闽菜是在中原汉族文化和当地古越族文化的混合、交流的过程中逐渐形成的。福建是我国著名的侨乡，旅外华侨从海外引进的食品和调味品，对充实闽菜体系的内容，促进闽菜的发展产生了深远的影响。

▲白切鸡

闽菜，由福州、闽南和闽西三种不同风味的地方菜组成，其中福州菜是闽菜的主流。福州菜，以汤菜居多，其风格特点是清爽、淡雅、鲜嫩且偏于酸甜，并常以红糟为作料，讲究调汤，给人百汤百味、糟香扑鼻之感。著名的菜肴有茸汤广肚、肉米鱼唇、鸡丝燕窝、煎糟鳗鱼等。

闽南菜，流行于厦门、晋江和尤溪等地，其风格特点是鲜醇、清淡。闽南菜尤为讲究作料的使用，在沙茶、橘汁、芥末以及药物等的使用方面均有独到之处。著名的菜肴有清蒸加力鱼、东譬龙珠、葱烧蹄筋、炒沙茶牛肉、当归牛脯、嘉禾脆皮鸡等。

▲东譬龙珠

闽西菜，流行于客家话地区，其风格特点是鲜润、香浓、醇厚，略偏咸、油。闽西菜善用生姜及香辣佐料。著名的菜肴有烧鱼白、炒鲜花菇、油焖石鳞、蜂窝莲子、金丝豆腐干等。

7. 湘菜

湘菜以湖南菜为代表。湖南简称"湘"，湘北的洞庭湖平原，盛产鱼虾和湘莲；湘东南为丘陵、盆地，农牧副业都很发达；湘西则多山，盛产笋、茸。丰富的物产为人们的饮食提供了大量精美的原料，也成就了各种各样美味的湘菜。

著名的湘菜有组庵豆腐、辣椒炒肉、剁椒鱼头、湘西外婆菜、吉首酸肉、东安鸡、牛肉粉、金鱼戏莲、永州血鸭、腊味合蒸、姊妹团子等。

湘菜历来重视原料的搭配和滋味的相互渗透，湘菜在调味上也尤重酸辣，常以酸泡菜作为调料，佐以辣椒来烹制食物。

▲剁椒鱼头

在烹饪方法方面，湘菜在煨上的功夫更胜一筹。湘菜的煨法可分为红煨、白煨、清汤煨、浓汤煨和奶汤煨。煨是以小火慢炖，确保了菜品的原汁原味。煨出来的菜肴晶莹醇厚、酥烂鲜香、软糯浓郁，许多都已成为湘菜中的名馔佳品。

8. 徽菜

徽州菜简称徽菜，其主要特点是重油、重色、重火功，烹调方法上擅长蒸、烧、炖，著名的菜肴则有火腿炖甲鱼、黄山炖鸽等上百种。

徽菜又可分为以芜湖、安庆地区为代表的沿江菜和以蚌埠、阜阳、宿县等地为代表的沿淮菜。沿江菜以烹调河鲜、家禽见长，其烟熏技术独具一格，沿淮菜则讲究咸中带辣，汤汁味重色浓。

历史上，徽菜发端于唐宋，兴盛于明清，在这悠久的发展过程中，徽菜形成了巧妙用火、擅长烧炖、浓淡适宜、讲究食补、注重文化的特点。徽菜雅俗共赏，南北皆宜，既具有浓郁的地方特色，又蕴藏深厚的文化底蕴，是中华饮食文化中的瑰宝。

▲火腿炖甲鱼

📝 活动设计

活动主题：录制美食短视频。

活动形式：资料搜集、视频拍摄。

活动内容：我国各大菜系都有各自的代表名菜，请你选择一道名菜，搜集其制作方法，并分析其选材和烹调方法，最后将烹饪过程录制成美食制作短视频。

6.2 茶文化

> **导读**
>
> 中国是茶树的原产地，中国茶叶兴起于巴蜀，其后逐渐向全国传播开，成为中华民族之国粹。唐代，中国茶文化传至日本、朝鲜，16世纪后传入西方国家。茶雅俗共赏，早已成为世界文化的重要组成部分。

6.2.1 茶的起源和品种

中国人饮茶有着悠久的历史，但茶的起源时间已无法确切地查明。后世茶文化的发展过程中，茶叶的品种愈加丰富，茶文化也不断发展繁荣。

一、茶的起源

唐代陆羽《茶经》记载"茶之为饮，发乎神农氏"。但此说法应为民间传说衍生而来，并无确凿的证据。晋代常璩所撰《华阳国志》记载"周武王伐纣，实得巴蜀之师……茶蜜……皆纳贡之"。从中可以看出，周代的巴国就已经开始以茶叶为贡品向周武王纳贡了。因此，我国种茶、采茶的历史必然远早于周代。

1. 西汉至魏晋南北朝

《华阳国志》中记载了我国最早的种茶基地是在四川。书中记载，汉晋时期，四川产茶的地方有涪陵郡、什邡县、武阳县、南安县等。可见，这一时期四川已有多个产茶基地。扬雄《蜀都赋》中的"百华投春，隆隐芬芳，蔓茗荧翠，藻蕊青黄"，正是对汉代四川茶园美景的描绘。

《三国志·韦曜传》记载，韦曜参加东吴国君孙皓的宴会，他不善饮酒，故以茶当酒，这是"以茶代酒"的最早记载。东晋弘君举的《食檄》记载："寒温毕，应下霜华之茗；三爵而终，应下诸蔗、木瓜、元李、杨梅、五味。"这里是说，主客寒暄之后，奉茶三杯，以进茶食，对以茶待客的礼法进行了规范。

2. 唐宋时期

唐代，陆羽的《茶经》成为世界上第一部茶叶专著。书中列举了大量唐代产茶的地方，包括秦岭和淮河以南的四五十个州县。唐代，茶叶开始外传，鉴真和尚东渡时将茶叶传至日本，茶叶还经商人传到亚洲西部。唐代朝廷开辟了大批国有茶园，实行茶叶专卖，称为"国榷"，同时开始征收茶税。后来，茶税历宋、元、明、清各代，成为国家财政收入的重要来源。

北宋，太宗在建安设立官焙，专门制作北苑贡茶，促进了龙凤团茶的发展。南宋，陆游所作的诗中有三百余首都与茶有关。审安老人所著《茶具图赞》，则通过图示和文字对宋代茶器进行了较为完整的描述。

3. 明清时期

明代，太祖朱元璋下诏废团茶，兴叶茶。此后，贡茶由团饼茶改为芽茶，这就促进了炒青散茶的发展。明人罗廪所著的《茶解》对茶树栽培及绿茶炒制技艺进行了详细的描述。明代荷兰人自澳门将茶叶运销到爪哇，1610年开始将茶叶销往欧洲各国。

清代，荷兰和英国先后在其殖民地印度尼西亚和印度设立"东印度公司"，他们大量贩运鸦片到中国，同时又将中国的茶叶大量销往欧洲，以谋取暴利。随着欧美饮茶之风的盛行，中国茶叶的出口量迅速增加。据统计，光绪十六年，输出茶叶的数量达到134万公担，（1公担=100千克）值银5 220万两。

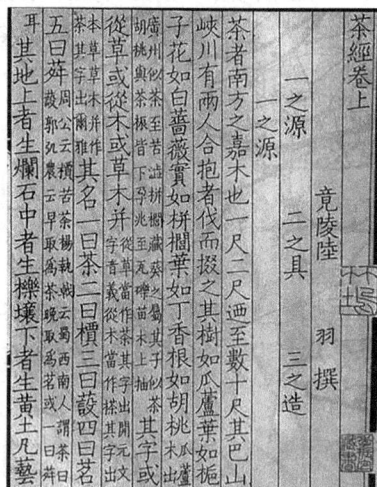

▲《茶经》书影

荷、英商人在贩运中国茶叶获利的同时，还在其殖民地广泛种植茶叶。18世纪至19世纪，印度和印度尼西亚的殖民政府就曾多次派人到中国引进茶籽和茶苗，并招募种茶与制茶的技术人员，进行大规模生产，以争夺世界茶叶市场。

1903年以后，印度、印度尼西亚、日本、锡兰（今斯里兰卡）等国的茶叶出口增加，使得我国茶叶在世界市场上的销量逐渐萎缩，直到中华人民共和国成立后才有所回升。

二、茶叶的品种

茶叶色、香、味、形俱佳，人们以茶敬客，通过饮茶进行各种人文活动，从而使茶具有了特殊的艺术品格和文化素养，给人们的日常生活增添了无限情趣。茶叶千差万别，品类繁多，按其制法可以分为以下五类。

1. 花茶

花茶是以绿茶或乌龙茶为底料，配以茉莉、玫瑰、玉兰、珠兰、蜡梅等各种香花，焙制成多品种的花熏茶。这类茶兼具茶味和花香，香味浓郁，茶汤色深，饮后使人感到清怡神爽。

▲花茶

2. 绿茶

绿茶是将刚摘下的鲜茶叶经高温杀青后，不发酵，用炒、烘、晒等工艺干燥而成，绿茶分为青茶和白茶。这类茶的制成品在色泽和冲泡后的茶汤上较多保存了鲜茶叶的嫩绿，饮后清新鲜淡，略带甘甜。

3. 红茶

红茶是经过萎凋、发酵后干燥而成的，包括普洱、六安等。红茶因其干茶冲泡后的茶汤和叶底色呈红色而得名，饮后齿颊常留有余甘。英国人在喝红茶时常常加入糖和牛奶，使其茶味更加甘香醇厚。

▲红茶

4. 乌龙茶

乌龙茶一般是经轻度萎凋和半发酵，再杀青干燥而成的，主要有岩茶、单枞、水仙、铁观音等。乌龙茶因其干后成条索状，形似黑龙，故而得名。这类茶在品质风味上兼具绿茶的清新和红茶的醇厚，饮后齿颊留香。

5. 紧压茶

紧压茶是经杀青发酵后，蒸压成酱黑色的饼状或砖状焙干而成的，包括各类砖茶和沱茶。这类茶茶味浓郁而略带甘涩，牧区或高寒山区的人们常将这类茶与酥油或牛奶一起烹煮，制成香浓的酥油茶或奶茶，成了当地百姓快速补充热量和维持酸碱平衡的理想饮料。

相关链接

除了按制法分类外，茶叶还可依其外形划分为银针（如白毫）、片茶（如龙井）、卷毛（如碧螺春）、珠茶（如绿茶）、条索茶（如乌龙茶）、碎茶（袋泡茶）、饼茶、砖茶等；或依茶叶颜色划分为红茶、绿茶、白茶、青茶、黄茶、黑茶等。

6.2.2 饮茶的方法

在我国数千年的饮茶史中，随着制茶技术和饮茶实践的发展，人们的饮茶方法也有了极大的进步。具体而言，传统的饮茶方法主要有以下4种。

1. 煎饮

原始社会时期，由于生产力低下，人们常常食不果腹，采食茶叶主要用于充饥，故而这一时期还不能算作饮茶。后来人们发现，茶可以祛热解渴、提振精神、治疗疾病，茶便从粮食中分离出来，煎茶汁治病成为饮茶的第一种方法。这个时期，茶叶产量稀少，常常被用于祭祀。

2. 羹饮

先秦至两汉时期，茶从药物转变为饮料。当时的饮茶方法也转变为羹饮。晋人郭璞为《尔雅》作注时就提到茶"可煮作羹饮"，即煮茶时，可以加入粟米及调料，煮成粥状食用。这种方法一直被沿用到了唐代，而我国边远地区的少数民族至今也还习惯使用这种方法饮茶。

3. 冲饮

冲饮法最早出现在三国时期，在唐代开始流行，盛行于宋代。三国时，魏国的张揖所撰的《广雅》中记载："荆巴间采叶作饼。叶老者，饼成以米膏出之。欲煮茗饮，先炙令赤色，捣末，置瓷器中，以汤浇覆之，用葱、姜、桔子芼之。其饮醒酒，令人不眠。"这里的意思是说，当时的饮茶方法是将采下来的茶叶先制成饼，饮用时捣成细末，以沸水冲泡，同时加入"葱、姜、橘子"之类的食物。可见，这一时期的冲饮法，尚留有羹饮的痕迹。

唐代，陆羽明确反对在茶中加入其他调料，强调茶的本味。唐人将纯用茶叶冲泡的茶，称为"清茗"。"清茗"在唐代已开始流行，直到宋代才成为主流。饮过清茗，再咀嚼茶叶，细品其味，可以获得极大的享受。

4. 全叶冲泡

全叶冲泡法始于唐代，盛行于明清时期。之所以唐代会出现全叶冲泡法，主要得益于蒸青制茶法的发明。蒸青制茶法专采春天的嫩芽，经过蒸焙之后，制成散茶，饮用时即是用全叶冲泡。全叶冲泡法是饮茶方法的一大进步。

散茶品质极佳，饮之宜人，但散茶的茶质存在优劣，在当时也已形成了审评茶叶色、香、味的一整套方法。宋代，冲饮法和全叶冲泡法并存。明代的饮用方法基本上以全叶冲泡法为主，直到今天，大多数人饮茶采用的也是全叶冲泡法。

6.2.3 茶文化的核心——茶道

我国传统哲学观点认为，"道"是宇宙及人生的法则和规律。茶道则是茶与道的融合和升华，是茶文化的核心。

一、茶道的含义

"茶道"一词在我国唐代就已经出现，唐代刘贞亮的《饮茶十德》中就有"以茶可行道，以茶可雅志"的说法。唐代封演所撰的《封氏闻见记》中也记载了"又因鸿渐之论，广润色之，于是茶道大行"。

我国现当代学者对茶道也有诸多解释，陈香白先生认为："中国茶道包含茶艺、茶德、茶礼、茶理、茶情、茶学说、茶道引导七种义理，中国茶道精神的核心是和。"吴觉农先生则认为，茶道是"把茶视为珍贵、高尚的饮料，因茶是一种精神上的享受，是一种艺术，或是一种修身养性的手段"。

从上述解释中我们可以看出，茶道包括了茶艺、茶境、茶礼和修道四要素。其中，茶艺是指备器、选水、取火、候汤、习茶的一套技艺；茶境是指茶事活动的场所和环境；茶礼则是指茶事活动中的礼仪；修道是指通过茶事活动来怡情养性。

二、中国茶道的基本精神

我国学者对茶道的基本精神有着不同的理解，这里主要介绍"六如茶痴"林治先生的观点。林治先生认为，中国茶道的基本精神是"和、静、怡、真"，其中，"和"是中国茶道哲学思想的核心；"静"是中国茶道修习的不二法门；"怡"是中国茶道修习、实践中的心灵感受；"真"则是中国茶道的终极追求。

1. "和"

中国茶道所追求的"和"源自《周易》中的"保合大和"，意思是世间万物都是由阴阳构成的，阴阳协和，保全大和之元气才能促进万物生长变化。陆羽在《茶经》中指出，煮茶的过程正是金木水火土五行相生相克并达到和谐的过程。他认为，风炉用铁铸成属"金"，炉中所烧木炭属"木"，木炭燃烧属"火"，风炉里煮的茶汤属"水"，放置在地上则属"土"。可见，阴阳五行调和的理念早已成为茶道的哲学基础。

传统儒家所追求的"中庸之道"的中和思想，同样在茶道中有着淋漓尽致的体现。如在泡茶时，表现出"酸甜苦涩调太和，掌握迟速量适中"的中庸之美；在饮茶过程中，则表现出"饮罢佳茗方知深，赞叹此乃草中英"的谦和之礼。

2. "静"

中国茶道是修身养性之道，追寻自我之道。要想通过茶事活动明心见性、品味人生，以至体悟宇宙的奥秘，"静"则成了必由途径。

道家创始人老子曾说："至虚极，守静笃，万物并作，吾以观其复。夫物芸芸，各复归其根。归根曰静，静曰复命。"另一位道家代表人物庄子则说："水静则明烛须眉，平中准，大匠取法焉。水静伏明，而况精神。圣人之心，静，天地之鉴也，万物之镜。"从老子和庄子的话中可以看出，"静"乃是人们洞察自然、反观自我、体悟道德的重要途径。

中国茶道正是通过茶事活动创造"静"的氛围，静可以虚怀若谷、洞察明澈，可以内敛含蓄、体道入微，正所谓"欲达茶道通玄境，除却静字无妙法"。

3. "怡"

"怡"是和悦、愉快的意思。中国茶道是雅俗共赏之道，它不讲形式，不拘一格，在日常生活中处处都有所体现。另外，不同信仰、不同地位、不同文化层次的人对茶道也有着不同的追求。

文人雅士的茶道追求"茶之韵"，他们托物寄怀，激扬文字。道家的茶道追求"茶之功"，他们品茗养生，羽化成仙。佛家的茶道追求"茶之德"，他们饮茶提神，参禅悟道。普通老百姓的茶道追求"茶之味"，他们喝茶去腻，享受人生。

4. "真"

"真"既是中国茶道的起点，也是中国茶道的终极追求。中国茶道所讲究的"真"，包括茶应是真茶、真香、真味；用的器具是真竹、真木、真陶、真瓷；环境是真山、真水。另外，待客要真心、真情，说话要真诚，心境要真闲。茶事活动的每一个环节都要认真，都要求真，这才是真正的中国茶道。

📝 **活动设计**

活动主题：了解潮州工夫茶艺。

活动形式：调查研究。

活动内容：我国茶道内涵厚重，集儒家格物致知、穷通兼达，道家天人合一、宁静致远和释家普爱万物、见性成佛的思想精华于一体，是我国茶文化的精神内核，而茶道在外在形式上则表现为茶艺。茶道主理，茶艺主技，我国茶道讲究心术并重，艺道双修。搜集资料，了解我国国家级非物质文化遗产——潮州工夫茶艺。

📖 **延伸阅读**

我国古代的宫宴

我国的饮食文化历史悠久，早在夏商周时期已经初具雏形。据《周礼》《诗经》记载：到夏代，禾、黍、麦、麻、稻五谷皆有；马、牛、羊、鸡、犬、豕六畜俱全；烹饪技术、酿酒文化俱皆发展，炊具、食器多样化，食馔水平大大提高。商朝起，已设置了"庖正""宰夫""司鱼"等膳食官员，主管帝王的膳食和祭礼，还设置了"鼎食制"，"天子九鼎，诸侯七鼎，大夫五鼎，元士三鼎"，一鼎即一菜。周朝的宫廷御膳制度更为完善，据《周礼》记载，周朝的膳食官员分为膳夫、庖人、内饔、外饔等二十余种，共二千二百九十四人，御膳之盛，可想而知。

食材、炊具的丰富和烹饪技艺的提升，让周代的饮食娱乐呈"钟鸣鼎食"之象，周代也诞生了我国最早的宫廷宴席——"周八珍"。"周八珍"是为周天子准备的宴饮美食，《礼记》中记载"周八珍"为：淳熬（肉酱油浇饭）、淳母（肉酱油浇米饭）、炮豚（煨烤炸炖乳猪）、炮牂（煨烤炸炖羔羊）、捣珍（烧牛、羊、鹿里脊肉丸）、渍珍（酒糟牛羊肉）、熬珍（类似五香牛肉干）和肝膋（网油烤狗肝）八种食品（或八种烹调方法），《礼记内则》中对这八种食品的原料、调料、烹制工艺、炊具等进行了详细记载，这无一不彰显了我国饮食文化发展初期的食材之丰、食馔之精。

秦汉时期引进了域外的食材，御膳又得到了新的发展，宫廷名菜进一步丰富，煮鹅掌、鹿脯、脍残鱼、烤猪、七宝羹等品类众多，烹调技术也得到了极大的提升。

隋唐以来，宫廷御膳发展得更为成熟，唐代宫廷还曾召集各地名厨入宫，制作御膳，宫廷宴席的类型也因其作用的不同而进行了区分，如国宴、赐新科进士的曲江宴以及大臣进献帝王的烧尾宴等。明朝宫廷御膳机构更加庞大，上设尚食局，下设光禄寺和太常寺，御膳房管理人员近五千人，宫廷御膳常用菜点也在二百款以上。

清代宫廷御膳是我国古代御膳发展的高峰时期，历代所有名菜、名点、名酒、名宴都云集于宫廷，宴席的用料、烹调技艺、菜品种类以及宴会的排场规模均超历代。

☼ | 启发 |

宫廷御膳是我国饮食文化的重要组成部分，历代宫宴的形成和发展，对我国饮食文化的发展也起到了一定的促进作用。现如今，精品膳食回归民间，遍布全国，乃至全世界的各个地区，更彰显了我国饮食文化历史之久、品类之丰和技艺之精。

实践练习

练习一： 单选题

1. 下列不属于"四大菜系"的是（   ）。

   A. 鲁菜　　　　　B. 苏菜　　　　　C. 川菜　　　　　D. 湘菜

2. 下列不属于"八大菜系"的是（   ）。

   A. 湘菜　　　　　B. 徽菜　　　　　C. 闽菜　　　　　D. 京菜

3. 《华阳国志》中记载我国最早的种茶基地在（   ）。

   A. 湖北　　　　　B. 陕西　　　　　C. 甘肃　　　　　D. 四川

4. 世界上第一部茶叶专著是（   ）。

   A.《茶经》　　　　B.《茶论》　　　　C.《茶序》　　　　D.《神农本草经》

5. 时至今日仍然盛行的全叶冲泡法，最早出现于（   ）。

   A. 唐代　　　　　B. 明清时期　　　　C. 三国时期　　　　D. 宋代

练习二： 讨论与分享

请针对以下现象，谈谈你的理解。

我国饮食习俗自古就呈现出围桌而聚的特点，无论是一日三餐、逢年过节，还是婚丧嫁娶，大家都同桌而食，"人人可分一杯羹"。西方国家在饮食上虽然也表现为同桌而食，但往往各持餐具，"各自为政"，这是中西方饮食文化的显著差异之一。如何看待中西方饮食文化的内涵，你认为中西方饮食习俗的差异体现出什么文化差异？

十三道茶艺

第一道：净手。在给客人斟茶之前，先洗手。

第二道：烫器。用开水冲烫泡茶的器具。

第三道：请茶。"马龙入宫"，即将茶叶放到茶壶里。

第四道：洗茶。将沸水倒入壶中，让水和茶叶适当接触，然后迅速倒出。

第五道：泡茶。再次倒入沸水，让壶嘴"点头"3次，谓"凤凰三点头"，以示致敬。

第六道：拂盖。沸水高出壶口，用壶盖拂去茶沫。

第七道：封壶。盖上壶盖，保存茶叶冲泡的香气。

第八道：分杯。用茶夹将闻香杯、品茗杯分组，一字排开，放在茶托上。

第九道：回壶。将壶中茶水倒入公道杯，体现茶道的"公正、公平、公道"。

第十道：分茶。把茶汤均匀倒入每位客人的闻香杯中，茶斟七分满，茶量一致。

第十一道：奉茶。双手把杯子送到客人面前，体现"以茶奉客"之道。

第十二道：闻香。客人将茶汤倒入品茶杯，轻轻嗅闻香杯中余香，表示欣赏。

第十三道：品茗。三指取拿品茗杯，分三口轻啜慢饮。

☼ | 思考 |

1. 茶艺不但要知其行，更要学会知其意。十三道茶艺体现出了茶文化的哪些核心内容？

2. 你有饮茶的习惯吗？试着依照十三道茶艺的流程开展一次简单的茶事活动。

第7章

精深的奥义：中国传统武术

中华民族绚丽多彩的传统文化，如同银河中交相辉映的星斗般灿烂无比，中国传统武术就是一颗璀璨的明星。中国传统武术是古代中国所特有的一种文化现象，它将攻防格斗与健身娱乐、身体运动与哲学道理相互结合，囊括各种武术套路、武术器械，衍生出无数充满传奇色彩的草莽英雄、绿林好汉，并且在长期的发展过程中形成了自身的武德和准则，并传承至今。

★ 知识目标

1. 了解中国传统武术的发展历程和武术流派。
2. 了解中华武术所蕴含的武德。

◎ 能力目标

1. 熟悉我国传统武术的发展历程和流派特点。
2. 正确认识我国传统武术所体现的精神内涵。

📋 素养目标

能体会和理解古人高尚武德背后深藏的文化底蕴，提升自身的道德修养。

止戈为武

《左传·宣公十二年》记载了这样一则故事。一次，楚国与晋国交战，晋国大败。楚国大夫潘党劝楚庄王收集晋国军人的尸体，将其堆积成一座大"骷髅台"，以作为战争胜利的纪念物。这样不仅可以向后代宣扬自己的功绩，还可以借此炫耀楚国的武力。楚庄王则回答说："非尔所知也。夫文，止戈为武。"意思是说，从文字组成上讲，"止"和"戈"两个字合起来就是"武"字。之后，楚庄王又以周武王战胜商朝后的所作所为，阐述了战争不是为了宣扬武力，而是为了禁止强暴、消灭战争、巩固功业，给百姓带来安定、生活的道理。他认为，止息兵戈才是真正的功绩。于是，楚国的军队就遵照楚庄王的命令，在黄河边祭祀了河神，修筑了一座祖先的宫室。很快，楚国将士也就班师回国了。

"止戈为武"即由来于此，这一思想也成了中华武术精神的灵魂，是中国武德的重要组成部分。中华传统武德讲究遵守社会公德、尊师重道，反对好勇斗狠和恃强凌弱。表面上看，这只是古人在修习武术的过程中，逐步形成的共同的武术道德，但实际上，它却体现出了中华传统文化中"以德为本"的思想，显现了儒家文化中以"仁"为核心的道德内涵。

讨论

武侠小说、武侠电影是我国文化产业中非常具有代表性的题材，剪恶除奸、扶危济困也是我国武侠文化的典型精神内核。请结合著名的武侠小说、武侠电影，谈谈你对中国武术的看法。

引申

"侠"是我国武术文化的灵魂，反映了我国人民的思想理念和精神追求。墨家的"侠"崇尚路见不平、拔刀相助。儒家的"侠"则是侠之大者、为国为民。及至现代，"侠"一词又加入了新的内涵，心怀大义、不卑不亢可谓"侠"，无私奉献、敬业创新亦可谓"侠"。

7.1 中国传统武术的发展历程

导读　中国传统武术是中华民族在长期的历史演进过程中不断创造、发展起来的，其内容丰富，形式多样，底蕴深厚。中国传统武术的发展大致经历了以下几个阶段。

7.1.1　秦代以前

原始社会时期，人们为了基本的生存，往往需要和猛兽搏斗，同时还会和邻近的部落因争夺生存资源而发生战争，这样便产生了初期的格斗技能。夏商周时期，由于社会掠夺的加重以及阶级斗争的不断突显，武力显得尤为重要。从王公贵族到黎民百姓，都会学习一些简单的功夫。到了西周时期，军队中还出现了训练武舞的学校。

需要注意的是，这一时期的格斗技能训练还只是一种武艺训练，它不同于体育范畴的武术，只是一种军事训练活动。而武术则是人们对格斗经验的总结，它的一招一式、一刺一击都是按照进攻和防守的格斗要求设计出来的。武术追求的是健身娱乐，而武艺追求的是战场的实效。

7.1.2　秦汉至唐代

秦朝一统天下后，禁止民间私藏兵器。于是，传统的武艺逐渐脱离实战，发展成一种娱乐活动——角抵戏。《汉书·刑法志》中称此种现象为"讲武之礼，罢为角抵"。这种角抵戏以徒手搏斗为主，秦二世胡亥就很喜欢在甘泉宫里观看这一表演。

秦汉时期，手持兵器的舞蹈有了新的发展，逐步成为军队中的一种娱乐。《史记·项羽本纪》记载的故事"鸿门宴"中，就有"项庄舞剑，意在沛公"的情节。故事中项庄与项伯拔剑对舞，场面激烈，这也说明当时的武术已逐步发展出可以单独演练的套路形式。

魏晋南北朝时期，兵器对练的表演形式不断演变，至唐代，这种表演又吸收了剑舞表演的精华，增加了表演的技巧和内容，形成了连续的动作。唐代精通剑术与擅长剑舞的人很多，他们所表演的剑舞、矛舞、"破阵"舞、"大面"舞等都极为优美。例如，诗人苏涣在观看了裴旻的剑舞后，就赞叹"忽如裴旻舞双剑，七星错落缠蛟龙"；诗人杜甫也曾赞叹公孙大娘的剑舞"霍如羿射九日落，矫如群帝骖龙翔"。可见，武术在唐朝时期得到了很大的发展。

▲公孙大娘舞剑

但是，无论是剑舞还是"破阵"舞，其舞蹈成分居多，与后来以攻防格斗为主的武术套路有着明显的区别。因此，唐代的武术套路还不成熟，但唐代高度发达的舞蹈，为后来武术的发展提供了重要的前提条件。

7.1.3 宋代

宋代是中国武术及武术文化正式形成的时期。在宋代，火器的大量使用，导致一些被淘汰的冷兵器转入民间，成了民间娱乐、健身、表演的道具。又由于冷兵器在战场上并未被完全取代，加之社会动荡，武术与军事形成了一种若即若离的状态。在这种状态下，武术既保持了自己"武"的特点，又融合了舞蹈、杂技、养生、气功等文化元素，民间艺人舞枪弄棍，精通刀剑，其表演既有竞技的特点，也有娱乐的艺术，促进了武术的专门化和职业化，中国武术在这一时期得到了极大的发展。

宋代，随着兵械形制数量的增多和使用方法的多样化，兵器武艺也呈现出多样化发展趋势，并出现了"十八般武艺"的说法。这一时期，还出现了许多指导后世武术发展的理论著作，如张伯端的《悟真篇》、周敦颐的《太极图说》、曾公亮和丁度合著的《武经总要》等。

宋代武术体系已基本形成，中国传统武术在这一时期逐步摆脱了军事训练的从属地位，走上了独立发展的道路。

7.1.4 明清时期

元代禁止人民习武，直至明代中叶，民间习武才得以恢复。在明代，中国传统武术形成了诸多流派，武术体系也进一步得到了完善。

清初，各地相继出现天地会、白莲教、八卦教、青洪帮、哥老会等秘密团体和江湖组织。这些组织成员多以练武、治病、互济等方式组织成员。有些分支组织如红枪会、义和拳、小刀会等，就是以练武的名词来命名的。这些民间组织的出现，极大地促进了民间武术的传播。

今天，中国传统武术被称为国术，已成为中华传统文化的重要组成部分。

7.2 中华武德

导读 "未曾学艺先学礼，未曾习武先习德。"中国传统武术在漫长的发展过程中，既形成了一整套独特的理论、技术、方法，也形成了一套与武术密切相关的重礼仪、讲道德的道德体系，这就是人们常说的武德。

7.2.1 修身养性

中国古人从"武"这一文字的字形中，就给予了武术以最基本的解释，即"止戈为武"。因此，武术从一开始就不是作为好勇斗狠或者战争掠夺的工具，而是作为强身健体、修身养性的方法。《左传》中说："春搜、夏苗、秋狝、冬狩，皆于农隙以讲事也"，意思是说，农闲时人们才进行各种与武术有关的身体活动，而这些活动大多是为了修身养性、强身健体的。历代武术家在切磋技艺时，也都坚持"戒急用忍""点到即止"，不会乱作杀伤。

我国武术的大多数门派都有相当严格的戒规，如咏春白鹤拳所规定的"五戒、五顾、持四善、懔十戒"；少林拳法中的"五忌七伤"——"一忌慌惰；二忌夸矜；三忌焦急；四忌遇等；五忌酒色。近色伤精；暴怒伤气；思虑伤神；善忧伤心；好饮伤血；懒惰伤筋；躁急伤骨"。而各门派制订这些戒规的目的就是加强习武者的修养。

中国传统武术重视修身养性、强身健体的传统美德，从而培养出一代代优秀的武术精英，同时也创立了大量帮助人们增强体质的武术种类。诸如导引术、五禽戏、八段锦、易筋经，以及近代的太极拳、保健气功等，这些武术在增强国民体质、提高人们的品德修养方面起到了积极作用。

相关链接

历代授徒的永春白鹤拳师总结出"五戒、五顾、持四善、懔十戒"的武德条文。其中，"五戒"为戒淫欲、戒酗酒、戒欺老人、戒辱小儿、戒凌妇人。"五顾"为顾己体，爱学弟，睦邻里，知高低，敬师长。"持四善"为善修其身，善正其心，善慎其行，善守其德。"懔十戒"为戒好斗、戒好胜、戒好名、戒好利、戒骄、戒诈、戒浮夸逞能、戒弄虚作假、戒挑拨离间、戒为非作歹。

7.2.2 尊师重道

中国历来被称为"礼仪之邦"，中国古代武术在传统文化的影响下也形成了一套十分复杂的礼节。武术礼仪逐渐成为武德的重要表现形式，是习武之人应该共同遵守的基本道德行为规范。

传统武术中的礼仪包括师徒之间的礼仪、同门师兄弟以及武林同道之间的礼仪等。师徒之间的礼仪是传统武术礼仪的核心，主要表现为师傅在选择徒弟时极为严格，因为"为武师，须教礼，德不贤不可传""不信者不教，无礼者不教"。徒弟对待师长，则"宜敬谨从事，勿得有违抗傲慢之行为"。同门师兄弟之间以及武林同道之间的礼仪则较为众多，不论是以武会友，或是以武相争，总是先行礼再开拳，以表示对对手的尊重。除了徒手的抱拳礼外，还有持械礼、递械礼和接械礼等礼仪。这其中，抱拳礼是当今国内外具有代表性的礼仪。

我国传统武术中的抱拳礼，是由作揖礼和少林拳的抱拳礼加以提炼、统一而形成的。具体的方法是以左手抱右手，自然抱合，松紧适度，拱手于胸前微微晃动。抱拳礼既是礼貌的象征，同时又包含着内在的精神气质。这里"左掌"表示德、智、体、美"四育"齐备。左掌掩

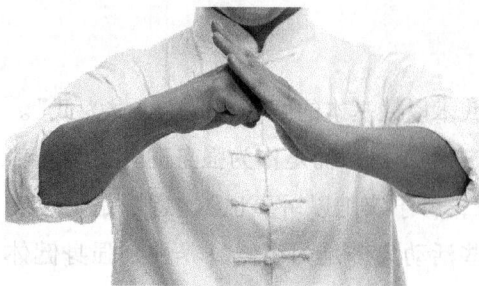
▲抱拳礼

抱右拳，则寓意以武会友，约束、节制武力，点到为止。左掌右拳拢屈，轻微晃动，则表示天下武林是一家，大家应团结奋进。

中国传统武术中的抱拳礼，正是儒家仁爱、守礼、谦让、宽厚等以和为贵思想的体现，其蕴藏着克己复礼、崇文尚武、文武兼修的文化观和自强不息的民族气节。

7.2.3 行侠仗义

中国传统武术不仅强调习武以自卫，还强调习武之人的社会责任感。"路见不平，拔刀相助"正是习武之人行侠仗义、承担社会责任的体现。古往今来，无数武者为了国家、民族、正义而奋不顾身，在历朝历代习武之人中传承不衰，成为后世传颂的佳话。

1. 春秋战国至两汉时期

春秋战国时期，行侠仗义是"士为知己者死"，《史记·刺客列传》中记载的五位侠客即是如此。其中，曹沫在鲁庄公向齐桓公割地求和的盟会上，不顾个人生死，孤身一人绑架齐桓公，迫令其无条件退还所侵占的鲁地；豫让为报知遇之恩，不惜吞炭毁容；荆轲明知行刺一事难成，仍大义凛然，赴秦行刺。这些游侠与刺客身上所展现的正是习武之人大义凛然、舍生忘死的侠义精神。正如司马迁所说："自曹沫至荆轲五人，此其义或成或不成，然其立意较然，不欺其志，名垂后世，岂妄也哉！"

到了汉代，朱家、田仲、郭解等民间游侠，同样表现出为国效命、济人危困的侠义品质，是人们所公认的"侠"。

2. 隋唐宋元时期

隋唐时期，习武之人行侠仗义的品德融进了儒家的忧患意识，形成了独特的儒侠精神。这一时期，习武之人大多重义轻生、快意恩仇。唐代就有大量游侠诗和传奇描写这些侠士，如李白的《侠客行》写到"十步杀一人，千里不留行。事了拂衣去，深藏身与名"，描绘的正是侠客高超的武术和淡泊名利的精神品格。

宋元时期，受社会和政治背景的影响，大量下层人民铤而走险，聚众结义，杀富济贫，多聚集在深林大山，形成了武侠人士栖身的又一个场所——绿林。行侠仗义的精神也在这一时期发生了重大转变，"绿林好汉"的侠义精神吸取了忠君爱国的思想，体现出"侠之大者，为国为民"的高尚品德。

3. 明清时期

明清时期，帮会与"侠义振民"的思想开始出现并逐渐发展起来。清初，各地出现了大量的"帮会"，如南方的天地会、北方的白莲教。他们提出"均贫富""济世除暴"等主张，实行"四海之内，皆为兄弟"的行为准则，他们讲信义，重承诺，共甘苦，轻生死。

清朝末年及近代，面对积贫积弱和内忧外患的现实，为了唤起人民的反抗精神，谭嗣同、秋瑾等人极力推崇任侠精神，梁启超等人则提出"侠义振民"的思想，积极提倡尚武任侠的精神。

1909年，以迷踪拳闻名的一代大侠霍元甲在上海与陈公哲、陈铁生、姚蟾伯、卢炜昌等爱国青年，共同成立了精武体操学校。霍元甲倡言："国民欲拒辱，必当自强，愿海内同胞，振奋精神，加入斯道，强魄健体，使我中国大地，再现勃勃生机，使四万万之众，皆成健儿，中华必将振兴，民族必有希望。"

中国传统武术中行侠仗义的武德，经历一次次的升华，逐步成为中国人民的伦理价值和行为标准，每当遇到外敌入侵、民族危难时，武艺高强的英雄豪杰们无不挺身而出，以身报国，为国家统一和民族团结贡献出巨大的力量。

7.3 中国传统武术的流派

导读 中国的武术门派、套路众多，最著名的五大流派包括崆峒、少林、武当、峨眉、昆仑，而这五大门派中又有许多支派。这里主要介绍较有影响的少林武术、武当武术和峨眉武术。

7.3.1 少林武术

少林寺坐落于河南省登封市嵩山上秀丽的五乳峰和雄奇的少室山中，少林武术即是在这里发扬光大的。少林寺被人们奉为武林圣地，武林中许多拳术的产生与少林武术有着直接的联系，甚至有"天下功夫出少林"的说法。

1. 少林武术的发展历史

对于少林武术的起源，人们众说纷纭，较为普遍的一种说法是来自印度的菩提达摩首创少林拳。菩提达摩是南天竺高僧，南北朝时期他由海路到达广州，又北上到达北魏，在洛阳、嵩山等地游历并讲授禅学。菩提达摩主张通过静坐的方法来修心悟禅，据说他曾在少林寺附近的"达摩洞"里面对石壁静坐9年，最后坐化而逝。

少林武术从隋末唐初开始闻名于世，当时，唐太宗李世民在统一全国的战争中，得到了少林僧人惠玚、志操、昙宗等人的大力帮助，他们为李世民攻克洛阳立下了不朽的战功。从此，少林寺名声大振、远播四方。天下的英雄豪杰、武林高手，都从四面八方云集少林。他们以武会友、交流武技，少林武术因此汇集了天下武术的精髓。宋代以后，少林武术先后汇聚了宋太祖赵匡胤的长拳、马籍的短打、韩通的通背拳等18家拳法的精华，并编著成拳谱，流传后世。

明代，少林武术达到了更高的水平，明人王士性称赞说"拳棍搏击如飞""盘旋踔跃，宛

▲《少林棍法阐宗》书影

然一猴也"。著名的明代武术家程宗猷也曾经在少林寺学习武术，他师从少林寺僧人洪纪、洪转、宗相、宗岱等，学习少林棍法长达10余年，深得少林武术的精髓。他离开少林寺后，著成《少林棍法阐宗》一书，叙述了小夜叉、大夜叉、阴手、破棍等少林棍法，颇受当时世人的重视。

清代，因少林僧人曾参加过反清复明的活动，康熙年间，少林寺曾遭到清廷的焚毁，少林僧人因此飘落四方，这也使少林武术在更广的范围得到了传播。

此后，清政府为了巩固自己的统治，下令禁止民间习武，使少林武术的发展受到了极大的限制，但是，少林僧人和广大民众并未因此停止习武，他们采用更为隐蔽的方式，如远离山门、夜间练习等修习武艺。这就使得少林武术得以延续，并传承至今。

2. 少林武术的内容

少林武术在经过漫长的历史发展后，其内容日益丰富，形成了一个集拳术套路、散打、器械和功法为一体的武术体系，创造了武术史上辉煌的成就。这里主要介绍少林拳术和少林棍术。

少林拳术套路众多，有小洪拳、大洪拳、老洪拳、少林十字拳、少林虎战拳、少林罗汉拳、少林石头拳、梅花桩等几十种。少林拳的一个主要特点是讲究"拳打一条线"，意思是少林拳的套路在起止进退上都必须保持在一条直线上。另外，少林拳还主张"拳打卧牛之地"，即必须在前后两三步的狭小空间里决定胜负。因此，少林拳术非常注重实用，动作朴实，招式多变，力量运用上则灵活而富有弹性，内静外猛。人们也往往用"秀如猫，抖如虎，行如龙，动如闪，声如雷"来形容少林拳术。

▲壁画里的少林武术

少林棍术同样有很多套路，如猿猴棍、齐眉棍、六合棍、镇山棍、风波棍、劈山棍、夜叉棍、小梅花棍、八宝混元棍、五虎群羊棍等。其中，少林六合棍是少林武术中的精华。由于这种棍术是由六种棍法绝招组合而成的，故称"六合棍"。六合棍的套路由两个人进行攻防对打，其特点是真打实战、棍法简洁、直取快攻、一招制胜。

3. 少林武僧的抗倭历史

少林武术之所以名扬天下，除了高超的武技外，还与少林武僧曾在民族危难之时挺身而出、奋勇杀敌有着密切的关系。

明朝特别是嘉靖年间，东南沿海一带倭寇盛行，他们烧杀抢掠，无恶不作，沿海一带的人民深受其害。为此，朝廷曾多次派兵征讨。但由于倭寇大多武功较高，所使用的倭刀也十分锋利，再加上火器的配合，战斗力很强，致使朝廷的军队屡战屡败。直到抗倭名将戚继光组织了精锐的戚家军，才改变了这一状况。

在历次抗倭的战争中，少林武僧也贡献出了自己的力量，并屡立战功，功绩卓著，《吴淞甲乙倭变志》《日知录》《江南经略》等书中均有记载。《江南经略·僧兵首捷记》开篇即说道："国家承平日久，民不习兵。东南文物之地，武备犹弛。嘉靖癸丑春，倭人猖夏，我祖宗之制，非奏请不得擅动军旅。有司仓皇不及以闻，权起民兵御之。"这里的民兵即是指少林僧兵。显然少林僧兵是作为一支民兵奔赴战场的。

明代从洪武到崇祯年间，少林武僧曾多次参与抗倭战争，这些实战经验使少林武术的技击性与实用性得到了提高。另外，这些实战经验也在少林武术的理论化、系统化和套路化的完善方面起到了极大的推动作用，使得少林武术在全国范围广泛传播。

7.3.2 武当武术

武当武术中拳术、剑术都很有成就，剑术包括武当剑、白虹剑、太极剑等，拳术方面则有太极拳、无极拳、武当太乙五行拳等。其中，太极拳成就较高，形成了多个派别，对后世影响较大。

1. 太极拳的由来

"太极"一词，最早出现在《周易》中，意思是指天地未分之时的混沌元气，这种元气不断变化发展，产生了世间万物。太极拳即沿用了这种无所不包的太极理论，其以充斥天地之间的元气为基础，同时又蕴藏着无穷的变化。因此，太极拳正是以古代的太极理论、阴阳学说和经络学说为基础，在吸收了古代气功中行气运劲的方法后，汇聚各家拳法的精华而创造出来的。

太极拳最初有人称为"长拳"，也有人称为"绵拳"，还有人称为"十三势"。后来，清朝乾隆年间，著名的太极拳家王宗岳编著了《太极拳论》一书，他在书中以太极阴阳学说详细阐述了太极拳的拳理，太极拳的名称才最终得以确定。

2. 太极拳的技击方法

太极拳在技击方面具有独特的风格，它通常以走弧线的动作，不断地划圈，在划圈的同时，运用挤、按、肘、采、靠等多种劲法、脚法和身法相互配合，达到以柔克刚、避实击虚的效果。

太极拳在打击方法上以后发制人为主，主要有"化劲"和"发劲"两种方法。"化劲"就是当对方进攻时，通过自己手脚身法的变化，再加上黏、连、随等功夫，顺着对方用力的方向，将对方的力量沿圆的切线"化"走，正谓"任他巨力来打我，牵动四两拨千斤。""发劲"则是在"化"走对方力量的同时，判断对方的重心，顺势爆发出一股刚劲将对方抛出或击倒。

3. 太极拳与医疗保健

练习太极拳时，讲究静心用意，呼吸自然，中正安舒，柔和缓慢，连贯协调，虚实分明，轻灵沉着，刚柔相济，因此，练习太极拳是一项很好的健身运动，现在很多中老年人都通过学习太极拳来强身健体。

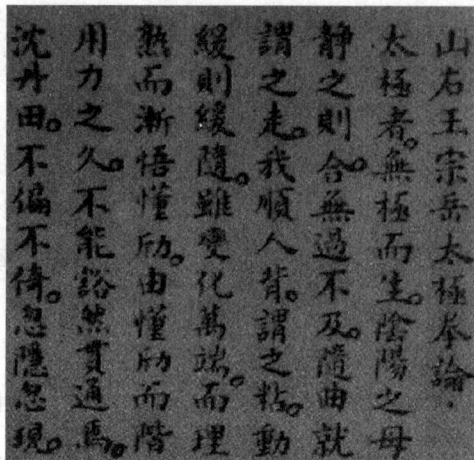

▲《太极拳论》书影

▲ 简化太极拳

7.3.3 ▶ 峨眉武术

峨眉武术是我国传统武术流派之一，其以中国名山峨眉山为发祥地，经历了较为漫长的发展历史，期间出现了许多著名的峨眉武术高人，创造了武术技法。

1. 峨眉武术的发展历史

春秋战国时期，不少文人方士隐居于峨眉山中。其中，道士司徒玄空因长期耕食于山中，与峨眉灵猴朝夕相处，最终创编出一套"峨眉通臂拳"。后来，其又自创"猿公剑法"，为峨眉武术的起源奠定了基础，被称为峨眉武术的创始人。

北宋时期，峨眉山成为中国佛教四大名山之一，是普贤菩萨的应化道场，因此僧人众多。南宋建炎年间，峨眉山临济宗白云禅师由道入释，同时兼研密宗。其所创"峨眉临济气功"集释、道、医、武于一体，内涵深厚，极富哲理。

明代，峨眉武术进入鼎盛时期，明人唐顺之的《峨眉道人拳歌》中就描述了明代峨眉派拳术的高超技艺，如"忽而竖发一顿足，岩石迸裂惊沙走""百折连腰尽无骨，一撒通身皆是手""去来星女掷灵梭，天矫天魔翻翠袖"，可谓变化自如，精深之至。

明代普恩禅师则是峨眉枪法的创始人，他的事迹被记录在明末清初武术家吴殳所著的《手臂录》一书中。书中记载："西蜀峨眉山普恩禅师，主家白眉，遇异人授以枪法，立机空室，练习二载，一旦悟切，遂造神化，遍游四方，莫与并驾。枪法十八扎，十二倒手，攻手兼施，破诸武艺。"可见，普恩禅师的枪法亦是精妙绝伦。后普恩禅师将其枪法传于徽州武术家程真如和月空行者，名扬一时。

▲司徒玄空

清初的湛然法师，曾多年居于峨眉山白龙洞中，著成《峨眉拳谱》一书。乾隆五十四年，峨眉山大坪寺僧创编了"浪子燕青拳"；乾隆五十五年，山僧模仿青龙白鹤之势，创编"六乘拳"。清末，仙峰寺神灯长老和紫芝洞清虚道长，与各地武林高手切磋交流后回到峨眉山，经过苦心研究，终于创编"峨眉子午门武术"，流传至今。

2. 峨眉武术的内容和特点

峨眉武术兼具佛家与道家之长，既吸收了道家的动功，又融入了佛家禅修的基础，从而具备了一套动静结合的练功方法。仅就峨眉拳术而言，就有虚步高桩、刚劲有力的僧门拳；有以擒拿为主，杜绝、阻止对手攻击的杜门拳；有以意识运动肢体，又以肢体进行攻防的慧门拳；有动作刚猛、沉脚重手，并辅之以发声助威的洪门拳；有手轻脚快的化门拳；还有软缠脆打、刚软相济的岳门拳。

峨眉武术主张动功与静功结合，著名的"峨眉十二桩"在动功上就分为天、地、之、心、龙、鹤、风、云、大、小、幽、冥"十二大式"；静功上则讲究虎步功、缩地功、重锤功、指穴功、悬囊功、涅槃功"六大专修"。

峨眉武术的主要技击方法包括腾、挪、闪、颠、浮、沉、吞、吐，峨眉派武术大多善用五峰六肘之力，五峰是指头、肩、肘、膝、臀；六肘则是指上肘、下肘、左肘、右肘、倒肘、回肘。峨眉武术还特别注重"武德""仁术"和"养气"，各种武艺的修习以防御保身为主，练武者必须正直善良，同时具备人道主义精神和浩然正气。

📝 活动设计

活动主题：了解中国武术门派。

活动形式：资料搜集。

活动内容：中国武术历史悠久，武术流派繁多。中国武术讲究内外兼修，既要正心明德，又要锻体强身。试着搜集我国武术流派的相关资料，分析它们的武德精髓，以及它们之间存有的共性。

南拳北腿

我国武术界历来有"南拳北腿，东枪西棍"的说法，这句话非常直观地概括了我国武术中的拳法和器械在地区上的发展差异。南拳和北腿是大致上从地域上来划分的，是我国传统武学中两种风格迥异、特点鲜明的拳术风格。明代武将郑若曾所著《江南经略》中记载："曰赵家拳，曰南拳，曰北拳"，可见我国武学早在明代就已经形成了独立的拳系，各拳系风格鲜明。

南拳是我国长江流域和长江以南地区流行的武术，步稳、拳刚、势烈，少跳跃、多短拳、擅剽手，以声、气修力为主要特点，尤重桥手、钢爪、铁胳膊，善用桥手堵截、防化，上下逼封，肩撞肘击，贴身近战取胜，因此，素有"拳打卧牛之地"的说法，只需卧牛大小的区域即可习武练功。

北腿是流行于黄河流域及其以北地区的拳法，北方拳法长于腿法，架势大，力量足，节奏快，多窜奔跳跃。拳法上也常用砸、崩、捶，注重抢、冲，因习武所需场地较大，素有"拳打四方"的说法。《拳经》上记载："少林武功全在腿，弹踢蹬扫摆合威"，可见北派拳术中，攻杀主要靠腿，"拳打三成腿打七"。

☼ 启发

我国传统武术的历史源远流长，流传至今的一招一式都是习武者在长期的实践中摸索归纳而成的，南北拳术体系的形成提升了我国传统武学的境界，对我国古代武术的发展具有十分关键的意义，也为当代武术的传承和发展奠定了基础。

实践练习

练习一：单选题

1. 角抵戏是（ ）朝出现的一种娱乐活动。

    A. 汉   B. 秦   C. 唐   D. 隋

2. "十八般武艺"的说法最早出现在（ ）。

    A. 宋代   B. 唐代   C. 秦汉时期   D. 明代

3. 我国传统武术中的抱拳礼是以（ ）。

    A. 双手合十   B. 右手抱左手   C. 左手抱右手   D. 左右手上下合抱

4. "太极"一词，最早出现在（ ）。

    A.《周易》   B.《庄子》   C.《春秋》   D.《周髀算经》

5. （ ）主张动功与静功结合。

    A. 少林武术   B. 武当武术   C. 峨眉武术   D. 崆峒武术

练习二：讨论与分享

请针对以下现象，谈谈你的看法。

1. 现在，有很多学校开展了"传统武术进课堂"等类型的活动，让学生既能体验传统武术，又能强健体魄。你对这种现象有何看法？说一说这样的做法对青少年教育的意义。

2. 很多武侠小说、武侠电影中的武者侠士习武之后可以上天遁地、腾云九霄，这种经过"艺术加工"的武功与我国传统武术颇有不同，你更喜欢哪一种武学文化的表现形式？说一说理由。

练习三：案例分析

练兵名将戚继光

"封侯非我意，但愿海波平。"明朝著名抗倭名将戚继光，世人皆知其是一位杰出的军事家，实际上，戚继光不仅深谙排兵布阵之道，他在兵器制造、军事工程发明和改造，乃至练兵方面，都拥有不菲的成就。相传鼎鼎大名的"戚家拳"就为他所创。不仅如此，他训练的士兵武艺卓绝，以一当十，"戚家军"更是被称作百战百胜的常胜军队。

据记载，戚继光自小习武，棍、刀、枪、叉、钯、剑、戟、弓、矢、盾牌之技艺，无所不精。他练拳时"身法便，手法利，脚法轻，腿法腾"，达到了"势势相承，遇敌制胜""微妙莫测、窈焉冥焉"的境界。此外，他还博取众家之长，融合当时各路拳法、腿法、拿法、跌法、打法，创造适合自己的融手、肘、膝、胯、腿法兼用一身，铸跌、打、摔、拿、踢等技击法于一体的练兵方法，并撰写了《练兵实纪》等著名兵书。

☼ **思考**

1. 谈一谈武术发展对古代军事发展的意义？可搜集资料，基于某一朝代具体分析。

2. 弘扬我国传统武术有哪些作用？

---

[1] [美]J.L.斯图尔特. 文化：中国的文化与宗教. 闵甲，黄克克，韩铁岭，等译. 长春：吉林文史出版社，1991.

[2] 王霁. 中国传统文化 [M]. 北京：清华大学出版社，2014.

[3] 秦其良. 中国传统文化 [M]. 大连：大连理工大学出版社，2010.

[4] 朱筱新. 中国传统文化 [M]. 2版. 北京：中国人民大学出版社，2014.

[5] 张万红，孙宏亮，王岩石. 中国传统文化概论 [M]. 北京：北京师范大学出版社，2012.

[6] 彭玉平. 人间词话 [M]. 北京：中华书局，2010.

[7] 姚汉荣. 庄子直解 [M]. 上海：复旦大学出版社，2000.

[8] 王辉斌. 孟浩然研究 [M]. 兰州：甘肃人民出版社，2002.

[9] 游国恩. 中国文学史 [M]. 北京：人民文学出版社，2002.

[10] 过常宝，康震. 中国古代文学史 [M]. 海口：南海出版公司，2005.

[11] 鲁迅. 中国小说史略 [M]. 上海：上海古籍出版社，1998.

[12] 冯友兰. 中国哲学简史 [M]. 北京：商务印书馆，2009.

[13] 赵坤. 中华优秀传统文化当代价值 [M]. 南宁：广西师范大学出版社，2019.

[14] 顾作义，钟永宁. 守望中国价值 中国传统文化理念二十六讲 [M]. 广州：广东人民出版社，2019.

[15] 秦海燕. 优秀传统文化的传承与创新 [M]. 长春：吉林出版集团股份有限公司，2018.

[16] 苏州市传统文化研究会，昆山市顾炎武研究会. 传统文化研究 [M]. 苏州：苏州大学出版社，2020.

[17] 苟琳. 溯源 中国传统文化之旅 [M]. 上海：上海社会科学院出版社，2017.

[18] 张义明，易宏军. 中国传统文化概论 [M]. 西安：西北大学出版社，2019.

[19] 张忠纲. 中华优秀传统文化 [M]. 济南：山东文艺出版社，2019.

[20] 赵昭. 中国传统文化十讲 [M]. 重庆：重庆大学出版社，2019.